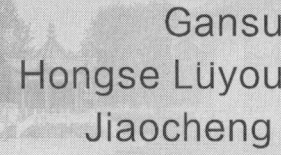

Gansu
Hongse Lüyou
Jiaocheng

甘肃红色旅游教程

何瑛 ◎ 主编　　马明兰　卢娥　魏欣 ◎ 副主编

北京·旅游教育出版社

赓续传承红色基因　讲好陇原红色故事

甘肃省文化和旅游厅党组书记　厅长　何效祖

红色旅游，主要是指近代以来，以中国人民尤其是在中国共产党的伟大领导下的中国人民，在争取民族独立、国家富强和人民幸福时，在建树丰功伟绩的过程中所形成的纪念地、标志物为载体，以其所承载的革命历史、革命事迹和革命精神为内涵，组织接待旅游者开展缅怀学习、参观游览的主题性学习与休闲活动。甘肃省红色文化资源富集，全境遍布682处红色文化遗址和遗迹，是名副其实的红色文化资源大省。习近平总书记在甘肃视察时指出："甘肃是一片红色土地，在中国革命历史进程中发挥了不可替代的重要作用。"诞生在这片土地的会宁会师精神、南梁精神、铁人精神等，是甘肃弥足珍贵的巨大精神财富。为着力担当保护和弘扬红色文化使命，着力打造红色文化制高点，着力建设长征国家文化公园甘肃示范工程，着力以红色旅游高质量发展为载体传承好红色基因，讲好长征故事，为全省红色景点景区导游和讲解员提供优质教材，为红色文化进校园提供优秀读本，为游客和广大读者提供陇原大地蕴含的"南梁精神""会宁会师精神""铁人精神""载人航天精神""庄浪梯田精神""八步沙防沙治沙精神"和"莫高精神"等精神谱系和精神营养，甘肃省文化和旅游厅与兰州文理学院组织编著的《甘肃红色旅游教程》应运而生。

《甘肃红色旅游教程》（以下简称《教程》）在对全省红色文化的发展脉络和旅游资源及其开发情况全面梳理的基础之上，结合甘肃省文化和旅游发展的特征和趋势，将红色文化与现代旅游发展新业态紧密融合，推动文旅产品从单一形态向全产业链跃进。《教程》以国内经典案例为范例，重点服务红色旅游经典景区打造，优秀红色讲解员能力提升，以"红色+"、红色研学旅行、红色文创新产品体系构建为核心内容，立意深远，内容创新，特点鲜明：

一是立足省情，针对性强。《教程》能够深度剖析我国红色旅游发展的历程，立足我省红色旅游资源禀赋和发展实情，总结发展成就，制定红色旅游景区建设规范，在内容建设、管理体系、商业模式和人力资源发展等方面实现规范化建设。针对我省特有的红色旅游品牌和资源特色，深入发掘总结典型案例的先进经验，为甘肃省特色主题景区的建设提供指引，总结出了"红色＋主题公园""红色＋绿色""红色＋科技"等发展模式，以红色赋能促进相关产业发展和反哺，具有很强的针对性。

二是内容全面，理实合一。《教程》理论性与实践性兼具，从甘肃红色文化旅游资源概要到红色旅游景区建设、特色主题景区建设指引、红色旅游导游词创作及讲解、红色研学旅行课程设计、红色旅游创意设计案例，既有理论基础的阐述，又有实践活动的设计；既能指导学习者进行科学研究，又能作为旅游爱好者的实践指南。

本书用"新思路""新创意""新理念"整合红色旅游资源，使红色旅游目的地更具有经典性、思想性和时代感。习近平总书记强调："要把红色资源利用好、把红色传统发扬好、把红色基因传承好。"新时代下，培育和弘扬社会主义核心价值观，必须深入发掘红色资源、红色传统的时代价值，进一步传承红色基因。该书的出版，有利于加强和改进新时期爱国主义教育方式，有利于保护和利用革命历史文化遗产，有利于带动革命老区经济社会协调发展，有利于培育发展旅游业新的增长点，用旅游的新方式将革命历史、革命传统和革命精神传输给广大人民群众，把革命历史文化遗产保护好、管理好、利用好，培育旅游产业新的增长点，助力文旅强省建设。

甘肃红色旅游线路和经典景区沿线、周边历史文化悠久厚重，民俗文化风情浓郁，地貌景观神奇多姿，非遗文化星罗棋布，现代文化绚丽绽放，红色、绿色、古色、彩色（民俗）相得益彰，广阔的地理空间、深厚的文化底蕴、丰富的文旅资源形成了国际著名的旅游目的地。

欢迎海内外朋友到甘肃触摸历史、品味文化、游历山水、感受风情，体验"一步千年、一眼万里"的魅力甘肃。

何敬祖

2023年11月

目　录

第一章　甘肃红色文化旅游资源概要 ································ 1
　　第一节　红色文化旅游资源 ··· 2
　　第二节　甘肃红色文化旅游资源概述 ································ 3
　　第三节　甘肃红色旅游发展历程与成就 ····························· 21

第二章　红色旅游景区建设 ·· 31
　　第一节　基础设施建设和公共服务管理 ···························· 32
　　第二节　红色旅游景区内容建设 ···································· 40
　　第三节　红色旅游景区运营和管理体系建设 ······················· 55
　　第四节　红色旅游景区商业模式构建 ······························· 65
　　第五节　红色旅游景区人力资源建设 ······························· 72

第三章　特色主题景区建设指引 ······································ 82
　　第一节　"红色＋主题公园"特色景区 ····························· 82
　　第二节　"红色＋绿色"特色景区 ·································· 95
　　第三节　"红色＋科技"特色景区 ·································· 105

第四章　红色旅游导游词创作及讲解 ································ 113
　　第一节　红色旅游导游词的创作 ···································· 113
　　第二节　红色旅游导游讲解 ··· 122
　　第三节　红色旅游景区导游词精粹 ································· 131

第五章　红色研学旅行课程设计 ································· 142
　　第一节　红色研学旅行概述 ····································· 142
　　第二节　甘肃红色研学旅行课程设计 ····························· 150

第六章　红色旅游创意设计案例 ··································· 179
　　第一节　红色旅游创意产品设计案例——以会宁县为例 ············· 179
　　第二节　红色旅游创意视频拍摄案例——以南梁镇为例 ············· 184
　　第三节　红色旅游创意基础调研案例 ····························· 189

附录 A　甘肃经典红色旅游线路 ··································· 203

第一章
甘肃红色文化旅游资源概要

【学习目标】

通过本章的学习，了解甘肃红色文化旅游资源的基本情况，理解甘肃红色文化的丰富内涵和时代价值，掌握甘肃红色旅游的发展历程与成就。

红色文化是中华优秀传统文化在当代的延续和发展，是马克思主义基本原理与中华优秀传统文化相结合的重要文化成果，是中国特色社会主义文化的重要组成部分，在中国革命、建设和改革的不同历史时期，红色文化都有其适应于时代的文化存续和发展方式。甘肃，地处黄河上游，东接陕西，南临青海，西倚新疆，北靠内蒙古、宁夏，是古丝绸之路的黄金路段，在历史上有着非常重要的经济、军事战略地位。甘肃历史文化积淀深厚，形式丰富多样，特别是红色文化承载了中国共产党带领广大人民群众为中华民族的解放、自由与独立，为新中国的发展进行的艰苦斗争的历史，承载了中国共产党带领广大人民群众在社会主义现代化进程中逐渐形成的物质财富的积累，承载了中华民族共有的崇高的思想品格和精神家园，呈现了中国共产党带领广大人民群众在陇原大地上创造的极具地域特色的红色文化资源。无论是陕甘边区苏维埃政府旧址，会宁三大主力红军会师旧址，中国工农红军西路军纪念馆、战斗遗址、历史文献、档案、手稿等具有丰富文化内涵的物质资源，还是有代表性的文学、艺术作品，重大事件、重要事迹以及南梁精神、红西路军精神、长征精神等革命精神谱系一起组成的精神资源，共同筑成了甘肃这片红色热土上耀眼的文化高地，成为激励甘肃人民攻坚克难、创造富民兴陇新辉煌的强大支撑和不竭动力。

第一节 红色文化旅游资源

"旅游资源（Tourism Resources）"是旅游发展早期普遍采用的概念，指一切可以利用于发展旅游业的自然资源和人文资源的总称，是一个复杂而包容性广泛的系统[①]；文化旅游资源是指"客观地存在于一定地域空间并因其所具有的文化价值而对旅游者产生吸引力的自然存在、历史文化遗产或社会现象"[②]。《甘肃省红色资源保护传承条例》将红色资源描述为："中国共产党团结带领各族人民，在新民主主义革命时期、社会主义革命和建设时期、改革开放和社会主义现代化建设新时期、中国特色社会主义新时代所形成的具有历史价值、教育意义、纪念意义的物质资源和精神资源。"综上所述，本书红色文化旅游资源的定义为：客观地存在于一定地域空间并因其所具有的红色文化价值而对旅游者产生吸引力，且可以利用于发展文化旅游业的一切物质与非物质革命历史文化资源的总称。

红色文化旅游资源作为重要的思想政治教育资源，有着十分丰富的内涵，主要包括三个层面：一是物质层面，包括革命战争年代和社会主义建设与改革开放新时期所发生的历史故事、革命旧址、遗物等；二是制度层面，包括政治纪律、革命纲领、方针政策等；三是精神层面，包括在艰苦奋斗的革命战争时期形成的以集体主义、爱国主义为核心的民族精神以及坚定的政治信仰、艰苦奋斗的优良传统、实事求是的求实精神、全心全意为人民服务的高尚品德等。

红色文化旅游资源是中国共产党带领人民群众在艰苦奋斗的革命战争年代和社会主义现代化建设过程中积累起来的物质财富和精神财富的总和。它不仅继承了中华民族优良的文化传统，延续了中华民族的精神价值追求，也融汇了中国共产党自成立以来逐渐凝聚而成的以社会主义、集体主义、共产主义理想为核心的先进文化，形成了具有教育意义的历史文化遗存，展现了中国共产党人在长久的革命战争时期和社会主

---

① 保继刚，陈苑仪，马凌.旅游资源及其评价过程与机制：技术性评价到社会建构视角[J].自然资源学报，2020，35（07）：1556-1569.

② 郭少菁.海洋文化旅游业高质量发展研究[J].中国海洋经济，2021，6（01）：98-115.

义现代化建设过程中形成的崇高的思想品质和高尚的道德情操。红色文化旅游资源凝聚着中华民族自强不息的精神追求和历久弥新的精神财富,是发展社会主义先进文化的深厚基础,是建设中华民族共有精神家园的重要支撑。

第二节　甘肃红色文化旅游资源概述

甘肃是西北地区最早建立党组织的省份之一,中国共产党人的奋斗足迹很早就深深印刻在陇原大地上。这里是中国工农红军二万五千里长征胜利的结束地,中国西部最早的红色革命政权的诞生地和红军西路军悲壮历史的见证地[1]。甘肃这片红色土地,在中国革命历史进程中发挥了不可替代的作用。20世纪30年代,以刘志丹、谢子长、习仲勋等老一辈革命家为代表的中国共产党人,于南梁一带创建了陕甘边革命根据地,并建立了陕甘边区苏维埃政府。后来,陕甘边革命根据地与陕北革命根据地连片,形成陕甘革命根据地。陕甘革命根据地是土地革命战争后期全国硕果仅存的完整根据地,为党中央和各路长征红军提供了落脚点,也是后来八路军主力奔赴抗日前线的出发点。在党领导中国革命、建设和改革的波澜壮阔的历史进程中,甘肃以其独特的地理位置、自然环境、生产生活条件、人文精神等成为红色革命火种的重要传播地。

一、甘肃红色文化旅游资源

甘肃省是旅游资源大省,也是红色文化旅游资源大省。甘肃红色文化旅游资源涉及地域广、时间跨度大、精神内涵丰富、革命遗迹众多,许多红色资源在全国独一无二,红色文化和红色旅游创新融合发展潜力巨大。"十三五"期间,甘肃省红色旅游共接待游客1.4亿人次,实现旅游收入超过350亿元,年均增长20%以上,有效促进了地方经济社会的发展[2]。

---

[1] http://dangshi.people.com.cn/n1/2016/1011/c85037-28769644.html?utm_source=UfqiNews.
[2] 韩洁. 新时代,陇原大地上的红色愈加鲜亮[N]. 中国文化报,2023-02-15(001).

（一）重要遗址遗物、纪念设施、红色旅游景区

甘肃是一个具有光荣革命传统的省份。革命战争年代，红军的足迹踏遍了陇原大地，所到之处留下了大量遗迹。甘肃省文物局公布的数据显示（截至2022年12月），全省共有可移动革命文物14 241件（套），其中珍贵可移动革命文物4916件（套）。省内保留了毛泽东、周恩来等伟人的住宿旧址，革命历史时期的标语、文件、决议、书信、电报、印章、宣传刊物、党员证、货币、地图等珍贵资料，以及马刀、手榴弹、子弹匣、军号、文件箱、水壶、干粮袋、草鞋等珍贵文物。这些都是老一辈无产阶级革命家在革命征程中艰苦生活和顽强斗争的佐证，是新时期发扬党的优良传统、砥砺革命斗志的宝贵教材，也是甘肃红色旅游发展的重要承载物。

1935年9月和1936年8月，中国工农红军一方面军和二四方面军先后途经迭部，召开了著名的"俄界会议"，留下了俄界会议旧址、茨日那毛主席旧居、崔古仓开仓放粮遗址、腊子口战役遗址等一串串红色印记。以腊子口战役遗址为中心，现有腊子口战役纪念碑、红军长征栈道、红军桥、腊子隘口、红军攻打敌方的堡垒等。哈达铺红军长征纪念馆是甘肃陈列红军长征革命文物最多的纪念馆，馆藏文物358件，其中国家一级文物1件，二级文物125件，三级文物28件。另有红军长征将领题词107幅。纪念馆附近还保存有"义和昌"药铺（毛泽东、张闻天住室）、"同善社"（红一方面军司令部、周恩来住室旧址）、邮政代办所、关帝庙（团以上干部会议旧址）、张家大院（红二方面军指挥部旧址）五处红军长征革命遗址。岷州会议遗址上建有岷州会议纪念馆，馆内陈列着1935年9月18日毛泽东抵达岷县南部麻子川时的电令全文、《回民地区守则》全文、革命先烈照片等大量革命历史文物。全国重点文物保护单位榜罗镇会议旧址，主要包括榜罗镇会议会址，17处中共中央和红军领导人住宿旧址、红一方面军司令部及警卫团驻地、红军将帅驻宿一条街、陕甘支队连以上干部会议旧址、饮马池和朱家堡战役遗址等革命遗址以及红军长征过境榜罗镇路线的遗迹。会宁县红军长征胜利会师的原址上建成了会宁红军长征胜利纪念馆、三军会师纪念塔（会师塔）等纪念设施，纪念馆内珍藏有三大主力红军在会师过程中遗留下来的宝贵历史资料，为研究红军长征史实提供了重要的实物证据，并为公众教育和爱国主义教育提供了生动的教材。甘肃是中国工农红军西路军主要征战地，在中国人民解放军战史上书写了英勇悲壮的不朽篇章。高台县高台烈士陵园现名为中国工农红军西路军纪念馆，是为纪

念1937年1月征战河西为国捐躯的西路军将士于1957年修建而成，1989年被国务院列入"全国重点烈士纪念建筑物保护单位"，是在甘肃省乃至全国具有较高的声誉和革命传统教育价值的纪念场馆。中国工农红军西路军临泽战役纪念馆、张掖市甘州区西路军烈士纪念馆（高金成烈士纪念馆）也保存了西路军在该地区英勇斗争、浴血奋战的历史印记，讲述了无数革命烈士以血肉之躯铸就的英雄诗篇。此外，省内还保存有西路军奋战的靖远虎豹口战役遗址、西路军古浪战役遗址（古浪战役纪念馆）等。八路军兰州办事处是抗日战争时期中国共产党设在兰州的公开办事机构，是领导甘肃抗日救亡、进行后方发动、实现全民族抗战的重要基地。八路军兰州办事处纪念馆是甘肃省唯一一家抗战纪念馆。庆阳市华池县现存有陕甘边区苏维埃政府旧址、南梁革命纪念馆、列宁小学、阎家洼子会议旧址、中国人民抗日军政大学第七分校旧址和大凤川军民生产基地旧址等。

甘肃是新中国重要的能源基地和国防工业摇篮，为社会主义建设事业做出了巨大贡献。各地相继建成了一批反映社会主义建设、改革时期富有时代精神的红色文化纪念馆。铁人王进喜纪念馆是甘肃省爱国主义教育基地，被团中央命名为全国青少年教育基地。位于甘肃省酒泉市金塔县与内蒙古自治区阿拉善盟额济纳旗交界处的酒泉卫星发射中心是中国创建最早且规模最大的综合型导弹、卫星发射中心，测试及发射长征系列运载火箭，中低轨道的各种实验卫星、应用卫星，也是我国唯一的载人航天发射场，世界三大载人航天发射场之一。截至2024年5月，该中心先后执行190次航天发射任务，成功地将18艘飞船、22名航天员送入太空。八步沙六老汉治沙纪念馆以"绿之梦"为主题，表达了八步沙人追逐绿色之梦的家国情怀，展现了古浪生态文明建设的生动画卷。

（二）代表性的文学、艺术作品

与中国共产党领导的中国革命、建设和改革相关的代表性主流文学、艺术作品是重要的红色文化资源之一，如红色歌谣、民歌，红色故事、传说，红色戏剧、戏曲、说唱，红色诗词、小说、版画、剪纸、皮影、绘画等。陇东地区广为流传的秦腔剧《刘巧儿告状》使千百万青年妇女挣脱了封建婚姻的思想束缚，过上了婚姻自主、自由的幸福生活，刘巧儿成为妇女解放的代表。20世纪40年代，国民党顽固派加紧了对陕甘宁边区的经济封锁，毛泽东同志提出"自己动手，丰衣足食"的号召和"发展经济，保障供给"的方针,在陕甘宁边区内部开展了一场轰轰烈烈的军民大生产运动。1942年到1943年,音乐家张寒晖由关中来到甘肃省庆阳市华池县的城壕乡采风,被当地军民热火朝天的劳动场面所深深感染,以华池县当地民歌《推炒面》为基调,创作出了《边区十唱》,后来在1964年大型音乐舞蹈史诗《东方红》中,采用了这首歌曲,并且更名为《军民大生产》。

长征时期,毛泽东同志创作了《十六字令三首》《忆秦娥·娄山关》《七律·长征》《念奴娇·昆仑》《清平乐·六盘山》《六言诗·给彭德怀同志》等多首诗词。1935年9月初,毛泽东同志率领陕甘支队翻越甘川交界的岷山时,触景生情而吟咏,这首词就是著名的《念奴娇·昆仑》;据考证,《七律·长征》这首诗是毛泽东同志到达哈达铺与榜罗镇这一时段成文的。1935年10月7日毛泽东登上位于宁夏、甘肃、陕西交界处的六盘山时吟作了《长征谣》,1949年8月1日,上海的《解放日报》发表了毛泽东删改过的这首词,并正式定名为《清平乐·六盘山》。有关记录甘肃红色文化资源的书籍、电影、纪录片数不胜数,有《西路军》系列丛书、《陕甘边根据地研究》《陇东革命根据地》《中国革命红军西路军(文献卷)》等经典著作,《祁连山的回声》《惊沙》等与西路军相关的电影,《南梁纪事》《南梁之光》《南梁》等文献纪录片。

(三)英雄人物、事迹

无论是在硝烟弥漫的战争岁月,还是在和平发展的新时代,甘肃这片红色大地上孕育了无数英雄儿女。所有献身于国家、民族与和平伟业的英烈,其无私奉献与牺牲之精神,应被世代铭记。他们的崇高精神已经深深植根于甘肃文化的沃土之中,成为其文化传承不可分割的珍贵部分,铸就了一座座不朽的精神丰碑,激励着后人继续前行。

张一悟,甘肃榆中人,甘肃最早的共产党员、甘肃建党的创始人之一。在漫长的革命生涯中,他在陇原大地撒播革命的火种,将一生无私地奉献给了伟大的革命事业,为甘肃党组织的建设、发展,为马克思主义在甘肃的传播,做出了重要贡献。王孝锡,甘肃宁县人,陇东地区最早从事革命事业的共产党员,甘肃青年运动的先驱者,中国共产党早期革命运动的领袖。在甘肃早期的革命中,王孝锡积极宣传马克思列宁主义,宣传革命,组织革命,传播革命火种,为甘肃早期的革命事业做出了巨大的贡献。民主爱国人士高金城,不是党内人士,只是一名虔诚的基督教徒,但他热爱祖国、热爱人民,愿意接受我党的领导,拥护党的抗日民族统一战线,并且不怕牺牲。高金城于

1937年8月受八路军驻甘办事处处长彭加伦委托在河西帮助我党收容、营救西路军流落失散人员,在半年多时间里,他不畏艰难、不辞辛劳地救治伤员,营救西路军300多名,最终被马步芳部下韩起功以治病为由秘密杀害。还有刘志丹、习仲勋等老一辈无产阶级革命家,虽然他们的祖籍不是甘肃,但是却为甘肃的革命事业做出了巨大的贡献,深受甘肃人民的爱戴和崇敬。甘肃作为中国革命历史的重要舞台,是革命领袖足迹所至最多的省份之一。在长征会师期间除毛泽东、周恩来、刘少奇、邓小平等这些杰出领导人来过会宁外,还有新中国授予军衔的9位元帅、8位大将、47位上将、157位中将和近千名少将都曾到过甘肃。

二、甘肃红色文化革命精神谱系

伟大事业孕育伟大精神,伟大精神引领伟大事业。甘肃这片红色热土在不同时期孕育生成的多种革命精神在实践中不断赓续弘扬、创新发展。新民主主义革命时期,以南梁为中心创建的陕甘边革命根据地,为红军长征提供落脚点,也孕育了"坚定信念、艰苦奋斗、团结一致、敢于胜利"的会宁会师精神,形成了"坚守信念、面向群众、顾全大局、求实开拓"的南梁精神。中国工农红军西路军在千里河西走廊不畏艰险、浴血奋战的悲壮史诗,孕育铸就了"顾全大局、服从命令,团结一致、同仇敌忾,生命不息、战斗不止,艰苦奋斗、顽强不屈"的西路军精神。社会主义革命和建设时期,千千万万陇原儿女在中国共产党的领导下,不畏艰难不懈奋斗,孕育了"为国分忧、忘我拼搏、艰苦奋斗、无私奉献、求真务实"的铁人精神,铸造了"困难面前不低头、敢把沙漠变绿洲"的八步沙精神,凝聚了"坚守大漠、甘于奉献、勇于担当、开拓进取"的莫高精神,生成了"实事求是、崇尚科学、自强不息、艰苦奋斗"的庄浪梯田精神。改革开放和社会主义现代化建设新时期,甘肃人民一代又一代奋力改变贫穷落后面貌,敢于在航空航天等重要领域担当作为,在实践中铸就了"特别能吃苦、特别能战斗、特别能攻关、特别能奉献"的载人航天精神,"艰苦创业、坚韧不拔、勇于献身、开拓前进"的酒钢铁山精神,以及"人一之、我十之,人十之、我百之"的甘肃精神。[①]

---

① 张俊宗.中国共产党精神谱系在甘肃的光辉印记[N].甘肃日报,2021-09-26(006).

（一）以陕甘边革命根据地为代表的南梁精神

南梁精神是土地革命战争时期马克思主义中国化在西北地区成功实践的结晶，是20世纪20年代末至30年代中期，以刘志丹、谢子长、习仲勋为代表的中国共产党人领导广大人民群众在创建和巩固以南梁为中心的陕甘边革命根据地的斗争实践中形成的党性修养、斗争精神、革命意志和宝贵品格。"坚守信念、面向群众、顾全大局、求实开拓"的南梁精神最早见于陕甘边革命根据地的革命元勋们为南梁革命纪念馆的题词中。南梁精神是我们党革命精神的源头活水之一，在我们党的精神谱系中具有根和源的重要地位。习近平同志在甘肃调研时强调，"我们党在长期奋斗历程中形成的优良传统和革命精神，是一笔宝贵的精神财富和丰厚的政治资源"。①

（二）会宁会师精神

会宁是中国工农红军三大主力长征会师的地方，会宁会师标志着中国工农红军万里长征取得了伟大胜利，对于开创以陕甘宁为中心辐射全国斗争向好发展的局面有重大的意义。红军会宁会师是中国革命进程中的重要里程碑，为会宁地区留下了丰富的革命遗迹和红色文物，并在此基础上形成了"坚定信念、艰苦奋斗、团结一致、敢于胜利"的会宁会师精神。会宁会师精神是中国共产党人精神谱系的重要一脉，它不仅为取得新民主主义革命的胜利提供了坚强的精神支撑，更在中国共产党带领全国人民为实现中华民族站起来、富起来、强起来的征程中发挥了重要的价值引领作用。在新时代，会宁会师精神为人们培育坚定的政治立场、高尚的价值追求、不懈的进取精神，为实现建设社会主义现代化幸福美好新甘肃的目标积蓄着强大的精神力量。

（三）西路军精神

西路军精神是不畏艰险、不惧生死，听党指挥，为党和人民事业英勇献身的精神。在可歌可泣的战斗历程中，中国工农红军西路军坚守并发扬了长征精神的高尚品质，展现了共产党人和广大红军战士的优良作风，创造了惊天动地、感人至深的西路军精神。"顾全大局、服从命令，团结一致、同仇敌忾，生命不息、战斗不止，艰苦奋斗、

---

① 徐京跃.结合学习实践科学发展观活动 弘扬党的优良传统和革命精神[N].人民日报，2009-06-12(001).

顽强不屈"的西路军精神就是把中华民族的根本利益看得高于一切，坚定革命理想和革命信念，坚信正义的事业必然胜利的精神；就是自觉肩负救国救民的使命，不畏艰险、不怕牺牲的精神；就是听党指挥、顾全大局、严守纪律、团结一致的精神；就是忍辱负重，永不动摇，用终生的革命言行和努力为党工作，证明对党和人民无限忠诚的自律精神。习近平总书记在甘肃考察调研时，在中国工农红军西路军纪念馆，动情地说："历史就是这么书写的：为有牺牲多壮志！他们做出的重大的不可替代、不可磨灭的贡献，永载史册。他们展现了我们党的革命精神、奋斗精神，体现了红军精神、长征精神。"①

（四）社会主义建设、改革时期形成的代表精神

1. 铁人精神

1923年，王进喜出生在甘肃省玉门县（今玉门市）赤金堡一个贫苦农民的家里。1950年春，他经过考试选拔，成为新中国第一代玉门油田的钻井工人。他凭借卓越的工作表现，荣获了甘肃省"劳动模范"的称号，并打造了一支被誉为"钢铁钻井队"的优秀团队。1960年3月，王进喜带领1205钻井队，辞别玉门，远征大庆，投身松辽石油大会战。"铁人"是20世纪五六十年代社会送给王进喜的雅号，而铁人精神是王进喜崇高思想、优秀品德的高度概括，也集中体现出中国石油工人的精神风貌。铁人精神是"为国分忧、忘我拼搏、艰苦奋斗、无私奉献、求真务实"的信念和情怀。②"为国分忧"的精神是当国家面临石油紧缺的时刻，老一辈石油工人在自然条件恶劣、物质匮乏的情况下，无惧困难，积极投身石油大会战，为国分忧的精神。"忘我拼搏"是铁人精神的鲜活表达。在大庆油田，王进喜为控制井喷，强忍着腿伤，毅然决然地跳入泥浆池之中，用自己羸弱的身体奋力搅拌泥浆。在白杨河他不眠不休，挑战自我极限，打破了当时我国中型钻井的最高纪录。正是这种忘我拼搏的精神，让老一辈石油工人克服重重困难，以优异的成绩用三年半时间建成了大庆油田，改变了我国贫油的面貌，支援了国家的经济建设。"艰苦奋斗"精神是铁人精神的重要特点。在当时连钻头、钻杆都不能配备齐全的情况下，王进喜号召大家，将废旧材料进行二次利用，在

---

① 习近平在甘肃考察时强调 坚定信心开拓创新真抓实干 团结一心开创富民兴陇新局面[N].人民日报，2019-08-23.
② 高率航，刘晓明，田志鹏.当代青年的文化认同与价值重塑——基于铁人精神口述史调查[J].学习与探索，2023，No.332（03）：33-38.

这种艰苦奋斗精神的支撑下，钻井速度迅速提升，油田建设任务超额完成。"无私奉献"精神表现在以王进喜为代表的老一辈石油工人为国家、为人民甘于奉献、不求回报的高尚品格。"求真务实"精神体现在王进喜不但工作认真，还善于钻研，不断改进技术，努力提升工作成效，创造性地实现了将几十吨井架平行拖移的壮举，改变了以往拆除搬运的状况，极大地节省了人力、物力和财力。"铁人精神"是对王进喜崇高思想、优秀品德的高度概括，是我国工人阶级精神风貌和中华民族传统美德的完美结合。

2. 八步沙精神

八步沙精神是"困难面前不低头，敢把沙漠变绿洲"的当代愚公精神①。甘肃古浪县八步沙地区曾经是一个风沙肆虐、荒漠化严重的地方，如今因为六位老汉及其后代带领群众以不懈的努力和坚定不移的决心，治理沙漠化，成功植树造林，已经变成了一片生机勃勃的绿色林地。坚韧不屈的精神是八步沙精神的核心所在。面对着严酷的自然环境，风沙肆虐，生存条件艰苦，八步沙人民展现出了惊人的毅力和坚定的意志，与恶劣的自然环境进行着持续不断地斗争。他们不仅成功地抵御了沙漠化的威胁，还通过植树造林，改善了当地的生态环境。在这场与沙漠化的斗争中，六位老汉和他们的后代成为了引领者。他们带领着乡亲们，团结一心，共同参与治沙造林的工作，体现了团结合作的巨大力量，通过集体的智慧和努力，达成了改善环境的共同目标。八步沙精神还体现在对生态环境的保护和改善上。通过植树造林，不仅改善了当地的生态环境，也为后代留下了宝贵的绿色资源。八步沙林场的"六老汉"三代人治沙造林的先进群体，被中宣部授予"时代楷模"的称号。他们近四十年如一日坚持治沙造林，创造了绿色奇迹，展示了新时代"最美奋斗者"的精神面貌，他们用实际行动诠释了什么是责任、什么是担当，为整个社会树立了榜样。他们的事迹激励着更多人投身于环境保护和生态文明建设的事业中。八步沙精神不仅是对自然的胜利，更是一种对生活的热爱和对未来的希望。它告诉我们，只要有决心和行动，就能克服困难，改善环境，创造出美好的生活条件。

3. 莫高精神

敦煌莫高窟是世界文化历史长廊里耀眼夺目的明珠，是神圣艺术的殿堂。"莫高精神"是一代代敦煌学者在几十年如一日的坚守中积累起来的，是他们用智慧和汗水共

---

① 范景鹏.困难面前不低头 敢把沙漠变绿洲——八步沙精神［M］.北京：人民出版社，2020.

同铸就的。莫高精神可总结概括为"坚守大漠、甘于奉献、勇于担当、开拓进取"[①]。"坚守大漠、甘于奉献"是一代代莫高学者甘愿奔赴大漠深处,远离城市喧嚣、保护敦煌文化遗产的精神。以常书鸿、段文杰、樊锦诗等为代表的一代又一代莫高人,甘愿放弃优渥的生活条件,扎根茫茫荒漠,坚守在敦煌。在艰苦的环境中,为了保护和研究文化遗产,默默付出甚至奉献了自己的一生。"勇于担当"体现为他们强烈的社会责任感和深深的爱国情怀,毅然决然地以保护敦煌文化遗产为己任。面对文物损坏严重、流失的情况,他们尽最大努力进行文物修复、抢救和保护,探索出了一套行之有效的保护修缮体系。利用信息技术开展文物数字化工作,将敦煌文化推广到世界各地,使中华文化在全球化的大背景下焕发出新的活力。"开拓进取"是指一代代莫高人勇于探索、敢为人先的优良品质。他们发明的灌浆和脱盐技术,在保护敦煌文化遗产的同时为全国文物保护、修缮、研究提供了良好的范例。

4. 庄浪梯田精神

庄浪位于甘肃省平凉市东南部、六盘山西麓崇山峻岭之间,境内山地和丘陵占总面积的95%。受地形地势影响,庄浪长期土壤贫瘠、交通不便、生态环境恶劣、生活条件艰苦,经济发展落后,人民生活困难。1964—1998年,勤劳勇敢的庄浪儿女用34年的艰苦奋斗,以人工方式修成如诗如画的百万亩水平梯田,被评为"中国梯田化模范县"。在这一伟大创业过程中,庄浪儿女铸就了"实事求是,崇尚科学,自强不息,艰苦奋斗"[②]的庄浪精神。在庄浪梯田的建设中,庄浪人民始终坚持实事求是的原则,不断探索适合当地自然条件和社会需求的农业发展模式。他们注重调查研究,深入了解土地、气候等自然条件,以及人口、经济等社会因素,从而制定出科学合理的规划方案。庄浪人民在梯田建设中注重科学方法和技术的应用,通过科学的规划和管理提高了农业生产效率。在梯田建设的过程中,庄浪人民面临着极为艰苦的自然条件和社会环境。然而,他们并没有被困难所吓倒,而是以坚定的信念和不屈的意志迎难而上,积极投身于梯田建设和其他产业发展中。他们通过自己的辛勤努力和智慧付出,为庄浪的发展做出了重要贡献。这种艰苦创业的精神成为了庄浪人民的重要品质和精神支柱。庄浪梯田精神不仅是庄浪人民在与自然环境的协同进化中孕育出的独有精神财富,

---

① 任风.樊锦诗:"敦煌的女儿"[J].党建,2022,No.420(12):68.
② 刘调兰.黄河流域旱作梯田农业文化遗产的价值及保护利用——以甘肃庄浪梯田为例[J].陇东学院学报,2022,33(03):69-75.

也是甘肃精神文化中的重要组成部分。

5. 载人航天精神

载人航天技术是当今世界高新技术的代表，也是综合国力的标志。载人航天精神是中国航天人在长期的载人航天实践中培育和发扬的一种崇高而伟大的精神。它不仅凝聚了中国航天人的坚定信念、顽强意志和卓越贡献，更体现了他们对祖国的深沉热爱和对科技进步的不懈追求。其基本内涵为"特别能吃苦、特别能战斗、特别能攻关、特别能奉献"[①]。在载人航天工程中，航天工作者们面临着极端的环境和艰巨的任务。无论是在太空中的失重环境还是在地面上的高强度工作，他们都能展现出超乎寻常的忍耐力和坚韧不拔的精神。这种吃苦耐劳的品质是载人航天精神的重要组成部分，也是中国航天事业能够持续发展的坚实基础。面对科研过程中的种种困难和挑战，中国航天工作者们从未退缩。他们勇于面对艰难险阻，具备战胜一切困难的勇气和力量。这种战斗精神不仅体现在科技攻关上，更体现在对未知领域的勇敢探索和对人类极限的不断挑战上。在科技领域，尤其是航天科技中，创新是核心驱动力。面对复杂的技术难题，中国航天工作者们展现出了卓越的创新能力。他们不断攻克难关，实现了一系列重大科技成果，为人类探索宇宙提供了强大的科技支撑。为了国家的航天事业，中国航天工作者们甘于奉献自己的智慧和力量。他们常常默默无闻地工作在一线，甚至不惜牺牲个人利益。这种无私奉献的精神是载人航天精神的核心，也是中国航天事业取得辉煌成就的重要保证。载人航天精神不仅是航天领域的宝贵精神财富，更是全社会学习和传承的重要精神力量。它激励着一代又一代中国人为实现中华民族伟大复兴的中国梦而不懈奋斗。

6. 铁山精神

铁山精神是以酒钢，特别是以镜铁山矿创业实践为基础，以铁山人为代表的群体精神的高度概括与升华。其具体内容为"艰苦创业、坚韧不拔、勇于献身、开拓前进"，它反映了酒钢人不畏艰苦、不怕牺牲的气质，自强不息的奋斗、奉献精神，爱党、爱国、爱厂、爱岗、敬业、忘我的高尚品德，开拓进取、锐意改革、想主人事、做主人活、尽主人责、"酒钢振兴我光荣、我为酒钢争光荣"的当家做主的主人翁意识。铁山精神的形成经历了四个阶段。地质勘探三年，地质队员为铁山精神奠基。

---

① 王青青. 新时代背景下中国共产党革命精神的传承与弘扬[J]. 保定学院学报，2023，36（02）：1-7.

1958年8月1日，酒钢公司成立，至1970年7月1日矿石下山、10月1日出铁，构成铁山精神的脊梁。1970年出铁到1984年决定桦树沟矿改造、炼钢连铸工程兴建，14年有铁无钢的徘徊，其间创业艰难，经历曲折，历练了铁山和酒钢人的坚韧。1984年以后，铁山精神的总结和发掘，在酒钢发展中不断彰显，铁山精神不断成熟、发扬光大。铁山精神的核心理念是对企业的高度忠诚和对工作的极端热忱。这一精神的形成并非偶然，它是在艰苦的环境中，通过无数地质工作者的不懈努力和牺牲，逐渐孕育而成的。铁山精神代表了一种坚韧不拔的态度，无论面对怎样的困难和挑战，都要坚持开拓进取，不断自主创新，为国家的地质勘探和资源开发做出贡献。铁山精神不仅是酒钢公司的宝贵精神财富，它也成了中国企业精神的重要组成部分。

7. 甘肃精神

甘肃精神是社会主义核心价值观在甘肃的生动体现。这一精神最初于2007年4月在甘肃省第十一次党代会的报告中被提出，以"人一之、我十之，人十之、我百之"的执着追求为核心，深刻阐释了甘肃人民艰苦奋斗、不甘落后的拼搏姿态，以及甘肃人执着坚韧、锲而不舍的精神风貌。同时，它还包含了简朴友善、诚实守信的生活哲学和包容创新、团结奋进的时代要求。这种以"诚实守信、包容创新、执着坚韧、团结奋进"为显著特质的陇人品格，不仅激励着每一位甘肃人释放创造潜能，更点燃了他们为加速家乡发展而不懈奋斗的热忱。甘肃，这片古老的土地，自古以来就以其贫瘠与艰辛著称，然而，面对严峻的生存环境，甘肃人民展现出了一种不等待、不依赖、不抱怨的自强不息的精神，用实际行动书写了对命运的顽强抗争，并铸就了今日甘肃的辉煌成就。这份精神财富，无疑是中华民族优秀精神传统的重要组成部分。在甘肃这片广袤的土地上，甘肃精神具体化为一系列具有地方特色的精神表现，如南梁精神、酒泉载人航天精神、酒钢铁山精神、庄浪梯田精神、莫高精神、八步沙精神等。这些精神不仅是对甘肃精神的进一步丰富和扩展，更是对甘肃人民在不同领域、不同历史时期所展现出的坚韧不拔和开拓进取的最好诠释。

三、甘肃红色文化旅游资源的特点

红色文化在新民主主义革命中孕育生发、在社会主义革命和建设中凝结成型、在改革开放新时期嬗变升华、在中国特色社会主义新时代创新发展。①甘肃红色文化资源是党领导甘肃人民在中国革命、建设和改革的伟大实践中形成的具有独特教育意义的文化资源，它承载着中国共产党波澜壮阔的革命史、艰苦卓绝的斗争史、可歌可泣的英雄史以及不懈追求的奋斗史，体现了中华民族的高尚品质和优良传统，先后留下了南梁精神、西路军精神、会宁会师精神等宝贵的精神财富，留下了陕甘边区苏维埃政府旧址、会宁三大主力红军会师旧址、中国工农红军西路军纪念馆等红色旅游文化遗迹，这些都是我们建设和发展新时代中国特色社会主义，推动甘肃向文化旅游强省发展的强大支柱。

（一）红色遗址遗迹数量众多、覆盖面广、内容多样

甘肃是红色文化资源大省，是全国12个"重点红色旅游区"之一（属于"陕甘宁红色旅游区"）。据甘肃省文物局最新统计数据，全省现有不可移动革命文物617处，其中全国重点文物保护单位10处、省级文物保护单位52处、市县级文物保护单位240处；有可移动革命文物14 241件（套），其中珍贵文物4916件（套），革命纪念馆63家（已备案），分布广泛，遍布14个市、州。截至2022年12月底，全省有爱国主义教育基地137个，其中全国爱国主义教育示范基地24个。现有A级旅游景区443处，有10个系列16个景区入选全国红色旅游经典景区名录。

从甘肃省党史部门开展的革命遗址遗迹普查结果来看，革命战争年代红色文化资源分布陇东地区居多，陇东地区的庆阳曾是革命老区，在每一段历史时期都留下了丰富的革命遗址遗迹；兰州市遗址遗迹数量仅次于陇东，其红色文化资源遗址遗迹多形成于大革命时期、抗日战争时期；红军长征时期和解放战争时期在陇南市、白银市留下了丰富的革命遗址遗迹；张掖市的革命遗址遗迹多形成于西路军征战河西走廊期间；其他零散分布在各市（州）、县（区）等地。

甘肃红色文化资源的多样性还表现在内容上，既包括大量遗址遗迹等物质文化资源，比如历经战火洗礼、饱经沧桑的重大战役、战斗遗址和遗迹，也有重要的革命会议旧址、领袖或领导人旧居、革命前辈用过的物品，革命文献、革命图片、革命照片、革命历史档案、社会制度政策等物质载体。还包括民间口头流传的故事和民歌等非物

---

① 渠长根.定性、定位、定向：源自浙江的中国共产党革命精神的基本认识［J］.观察与思考，2023.（2）.

质文化资源，如红色歌谣、民歌，红色故事、传说，红色戏剧、戏曲、说唱，红色诗词、小说、版画、剪纸、皮影、绘画等文学艺术形式。

（二）红色地标独一无二、红色文化独树一帜

在中国革命历史进程中，甘肃诞生了很多特点鲜明、全国驰名的红色地标，是我们不能忘却的红色记忆。甘肃是西北地区最早建立中共组织并为北伐做出积极贡献的重要省份之一。陕甘革命根据地是土地革命战争后期全国硕果仅存的完整根据地，为党中央和各路长征红军提供了落脚点，为后来八路军主力奔赴抗日前线提供了出发点。甘肃是红军长征经过地域较广、时间较长、过境部队最多的省份，是党中央最终确定红军长征落脚点的战略决策地和结束长征、实现革命力量大团结的会师地，红一、红二、红四方面军和红二十五军都在陇原大地留下了战斗的足迹。甘肃是西路军英勇西征、血沃祁连的主要征战地，是抗日战争时期党和红军的战略大后方，也是解放战争中西北解放战场的最后战略决战地。兰州战役是解放大西北中最关键、最激烈的一次决战。新中国成立后，甘肃建成了新中国第一个石油化工基地、最早的有色金属基地、我国唯一的载人航天发射场。

在不同的革命历史阶段，甘肃形成了独树一帜的红色文化，彰显出永久的生命力。毛泽东在长征路过甘肃时创作的《七律·长征》《念奴娇·昆仑》等著名诗词，高度概括了中央红军历经艰辛、夺关杀敌、行程二万余里的战斗历程，饱含中国共产党人的豪情壮志，是长征艰苦历程的见证，是长征辉煌历史的总结。彭加伦在哈达铺创作的军歌《到陕北去》，在红军中传唱，起到了鼓舞士气、宣传北上抗日方针的作用。作为陕甘宁边区重要组成部分的陇东抗日民主根据地，文化教育事业蒸蒸日上，产生了大量富有地域特色和时代旋律的文艺作品，如《军民大生产》《绣金匾》《咱们的领袖毛泽东》等歌曲已成为耳熟能详的红色经典歌曲。以华池封芝琴为原型创作的"刘巧儿"更是家喻户晓的典型艺术形象，使千百万青年妇女挣脱了封建婚姻的束缚，过上了婚姻自主、自由的幸福生活，刘巧儿成为妇女解放的代表。甘肃丰富的红色记忆、红色故事、红色歌舞、红色文献，也通过纪念馆、非物质文化遗产等方式得到了有效保护、传承。

（三）革命文物保存好、价值高

甘肃省文物局统计数据显示，截至2024年3月，全省现有不可移动革命文物617处，其中全国重点文物保护单位10处、省级文物保护单位52处、市县级文物保护单位240处；有可移动革命文物14 241件（套），其中珍贵文物4916件（套），革命纪念馆63家（已备案）。

全国重点文物保护单位10处：八路军兰州办事处旧址、会宁红军会师旧址、玉门油田老一井、南梁陕甘边区革命政府旧址、榜罗镇会议旧址、哈达铺会议旧址、俄界会议旧址、洮州卫城－新城苏维埃旧址、山城堡战役旧址、河连湾陕甘宁省苏维埃政府旧址。

全国爱国主义教育示范基地24个：陕甘边革命根据地南梁纪念馆、哈达铺红军长征纪念馆、红军长征胜利会师纪念馆、兰州八路军驻甘办事处纪念馆、兰州战役纪念馆、中国工农红军西路军纪念馆、敦煌莫高窟、嘉峪关城楼、甘肃省博物馆、刘家峡水电站、玉门石油管理局老君油矿旧址、山丹艾黎纪念馆、嘉峪关长城博物馆、中共中央西北局岷州会议纪念馆、腊子口战役纪念馆、山城堡战役纪念馆、梨园口战役纪念馆、中共中央政治局榜罗会议纪念馆、两当兵变纪念馆、界石铺红军长征毛泽东旧居纪念馆、甘工委纪念馆、舟曲特大山洪泥石流抢险救援纪念馆、古浪县八步沙林场、迭部俄界会议旧址（茨日那毛泽东旧居）。

（四）红色经典景区多、品质高

甘肃省重点打造了"红色沃土""长征丰碑""浴血河西"三大红色旅游区。已建成A级以上红色旅游景区14处，红色南梁大景区和会宁会师旧址正在创建国家AAAAA级旅游景区。3条红色旅游线路入选建党百年红色旅游百条精品线路。10个系列16个景区入选全国红色旅游经典景区名录（详见表1-1）。已推出"建党百年·红色之旅"6大主题20条精品线路。

入选"建党百年红色旅游百条精品线路"的3条红色旅游线路："红军会师·征途在前""壮怀激烈·初心不改""治沙典范·生态甘肃"。

入选全国红色旅游经典景区名录的10个系列16个景区：会宁县红军长征会师旧址、中国工农红军西路军纪念馆（高台县高台烈士陵园）、古浪县红军西路军古浪战役遗址、通渭县榜罗镇革命遗址、岷县岷州会议纪念馆、华池县陕甘边区苏维埃政府旧址、宕昌县哈达铺红军长征纪念馆、中国工农红军长征界石铺纪念园、两当县两当兵变旧址、玉门油田、迭部县腊子口战役遗址、环县山城堡战役遗址、俄界会议旧址和茨日那毛主席旧居、舟曲特大山洪泥石流地质灾害纪念公园、城关区八路军兰州办事处旧址、山丹艾黎纪念馆，详见表1-1。

建党百年推出的6大主题20条精品线路：长征丰碑，"红色飘带·会师华章""攻克天险·北上通途""指向陕甘·胜利曙光"；红色沃土，"滔滔黄河·红色兰州""平庆沃土·峥嵘岁月""会师圣地·先辈足迹""陇南山青·革命花红"；浴血河西，"赤色丝路·西征长歌""红色高台·光照驼城""祁连山丹·石窝火种"；时代楷模，"一脉相承·英雄古浪""油城玉门·铁人精神""文化之都·古今飞天"；脱贫攻坚，"苦尽甘来·陇东新绿""陇中胜迹·美丽乡村""化石之乡·脱贫标杆"；生态文明，"绿进沙退·春到凉州""陇上江南·邂逅乡愁""生态甘南·碧草蓝天""张掖绿洲·绿水青山"。这些线路产品以党的百年奋斗历程为时间轴，以党史、新中国史、改革开放史、社会主义发展史上发生在甘肃的标志性事件、具有深远影响的代表性人物为线路节点，在全国具有典型的代表性和独特的历史意义。

表1-1 甘肃省全国红色旅游经典景区名录（截至2022年12月31日）

序号	红色经典景区名称	所在地市	所在景区等级
1	会宁县红军长征会师旧址	白银市	AAAA
2	中国工农红军西路军纪念馆（高台县高台烈士陵园）	张掖市	AAAA
3	古浪县红军西路军古浪战役遗址（古浪战役纪念馆）	武威市	AAAA
4	通渭县榜罗镇革命遗址	定西市	AAAA
5	岷县岷州会议纪念馆	定西市	AAAA
6	华池县陕甘边区苏维埃政府旧址	庆阳市	AAAA
7	宕昌县哈达铺红军长征纪念馆	陇南市	AAAA
8	中国工农红军长征界石铺纪念园	平凉市	AAAA
9	两当县两当兵变旧址	陇南市	AAAA
10	玉门油田	酒泉市	AAAA
11	迭部县腊子口战役遗址	甘南州	AAAA
12	环县山城堡战役遗址	庆阳市	AAA

续表

序号	红色经典景区名称	所在地市	所在景区等级
13	俄界会议旧址和茨日那毛主席旧居	甘南州	AAA
14	舟曲特大山洪泥石流地质灾害纪念公园	甘南州	AAA
15	城关区八路军兰州办事处旧址	兰州市	非A级旅游景区
16	山丹艾黎纪念馆	张掖市	非A级旅游景区

四、甘肃红色文化资源的时代价值

（一）坚定政治方向

红色文化资源，作为不同历史阶段的产物，始终以服务党的政治任务为宗旨。甘肃的红色文化资源也体现了其政治导向性。它们对于提升国家的凝聚力起到了不可替代的作用，并对加强党对军队及人民群众的领导能力产生了深远影响。

在社会主义建设时期，红色文化资源为广大党员和群众提供了强大的精神动力，激励他们积极投身于巩固社会主义制度的确立、开展社会主义改造以及推动社会经济发展的伟大事业中。同时，这些资源也巩固了国家的上层建筑，维护了国家意识形态安全。

随着改革开放的深入，我国进入了新的历史发展阶段。红色文化资源的核心理论内容，旨在围绕党和国家的政治方向，通过实现广大人民群众的根本利益，激发人民的积极性，引导人们树立社会主义核心价值观，为国家的发展汇聚更广泛的社会力量。在中国特色社会主义新时代背景下，甘肃红色文化资源的政治导向功能，主要服务于促进高质量发展和引领正确的发展方向。

（二）建立文化自信

文化不仅是民族的生命力、创造力和凝聚力之所在，也是人民的生命力、创造力之所在。中国共产党和中国政府十分重视中华民族的文化软实力，以保证我们国家的文化安全，建立文化自信。红色文化作为社会主义意识形态，是社会主义先进文化的精髓，决定着中国社会的发展方向。对红色文化资源的深入挖掘和宣传，可以有效地向公众传达革命精神，让人们更深刻地领会红色文化的内涵，促进对社会主义先进文化地学习和理解，同时也为学习马克思主义在中国具体实践的理论成就提供了坚实的基础。借助这种文化的渗透力，将思想政治教育融入日常生活的点滴之中，使其深入人心，这不仅能巩固我国的文化安全，还有助于树立坚定的文化自信，建设文化强国。

甘肃红色文化资源将中国共产党人的光辉业绩和革命精神，与中华民族优秀的传统文化相融合。这种融合赋予了爱国主义和革命传统教育以新时代的特征，促进了优秀文化氛围的培育。甘肃红色文化资源所蕴含的精神内涵，不仅是中国共产党革命精神的生动展现，更是中国传统文化的杰出代表与具体化身，构成了中华民族优秀文化遗产的精神纽带，是我们不断汲取力量的不竭源泉。通过对红色文化资源的深度挖掘与广泛传播，不断增强了甘肃人民的文化自信。这种文化自信源于对我国革命传统精神、爱国主义精神和社会主义先进思想的深入理解与融合。通过加强教育引导，整合社会意识形态，统一思想认知，增进社会共识，甘肃红色文化资源在国民教育中得以全面融入。南梁精神、长征精神、西路军精神等革命精神，被有机地贯穿于改革开放和社会主义现代化建设的各个领域，从而增强全省人民对国家与民族的认同感和向心力。甘肃红色文化资源的精神浸润，有助于确保社会主义文化安全，有助于在文化领域树立党的领导地位，形成统一的指导思想、共同的理想信念、强大的精神力量和基本的道德规范，为构建和谐、繁荣的社会提供坚实的文化支撑。

（三）激发精神动力

红色文化资源承载着中国共产党领导中国人民进行革命、建设和改革的光辉历程与宝贵经验。在思想政治教育中，红色文化资源的运用，不仅仅是对过去的回顾和纪念，更是一种精神财富的传承和发扬。通过讲述红色故事、传播红色精神、组织红色教育活动等方式，红色文化资源在新时代焕发出新的生命力，成为激励一代又一代中国人勇往直前的旗帜。它唤起人们对理想信念的坚守，对国家和民族的热爱，以及对社会主义核心价值观的认同。在社会主义现代化建设的新征程上，红色文化资源的挖掘和利用，有助于充分调动人们的积极性和创造性。它通过激发爱国热情、增强历史责任感、提升道德境界，为建设具有强大凝聚力和引领力的社会主义现代化国家提供了强大的精神动力。这种精神动力转化为推动社会发展的实际行动，成为实现中华民族伟大复兴中国梦的重要支撑。

1. 红色文化资源是传承革命传统的载体

红色文化资源以实物、文献、故事等形式，展现了革命先辈的英雄事迹和崇高品质，使个体能够直观地感受到革命精神的力量。通过参观红色教育基地、阅读红色经典、观看红色影视作品等方式，个体可以深刻理解革命历史的艰辛，从而激发爱国情怀和社会责任感，增强历史使命感。例如，红军长征的故事告诉我们，只要我们有坚定的信念和不屈的意志，就能够克服一切困难，取得胜利。这种精神力量可以激发我们为实现中华民族的伟大复兴而不懈奋斗。

2. 红色文化资源是塑造价值观的重要工具

红色文化资源往往与牺牲、奉献、忠诚、担当等价值观紧密相连。这些都是社会主义核心价值观的重要组成部分。通过内化这些价值观，个体能够在思想上得到提升，形成正确的世界观、人生观和价值观，培养为人民服务、为社会主义事业奋斗终身的崇高品质，不断提升自己的道德境界，成为有道德、有品行、有担当的人。

3. 红色文化资源是激发奋斗动力的源泉

红色文化资源展示了革命先辈不畏艰难、勇于斗争的精神面貌。这种精神可以激发现代人面对困难和挑战时的奋斗动力，鼓励人们为实现自己的目标和梦想而不懈努力。通过学习红色文化资源，我们可以深刻认识到只有付出艰辛努力才能取得成功，从而在工作和生活中勇往直前，不断追求卓越。

4. 红色文化资源是培养团队协作精神的平台

革命历史中，团结协作、众志成城的故事层出不穷。在工作和生活中，我们可以借鉴红色文化资源中的经验和教训，鼓励人们相互支持、共同进步。团结协作是取得一切成就的重要保证，通过学习红色文化资源，我们可以更好地认识到团结协作的重要性，体会到集体主义的力量，从而在各项工作中发挥团队的力量，取得更好的成绩。

（四）推动文化传承

甘肃省作为中国革命历史上一块重要的土地，承载了无数英雄事迹和革命遗迹。从南梁地区的革命武装斗争到红军长征胜利会师的历史，这些事件不仅塑造了甘肃在中国革命史中的地位，也留下了丰富的红色文化资源。这些红色文化资源是传承红色基因、弘扬红色文化的重要载体。通过保护和传承这些资源，如修建纪念馆、举办展览活动等，可以有效地向公众传递革命先烈的精神和历史教育。红色旅游景区不仅是游客参观的目的地,更是进行政治教育和爱国主义教育的重要场所。这些地方能够帮助游客,尤其是年轻一代,了解国家的革命历史,增强对国家的认同感和责任感。甘肃的红色旅游与其他文化特色,如始祖文化、丝路文化等相结合,形成了独特的旅游产品。这种融合不仅丰富了红色旅游的内涵,也使得游客在体验红色文化的同时,能够感受到甘肃深厚的文化底蕴和多样性。同时,利用新媒体技术,如网络平台、社交媒体等,制作并推广红色旅游宣传片、微电影、短视频等内容,可以有效提升甘肃红色旅游的知名度和吸引力。这些内容通过网络传播,能够吸引更多人的关注,激发他们对红色文化的兴趣,从而促进文化传承。

甘肃的红色文化资源不仅为游客提供了丰富的旅游体验,更重要的是,它们承载着革命历史和文化传承的使命,通过各种形式和渠道,将红色精神和文化价值传递给更广泛的群体。这些资源的开发和利用,对于维护国家文化遗产、培育社会主义核心价值观、推动地方经济社会发展以及加强国际交流都具有重要意义。

第三节 甘肃红色旅游发展历程与成就

一、甘肃红色旅游发展历程

红色旅游的发展阶段,就全国范围来看,目前学术界尚无定论。

从红色旅游市场形成的角度,我们可以将其分为四个阶段:①第一阶段是红色文化阶段(1978—2000年)。这个阶段还未出现"红色旅游"的概念,只是通过在革命纪念地进行瞻仰、参观和学习等活动,教育人们体会革命战争的艰辛故事,珍惜来之不易的美好生活。各纪念地基本是出于政治教育的任务,缺少现代旅游活动的主要元素;第二阶段是红色旅游萌芽阶段(2001—2004年)。进入新世纪以后,一批学者从革命老区经济建设的角度提出发挥"红色文化"这一主题型旅游资源,带动革命老区的经济发展;第三阶段是红色旅游全面发展阶段(2005—2009年)。2004年12月中共中央办公厅和国务院办公厅特别印发了《2004—2010年全国红色旅游发展规划纲要》,

---

① 蒋洪南.红色旅游市场的发展历程与标准化建设[C]//国家标准化管理委员会.市场践行标准化——第十一届中国标准化论坛论文集.江西省质量技术监督局,2014:5.

自此以政府为主导,大力推进红色旅游的发展,全国进入红色旅游全面发展阶段;第四阶段是红色旅游深入发展阶段(2010年至今)。2011年、2016年中共中央办公厅、国务院办公厅联合相继下发《2011—2015年全国红色旅游发展规划纲要》《2016—2020年全国红色旅游发展规划纲要》。红色旅游持续、健康地发展,红色旅游产品形态不断丰富,服务标准化试点全面推进,红色旅游竞争力持续提升。

(一)红色文化阶段(1978—2000年)

党的十一届三中全会召开后,我国逐渐建立社会主义市场经济体制。在这一阶段,虽然还未出现真正意义上的红色旅游,但红色文化作为纪念前辈、教育后人的资源受到越来越多的重视。各地革命纪念地红色文物、遗址等得到了很大程度的修葺,政府也开始频繁组织各种形式的纪念活动。1997年5月,中宣部向社会公布了第一批全国爱国主义教育示范基地,为各地红色文化资源的市场化转化奠定了基础。

这一阶段,甘肃省各地积极修建纪念馆、纪念碑等建筑来纪念革命遗迹,对革命遗址进行开发和保护,组织特定的群众前往纪念地参观学习。如,1979年,在定西市通渭县城西南55千米的榜罗镇,榜罗镇会议旧址所在地,挂牌成立中共中央政治局榜罗会议纪念馆。1983年,兰州市榆中县修建了张一悟纪念馆。1984年,甘肃省人民政府在中共陕甘宁省委、省政府的旧址上立下了一座石碑,军事家萧劲光为石碑亲手题写了碑词"中共陕甘宁省委、陕甘宁省苏维埃政府旧址"。同年,在山城堡战役遗址处立了一座纪念碑。1985年,白银市平川区落成了红军西征胜利纪念馆。同年年底,位于陇南市宕昌县的哈达铺红军长征纪念馆正式更名;1986年经甘肃省委、省政府批准,位于甘肃省庆阳市华池县的南梁革命纪念馆开始修建。1996年,平凉市静宁县修建了红军长征毛泽东旧居纪念馆,纪念革命领导人在此留下的革命遗迹。1981年9月发布《甘肃省人民政府关于重新公布省级文物保护单位的通知》,其中有13处红色文化资源为省级文物保护单位:南梁陕甘边区革命政府旧址、抗日军政大学第七分校校部旧址、俄界会议旧址、哈达铺会议旧址、腊子口战役遗址、榜罗镇会议旧址、会宁红军会师旧址、河连湾陕甘宁省苏维埃政府旧址、山城堡战役遗址、八路军兰州办事处旧址、兰州战役遗址、华林坪革命烈士纪念塔、高台中国工农红军西路军烈士陵园。

这一阶段的主要特点是,红色文化旅游活动以组织特定群众参观、瞻仰为主,参观人员的数量和参观地的确定都有严格的规定。参观活动不以营利为目的,更多的是为实现社会效益。同时,由于各地经济发展水平不同,导致各地在红色文化开发和保护的力度上存在明显差异。

(二)红色旅游萌芽阶段(2001—2004年)

2001年4月,《国务院关于进一步加快旅游业发展的通知》发布,文件明确提出要把发展旅游与加强社会主义精神文明建设紧密结合起来,通过旅游活动弘扬民族优秀文化,加强爱国主义教育,促进国际经济、文化交流。一批学者从革命老区经济建设的角度提出,革命老区应该利用好"红色文化"这张王牌来发展"红色旅游"。

在党和国家给予的一系列人力、物力、财力以及政策的支持下,甘肃部分革命老区的红色旅游开始萌芽。2001年6月11日,中宣部公布第二批全国爱国主义教育示范基地,宕昌县哈达铺红军长征纪念馆、八路军驻兰州办事处纪念馆、兰州市烈士陵园、华池县南梁革命纪念馆、高台县烈士陵园名列其中。

这一阶段的主要特点是:红色旅游作为一种新型主题性旅游形式,一方面,寓教于游,让广大人民,特别是青少年接受生动而又深刻的革命传统教育,增强爱国、爱党、爱社会主义的理想信念;另一方面,大多数革命遗址位于欠发达的革命老区,红色旅游的开展帮助老区将政治优势、资源优势转化为经济优势,将红色旅游与扶贫开发结合起来,拓宽传统的扶贫思路,开辟有效的增收门路。红色旅游成为带动革命老区经济、社会协调发展,培育、发展旅游业新增长点的有效路径。

(三)红色旅游全面发展阶段(2005—2009年)

2004年底,中共中央办公厅和国务院办公厅印发了《2004—2010年全国红色旅游发展规划纲要》。2005年2月,全国发展红色旅游工作会议在北京召开,这次会议决定,将在全国培育12个重点红色旅游区,完善30条红色旅游精品线路,打造100个红色旅游经典景区,并确定2005年的旅游主题为"红色旅游年"。这为红色旅游的发展指明了正确的方向,给红色旅游作出了科学的界定,阐述了红色旅游发展的理念和目标。各省市根据纲要指明的道路,开始科学合理地筹谋红色旅游下一步的发展,以期尽快实现红色旅游的产业化、市场化。

甘肃在这一阶段,贯彻落实国家的红色旅游发展规划,全省各地红色旅游全面启动,特别是一些红色旅游资源丰富的革命老区抢抓机遇,为当地旅游业的发展注入了新鲜的血液，在老区脱贫攻坚、致富奔小康的发展中起到了积极作用。根据《2004—2010年全国红色旅游发展规划纲要》，甘肃红军长征红色旅游系列景区（点）（其中包括白银市会宁县红军长征会师旧址、甘南州迭部县腊子口战役遗址、陇南市宕昌县哈达铺红军长征纪念馆、定西市岷县岷州会议纪念馆、通渭县榜罗镇革命遗址）、兰州市城关区八路军驻兰州办事处旧址、庆阳市华池县陕甘边区苏维埃政府旧址、张掖市高台县高台烈士陵园入选了《全国红色旅游经典景区名录》。各景区分别编制建设方案，进行景区建设，奠定了甘肃省红色旅游全面发展的基础。

这一阶段的特点是，红色旅游在政府的扶持下得以迅速发展，全国各地都兴起了发展红色旅游的高潮。经过5年的快速发展后，红色旅游发展中的问题及弊端逐渐显现，比如各红色旅游景区产品展示方式枯燥、讲解服务不生动、客源结构单一、管理体制不健全、商品开发创新不够、规划不够科学等问题。红色旅游开始面对市场的挑战。

（四）红色旅游深入发展阶段（2010年至今）

2011年，《2011—2015年全国红色旅游发展规划纲要》正式开始实施。在这一年，各地围绕建党90周年举办了许多大型的纪念活动。2016年，《2016—2020年全国红色旅游发展规划纲要》颁布实施，文件提出了我国的红色旅游发展在新时期的指导思想、发展目标、任务以及相关的保障措施，为新形势下红色旅游高质量发展提供了行动指南。为了确保红色旅游的持续与健康发展，众多学者经过深入研究指出，提升红色旅游的内在竞争力关键要在加强产业升级、促进区域合作和坚持可持续发展三个方面着手。红色旅游进入更加成熟和深入发展的阶段。

在红色旅游发展快车道上，甘肃省红色旅游也取得了丰硕的成果。甘肃省编制《甘肃省红色旅游发展规划（2011—2020年）》，各市（州）加快红色旅游发展，成为爱国主义教育的重要阵地，突出教育性、体验性和扶贫性；将甘肃省打造成全国重要的红色旅游目的地。2017年，甘肃省委办公厅和省政府办公厅联合印发《甘肃省2016—2020年红色旅游发展实施方案》。全省创新升级红色旅游经典景区体系，树立"长征丰碑、红色陇原"甘肃红色旅游新形象，创建国家级中国红色旅游创新发展基地、红色旅游研学基地，打造全国红色旅游重要目的地。2021年，甘肃省文化和旅游厅印发了《甘肃省"十四五"红色旅游发展规划》，立足新发展阶段，坚持新发展理念，注重守正创新，建设一批红色旅游经典景区，树立系统观念，统筹革命文物保护及红色旅游发展，传承红色基因，挖掘甘肃红色文化内涵，推动红色文化和红色旅游深度融合，红色旅游景区体系及产业体系更加完善，促进全省红色旅游高质量发展。2023年，甘肃省制定并出台了《甘肃省红色资源保护传承条例》，进一步加强红色资源的保护，传承红色基因，弘扬红色文化，培育和践行社会主义核心价值观，彰显甘肃在中国革命和建设历史进程中的重要地位。

全省在这一阶段内举办了和红色旅游相关的宣传促销活动近百次，专题活动三百多次，为红色旅游的基础建设投资3亿多元。多元庆阳市旅游局组织编制了《庆阳市红色旅游发展规划（2011—2020）》；张掖市高台县组织编写了《高台县红色带动工程2009—2015年总体规划》《高台烈士陵园建设规划》；甘州区修建了高金城烈士雕塑，进行了景区内标示牌的更新、大型宣传版面的制作以及景区内基础设施设备的更新换代；国家为甘南藏族自治州迭部县投资拨款986万元，用于"天险腊子口"战斗遗址红色旅游景区朱立沟综合服务区给排水项目工程的建设，为迭部县投资600万元，新修建了占地面积3200平方米的腊子口游客服务中心大楼；平凉市静宁县对界石铺红军长征纪念园功能进行了完善，修缮了红二十五军革命遗址红军楼等；酒泉市完成了安西战役纪念塔广场建设、红西路军安西战役纪念馆的规划；酒泉卫星发射中心航天爱国主义教育基地修建了游客接待中心；玉门铁人王进喜纪念馆修建了部分基础设施和生态治理工程[①]。"十四五"期间，甘肃红色旅游高质量发展的集结号再次吹响。甘肃将弘扬红色文化时代精神，打造红色旅游知名品牌，做强红色旅游致富产业，力争红色旅游人次突破8000万，综合收入超过200亿元。

这一阶段的特点是：经过4年全面发展阶段的高速发展，红色旅游的高质量发展势在必行。红色旅游的运营者开始思考如何牢牢把握旅游经济脉搏，按照旅游经济的规律来抓产品、抓线路，充分体现观赏性、趣味性和参与性，进而吸引更多的参观者，达到寓教于乐、潜移默化的教育目的。

---

① 王力，等.甘肃红色旅游资源开发与利用［M］.北京：中国社会科学出版社，2022：63-64.

二、甘肃红色旅游发展成就

（一）政策优势日益凸显，规范化发展初见成效

甘肃是红色旅游资源富集的地区，拥有众多承载着重要历史价值和革命精神传承的红色旅游景点。全省深入落实习近平总书记视察甘肃重要讲话精神，认真贯彻"讲好党的故事、红军的故事、西路军的故事，把红色基因传承好"的重要指示，加强革命文物和文献资料的保护、发掘、征集、整理、研究和利用工作。甘肃省政府制定了《甘肃省2016—2020年红色旅游发展实施方案》《甘肃省"十四五"文化和旅游发展规划》《甘肃省"十四五"红色旅游发展规划》《甘肃省红色资源保护传承条例》等一系列政策文件，为红色旅游的发展提供了政策支持。加大了对红色旅游业的投入力度，推动了红色旅游业的快速发展（见表1-2）。同时，政府还加强了对红色旅游资源的保护和修缮工作，确保红色旅游资源的永续利用。

表1-2　2016—2020年甘肃红色文化旅游基本情况

年份	接待游客人数（万人次）	同比增长（%）	实现旅游收入（亿元）	同比增长（%）
2016	1909.9	20.2	58.78	22.3
2017	2469.89	22.7	79.32	25.9
2018	3141.7	27.2	96.2	21.3
2019	4125	31.3	118	22.7
2020	2800	—	82	—
备注	1. 2019年全省红色旅游共接待游客约占全省国内旅游总人次的11.5%，同比增长31.3%，明显高于国内旅游24%的增速；实现旅游收入118亿元，约占全省国内旅游总收入的4.4%。2. 2020年受新型冠状病毒感染疫情的影响，全省红色旅游接待游客人次和收入有所下降。			

全省红色教育场馆建设及免费开放达到标准。以《红色旅游经典景区服务规范》（LB-T055-2016）为标准，提升全省红色旅游服务标准化水平。

（二）发展势头良好，成为甘肃旅游重要名片

甘肃省将红色旅游作为华夏文明传承创新区"红色文化弘扬板块"和"文化旅游

融合板块"的重要组成部分,大力实施红色旅游工程,努力将甘肃建设成为中国红色旅游重要目的地,让"红色文化制高点,初心教育打卡地"成为甘肃旅游的另一张亮丽名片。

(三)基础设施初步完善,教育功能显著

近年来,国家、省、市(州)加大红色旅游基础设施建设力度,重点实施会宁红军会师旧址保护维修工程等20余项全国重点文物保护单位保护维修工程和高台红西路军烈士陵园纪念亭修缮工程等10余项省级文物保护单位修缮工程,南梁革命纪念馆等20个纪念馆的馆舍新建或改扩建,全省36个纪念馆列入中央财政专项补助的免费开放名单。红色旅游景区深入挖掘红色文化内涵,展陈、讲解水平明显提高。"十三五"期间,全省红色旅游共接待游客1.4亿多人次,更加凸显了红色旅游景区教育功能的作用。

(四)经典景区体系初具规模,亮点突出

全省共有全国爱国主义教育示范基地24个,省内所有革命旧址和纪念馆实现免费开放。已建成14个A级红色旅游景区,有10个系列16个景区入选全国红色旅游经典景区名录。"红色沃土""长征丰碑""浴血河西"三大红色旅游区和3条红色旅游精品线路基本形成。高台县红色旅游发展成果入选全国60个典型案例。红色南梁大景区成为甘肃省重点打造的19个大景区之一。2021年,在中国共产党成立百年纪念之际,甘肃省倾力打造了"三区三州"红色旅游专列产品,并隆重推出"建党百年·红色之旅"主题下的6大系列、20条精选旅游线路。全省创新举办了177场红色文化与旅游相融合的活动,扩大了红色旅游的社会影响力。同时,推出了"如意甘肃·红色之旅"特别节目,设计发放了纪念性的"甘肃红色之旅"登机牌,并组织了20多场包括《陇原第一枪》《大豆谣》在内的"建党百年·春绿陇原"惠民演出,显著提升了省内红色旅游品牌的影响力。与此同时,"红军会师·征途在前""壮怀激烈·初心不改"和"治沙典范·生态甘肃"3条线路入选了全国"建党百年红色旅游百条精品线路",彰显了甘肃红色旅游的独特魅力。

(五)助力脱贫攻坚作用明显,促进乡村振兴贡献巨大

全省红色旅游直接就业人数5万多人,间接就业人数超过20万人。各市(州)把

红色旅游发展与脱贫攻坚紧密结合起来，依托红色旅游景区开发，吸引周边贫困群众参与景区内配套服务，开办旅游服务项目，带动贫困人口就业，拓宽群众增收渠道。在脱贫攻坚战取得全面胜利后，乡村振兴进入了新的发展阶段，红色旅游产业成为促进致富的重要力量。坚持"富了口袋富脑袋"，不断创新红色旅游的展示、经营和消费模式，发展"红色+生态农业""红色+培训研学""红色+非遗传承"等多元业态，推出红色文化创意产品，助力农民在当地红色景点实现就业和增收。以南梁荔园堡村为例，依托红色南梁景区，该村解决了500多人的就业问题，人均年收入超过2万元，并被评为全国乡村旅游重点村。红色旅游已成为乡村旅游和乡村振兴的一大亮点。

（六）创新型体验产品不断涌现，备受市场欢迎

红色旅游创新型体验产品不断涌现，丰富了红色旅游的内容和形式，也吸引了更多的年轻游客参与其中。甘肃省文化和旅游厅指导各级各类文旅企业、景区，研发了"初心教育""红色研学""红色培训"等"一地多点"的8类红色文化深度体验游产品，受到游客欢迎。各市（州）将红色旅游与区域发展、城乡建设相衔接，与周边乡村旅游、生态旅游相融合，推出了一系列"红色+"复合型创新红色旅游产品。将红色旅游与科技、时尚潮流和美食元素相结合，创新推出的红色文化深度体验产品，近年来已成为深受年轻人喜爱的新兴红色出游方式。如高台县推出了"吃红军饭、穿红军衣、走红军路"体验型、参与型产品。甘南藏族自治州推出了"红色+生态+民俗风情"的融合产品线路，成为推动全域旅游发展的一大亮点。这些创新型体验产品不仅增强了红色旅游的吸引力，提升了游客的互动乐趣和知识获取，还成功吸引了众多年轻游客的热情参与。随着年轻人爱国主义情感的日益增长，红色旅游已逐渐成为他们热衷的选择，这进一步催生了更多具有创新性的红色旅游产品和业态，从而推动了红色旅游的持续发展。

（七）品牌营销重点突出，全方位宣传体系日益完善

甘肃红色旅游的品牌营销策略通过突出红色主题、加强品牌宣传、建立品牌形象，成功地为游客提供了丰富多样的红色旅游产品和优质的服务，有效地提升了甘肃红色旅游的知名度和竞争力，使其成为国内外游客了解中国革命历史和红色文化的重要目的地。

甘肃红色旅游的品牌营销始终围绕红色主题进行，深入挖掘与传播那些激动人心的革命故事、英雄人物和重要历史事件。通过恢复和保护红色遗址，如红军长征的会宁会师纪念馆、榜罗会议纪念馆等，甘肃为游客提供了亲身体验革命历史的机会。同时，结合当地壮丽的自然风光和丰富的民俗文化，甘肃创造了独具特色的红色旅游产品，如红色教育游、红色探险游等，极大地丰富了游客的旅游选择，提升了旅游体验的整体质量。

甘肃红色旅游围绕"长征记忆""祁连壮歌""红色南梁"等红色品牌采取了多元化的宣传策略，以覆盖更广泛的受众群体。坚持组织全省有关红色旅游景区参加中国国际旅游交易会、旅游博览会、红博会等主题节会，积极开展节会营销交流。坚持赴西安、银川、成都、杭州、重庆、天津、上海等重点客源地开展红色旅游专项推介活动，利用携程、腾讯、去哪儿、途家、途牛、美团等互联网新媒体平台，开展线上营销，不断探索和实践新的宣传手段和方式以及加强合作和品牌维护，不断完善全方位的宣传体系，有效提升了甘肃红色旅游品牌知名度，推动了红色旅游品牌的持续发展。

（八）加强人才发展支撑体系，队伍建设稳步推进

加强人才培养。支持省内高等院校旅游管理等相关专业开设针对红色旅游的课程和培训项目。课程涵盖红色旅游策划、开发、运营及营销等关键领域，以培育出具备专业知识和实战能力的人才，满足行业不断增长的需求。通过定期举办培训班、研讨会、学术交流活动，使从业人员能够更新自己的专业知识，提高服务技能，并掌握最新的红色旅游发展趋势。开展红色旅游"五好"讲解员建设行动，不断加强红色讲解员队伍建设，提升知识储备、锻炼讲解技巧、展示良好形象，讲好甘肃红色故事，持续推动全省红色旅游高质量发展。

引进优秀人才。通过引进高层次人才和优化人才结构，吸引更多具有专业背景和经验的人才加入红色旅游工作中，提高红色旅游人才的整体素质和创新能力。健全完善红色旅游专项人才志愿服务机制，壮大红色旅游人才队伍。

建立人才库。通过开展人才普查、建立人才信息库等方式建立红色旅游人才库，以储备更多的人才资源，实现人才的分类管理和动态更新，为红色旅游的发展提供更多的人才选择。通过与其他省、区、市进行广泛的人才交流与合作，吸收先进的红色旅游发展理念和经验，促进红色旅游人才的全面成长。

加强团队建设。通过组织团队活动、加强团队沟通等方式，增强团队的凝聚力和向心力，提高团队协作和配合能力。通过完善激励机制，激发从业人员的工作热情和积极性，为红色旅游的发展提供更好的动力。

【课后习题】

1. 名词解释：红色文化旅游资源
2. 列举你熟知的家乡的红色文化旅游资源，并说明其属于哪一资源类型。
3. 简述甘肃红色文化旅游资源的开发价值。
4. 谈谈你对甘肃红色文化旅游资源的认识。

第二章
红色旅游景区建设

【学习目标】

通过本章的学习,掌握红色旅游景区基础设施建设和公共服务管理的原则、方法和实践,了解红色旅游景区内容建设的策略和方法,熟悉红色旅游景区运营和管理体系的构建,掌握红色旅游景区商业模式的构建,了解红色旅游景区人力资源建设的重要性,并通过案例分析和实践活动,提高对红色旅游景区建设和管理的实际操作能力和解决问题的能力。

红色旅游景区是指以革命历史和红色文化为主题,具有红色旅游功能的特色旅游景区。在建设红色旅游景区之前,需要深入挖掘当地红色文化,综合地区资源特色、区域位置、市场条件等因素,进行系统评估与分析,找准乡村红色旅游景区的发展定位,合理地进行景区规划设计,使之能够维持并提升当地居民的生活水平以及生产、生活方式,突出当地的红色文化,又具有自己的特色。红色旅游景区需要打造特色景观,营造出独特的氛围和吸引力。例如,通过修缮、保护红色历史遗迹或者建设红色文化主题公园、打造红色特色街区等方式建设特色景观,让游客在游览过程中感受到独具特色的红色文化氛围。红色旅游景区内的资源非常珍贵,需要采取合理的措施进行保护,包括建立资源保护机构、制定保护措施、加强巡查等。要充分考虑当地自然环境状况,制定合理的保护措施,维持原有的生态系统平衡,注重人与自然和谐共处,实现人与自然和谐共生。红色旅游景区需要加强运营管理,建立完善的管理制度,包括景区的安全、卫生、环保等方面。对于景区内的商业活动、旅游服务等方面也需要进行规范管理，确保游客的旅游体验和安全。红色旅游景区的服务质量直接影响到游客的旅游体验和景区的口碑。为此，需要提升服务团队的专业能力和服务意识，以确保游客享受到高品质的旅行服务。此外，红色旅游景区也应加大市场推广力度，通过多种渠道展现其独特魅力与优势，如举办节日庆典、文化演出、主题展览等活动来提升景区的知名度与影响力。

第一节　基础设施建设和公共服务管理

一、红色旅游景区基础设施建设的内容

红色旅游景区旅游基础设施的建设对于提升景区的吸引力和游客的满意度至关重要。通过不断完善基础设施，景区能够为游客提供更好的旅游体验，推动红色旅游高质量发展。红色旅游景区基础设施建设涉及的内容很多，主要有五个方面。第一，交通设施建设。良好的交通设施是景区旅游的基础，能够吸引更多的游客。例如，修建高速公路、改扩建机场、修建景区内部的交通网络等，都能提高游客的出行效率，提升景区的吸引力。第二，住宿设施建设。景区周边的住宿设施是游客出行的重要考虑因素。修建高品质的酒店、度假村、民宿等住宿设施，能够满足游客的不同需求，提供舒适的住宿环境，为游客提供更好的旅游体验。第三，旅游服务设施建设。为了提供更优质的旅游服务，景区需要建设各类服务设施，如游客中心、导游服务中心、停车场等。这些设施能够为游客提供各种便利，提高景区的服务水平和游客满意度。第四，景区景点设施建设。景区的核心吸引力在于其独特的景点。景区需要对景点进行保护和开发，修建观景平台、旅游步道、景点标识等设施，使游客能够更好地欣赏景区的美景。第五，环境保护设施建设。景区旅游的可持续发展需要注重环境保护。建设污水处理设施、垃圾处理设施、环境监测设施等，能够有效保护景区的生态环境，提升景区的可持续发展能力。

《全国红色旅游经典景区三期总体建设方案》提出，红色旅游经典景区建设应加强红色旅游活动所必需的旅游公路（景区到交通干线的连接公路及景区内部的专用旅游

公路，原则上不支持长距离的景区外公路）、景区内的步行道（原则上不考虑木栈道）、露天停车场、供电线路、供排水线路、旅游厕所、消防安防设施、垃圾和污水收集设施、展陈场馆改造等基础设施建设，以及必要的环境整治。

二、红色旅游景区基础设施建设原则

（一）强化统筹，注重整合

首先，统筹规划是关键。应制定科学的发展规划，确保红色旅游景区基础设施建设的有序推进。这包括对交通、住宿、餐饮等各方面的综合考虑，以实现资源的优化配置。同时，要注重与当地经济、社会发展的协调，避免盲目建设带来的资源浪费。

其次，整合资源是必由之路。红色旅游景区基础设施建设应充分利用现有资源，将文化遗产、自然景观和现代旅游元素有机融合。这不仅能提升景区的整体吸引力，还能带动相关产业的发展，形成产业链的良性循环。

（二）突出重点，分步实施

红色旅游景区的基础设施建设需要严格按照《全国红色旅游经典景区名录》范围确定建设项目，重点支持《全国红色旅游经典景区名录》的新增景区基础设施建设和环境整治，有明确的目标和规划，强化项目前期准备工作，需要重点加强开展红色旅游活动所必需的基础设施建设，如旅游公路、景区内的步行道、露天停车场、供电线路、供排水线路等。

分步实施是确保项目顺利进行的关键。必须制订科学合理的实施计划，并根据实际情况进行调整和优化。每个阶段都应有明确的目标、任务和时间节点，确保各项工作有序推进。只有这样，才能确保资源的合理配置和有效利用，避免浪费和重复建设。

此外，加强项目管理是保证项目成功的关键。我们需要建立完善的管理机制，明确各部门职责和工作流程，加强沟通协作，确保各项工作按照计划有序推进。

（三）严格管理，讲求实效

科学规划设施建设，严格控制建设规模和建设标准，保持革命历史文化遗产的真实性和完整性。在建设过程中，应注重设施的质量，确保其安全、实用并具有持久性。这包括对景区内的道路、标识、照明、绿化等方面的建设进行全面规划和管理。同时，还需要加强对这些设施的维护和保养，确保其能够长期保持良好的状态。建设内容要切实服务于理想信念教育的实际需要。

（四）保护环境，提升服务

在基础设施建设过程中，环境保护是重中之重。红色旅游景区通常位于自然环境优美、生态资源丰富的地方，这些地方的自然环境为红色旅游景区增添了独特的魅力。为了保持这种魅力，必须采取一系列措施来保护景区的自然环境。这些措施包括但不限于加大绿化带建设，提升植被覆盖率，严控污染源的排放，以及实施严格的垃圾分类和回收制度。

与此同时，提升服务也是必不可少的环节。优质的导览服务、讲解服务直接影响到游客的参观体验和学习效果。因此，需要投入大量的人力、物力和财力，加强景区内的基础设施建设，提升服务品质。例如，建设功能齐全的游客服务中心、提供多语种的导览服务、培养专业的讲解员队伍等。通过这些措施的实施，我们可以为游客提供更加周到、细致的服务，让他们在参观过程中感受到红色旅游景区独特的魅力。

三、红色旅游景区基础设施建设的策略

（一）旅游公路建设

主要指景区到交通干线的连接公路及景区内部的专用旅游公路。建设旅游景区主要交通连接线，就是要构建旅游"快进"交通网络，推进旅游公路"最后一公里"建设，实现旅游目的地内部交通无缝衔接。规划建设景区连接线和内部专用线是创造舒适的旅游体验的基础条件，景区可通过优化观光游览的线路规划，开通串联红色景点的公交专线，采取单线循环的运行模式来提高旅游景区的通达性和游客的旅游体验。

（二）景区内的步行道及露天停车场建设

第一，要确定步行道和露天停车场的布局和设计。规划时需考虑景区的自然地形、

红色历史遗迹保护需求，以及游客的游览动线等因素。设计应注重实用性与美观性，同时要确保与周围环境的协调。第二，选择耐用的建筑材料，如混凝土、石材或防腐木等，确保步行道经久耐用。露天停车场应使用防滑耐磨的材料铺设，同时设置明确的指示标识。第三，在建设过程中，要注重环境保护，避免破坏自然景观。尽量采用环保材料和绿色施工技术，减少对环境的影响。通过绿化、美化等手段提升景观效果，为游客创造一个舒适的环境。同时，鼓励游客乘坐公共交通或非机动车游览景区，减少碳排放。第四，步行道应设置安全护栏和防滑设施，以确保游客安全。露天停车场应划设明确的停车区域和行车路线，并配备监控系统，防止车辆碰撞和偷盗事件。第五，要考虑残疾人士的需求，设置无障碍通道和停车位，方便他们游览。

（三）旅游环境卫生服务设施建设

面向旅游者提供的环境卫生服务主要集中在生活垃圾的处理以及旅游厕所的建造两个方面。

1. 不同区位设置垃圾箱要点

在游客的生活垃圾处理方面，应该充分考虑游客的行为模式和诉求，合理设置相关服务设施。例如，游客停留时间长的区域相对容易产生垃圾，因此对于垃圾箱的需求量也相应较大。规划时，垃圾箱设置选址应重点考虑以下区域。

（1）景区出入口及中心服务区

旅游区出入口和中心服务区是指大门售票处、出入口、景区门前广场、停车场、商店、餐厅等具有服务功能的空间。这些区域是游客在到达和离开旅游地时聚集的场所。由于服务功能多元，产生的垃圾也较为多样。因此，上述区域应设置较多的无盖式垃圾箱，且进行频繁地管理和维护。

（2）观景休憩区

景区内的核心景点通常是游客较为集中、停留时间较长的地方，这些区域往往设置有观景休憩区。该区域垃圾箱的设置数量应以旅游承载力的最大容量为标准，通常采取高峰期定点采样的方式进行估算。为避免阻挡游客的观景视线，该区域垃圾箱的体量不宜过大，并应设置于主要景观的反方向。但也不要因为过于强调景观保护而将其设置于偏僻之处，观景点与步行道的交接处往往是最佳选择。由于该区域内的垃圾箱无法实行高频率收集，因此适宜采取有盖式设计。

（3）步行道

由于游客在步行道上的活动具有较强的机动性，停留的时间相对较短，因此，产生垃圾的可能性也低于上述两个区域。一般来说，在步行道设置有休憩设施的地方应设置垃圾箱，因为这些区域是旅游者可能停留的场所。此外，步行道中容易减速、驻足的地段，如道路转弯的节点处、视线突然开阔的地段等都应设置垃圾箱。垃圾箱一般沿步行道一侧或两侧交叉配置。步行道沿线的垃圾箱体量不宜过大，外观设计和材质应与环境相宜，材质以不易污损为佳。由于该区域垃圾收集处理的频率不高，应选用有盖式垃圾箱。

其实，除了合理设置垃圾箱之外，旅游目的地也可以选择采取引导游客实施垃圾不落地的方案，即采取一定的激励手段和措施，让游客自行携带生活垃圾，甚至协助捡拾他人遗留的生活垃圾，从而实现从源头上处理好旅游目的地的环境问题。

2. 旅游厕所的建造

旅游厕所虽小，却是游客对一个景区的第一印象。为了推进厕所文明，原国家旅游局将旅游厕所革命纳入了我国旅游发展"515"战略，即紧紧围绕"文明、有序、安全、便利、富民强国"五大目标，推出旅游十大行动，开展五十二项举措，推进旅游业转型升级、提质增效，加快旅游业现代化、信息化、国际化进程。

2015年我国颁布了《旅游厕所建设管理指南》，新的规范指引取消了低档型和豪华型厕所，更加侧重中间型档次的旅游厕所；增加了女性蹲位的比例；将特殊群体的如厕需求整合为第三卫生间。第三卫生间也被称为"中性卫生间"，最早出现在泰国，有别于现有公厕的男女分区设置，其用途主要为方便市民照顾家人如厕，有独立的出入口，方便父母带异性的孩子、子女带异性的老人外出照顾其如厕，还可以帮助一些身体有残疾的人保护如厕时的隐私问题。第三卫生间的出现既体现了社会在"厕所文明"上的进步，也是人性化的考量在旅游服务设施方面的体现。

旅游厕所的建造应该注重以下原则：

（1）间距人性化

根据景区面积、游客量、旅行路况、游客年龄段占比、平均速度等因素，人流量大的古镇等类型景点厕所间距以300~500米为宜；人流量小的风景区等路线上的厕所间距以500~800米为宜。

（2）便器分布与游人分布匹配

游人在景区的分布密度是不一样的，逗留时间也不一样，厕所便器分布应经过计算与游人分布匹配。景区出入口必设，而且便器数量多。风景节点根据游客量、逗留时间设置，便器数相应减少。旅游路线按距离、游客量设置，便器数最少。

（3）易于寻找

旅游厕所的布置不应妨碍风景，同时又须易于寻找，突出方便性和可达性，距游道20~30m为宜。在主要路线设置醒目的卫生间指示牌，同时设置厕所距离的标示牌，突出游客体验性。

（4）隐蔽性

不影响主要景点的游览观光效果，不影响自然与人文景观的整体性。在布局时，宜"靠边"布置，靠墙边、山石边、假山边、树林边、路边等，隐蔽在绿荫丛中。

（5）无环境污染

保护水源附近要慎重设置，注意常年风向，以及小地形对气流方向影响。

（四）展陈场馆改造

红色旅游景区展陈场馆的改造是一项重要的任务，旨在提升游客的参观体验，同时更好地传递红色精神。第一，展陈场馆的改造应紧扣红色主题，突出红色元素，营造出浓厚的红色文化氛围。可以通过设计、装饰、灯光等手段来实现。第二，为了增强游客的参与感和体验感，展陈场馆应增加互动环节。例如，可以设置多媒体互动展示、VR体验、互动游戏等，使游客能够更深入地了解红色历史。第三，利用现代科技手段提升展陈效果，例如数字展陈、动态展示、3D投影等。这些技术手段可以使展陈内容更加生动、形象，提高游客的兴趣。第四，展陈场馆不仅是展示红色历史的场所，也是开展红色教育的重要基地。因此，改造时应考虑增加教育功能，如设置讲解区、学习区等。第五，在改造过程中，应注意保护和传承红色文化遗产，同时融入当地文化元素，使展陈场馆成为展示地域文化的窗口。第六，在改造过程中，应注重环保和节能，采用绿色材料和绿色技术，营造绿色生态的展陈环境。第七，展陈场馆的改造还应考虑人性化的设计，如设置休息区、残疾人专用设施等，提高游客的舒适度和满意度。

四、红色旅游景区公共服务管理

红色旅游景区公共服务管理对于满足游客需求、提升景区品质、保护红色文化遗产、推动地方经济发展、增强社会凝聚力和保障游客安全都具有重要意义。因此，相关部门应该加强公共服务管理，提升景区的整体形象和服务质量，为游客和当地居民提供更好的旅游服务体验。

（一）红色旅游景区公共服务管理的重要性

1. 满足游客需求

红色旅游景区是重要的旅游目的地，游客对于公共服务的需求越来越高。良好的公共服务管理可以满足游客的需求，提高游客的满意度，为景区赢得良好的口碑和形象。

2. 提升景区品质

公共服务管理是提升红色旅游景区品质的重要手段。通过加强公共服务管理，可以完善景区的基础设施，提高景区的环境质量和服务水平，从而提升景区的整体品质和竞争力。

3. 保护红色文化遗产

红色旅游景区承载着丰富的红色历史和文化信息，是国家和民族的重要文化遗产。公共服务管理在保护和传承这些红色文化遗产方面发挥着重要作用，可以确保景区的红色历史和文化价值得到有效保存和传承。

4. 推动地方经济发展

红色旅游景区的发展可以带动当地经济的发展，增加就业机会，促进地方经济的繁荣。公共服务管理可以吸引更多的游客前来参观，从而刺激当地旅游业的增长，带动相关产业的发展，为当地经济注入新的活力。

5. 增强社会凝聚力

红色旅游景区作为重要的文化场所，可以增强社会的凝聚力和向心力。公共服务管理可以促进社会和谐，增强社会凝聚力，使游客和当地居民更好地了解和认同红色旅游景区的历史和文化价值。

6. 保障游客安全

红色旅游景区是公共场所，游客的安全是首要考虑的问题。公共服务管理可以建立健全安全管理制度，采取多种措施保障游客的人身和财产安全，确保游客在景区内安全顺利地游览。

(二）红色旅游景区公共服务管理的原则

1. 以游客为中心

红色旅游景区公共服务管理应以游客为中心，以满足游客的需求为出发点和落脚点。要关注游客的体验和感受，提供优质的服务和保障，让游客在参观红色旅游景区时感到舒适、满意。

2. 规范与标准

红色旅游景区公共服务管理应遵循规范和标准，建立完善的管理制度和标准体系，确保各项服务和管理工作的规范化、标准化。

3. 创新与发展

随着时代的发展和游客需求的变化，红色旅游景区公共服务管理应不断创新和发展。要积极探索新的服务模式和管理手段，提高服务质量和效率，推动红色旅游景区的发展。

4. 合作与共赢

红色旅游景区公共服务管理需要各方面的合作与支持。要加强与相关部门、企业和游客的沟通与合作，形成合力推动景区发展。同时，要注重实现共赢，让各方都能从景区发展中受益。

（三）红色旅游景区公共服务管理的发展策略

1. 推动服务质量提升

以游客为中心，深入了解游客需求，提供个性化、人性化的服务。加强员工培训，改善服务态度，提高服务质量，让游客在红色旅游景区中感受到家的温暖。

2. 强化安全管理

建立健全安全管理制度，加强安全防范措施，确保游客的人身和财产安全。加大景区内的巡查力度，及时发现和处理安全隐患，为游客创造一个安全、和谐的旅游环境。

3. 推动智慧旅游建设

利用现代科技手段，推动智慧旅游建设。建立数字化平台，提供线上预订、导游导览、讲解等服务，提高便捷度和满意度。同时，利用大数据、人工智能等技术手段，对游客行为进行分析，为景区管理和服务提供科学依据。

4. 加强文化传承与创新

在保护和传承红色文化遗产的基础上，加强红色文化创新。通过举办文化活动、开发红色文创产品、打造特色品牌等方式，让红色文化在当代社会中焕发新的活力，吸引更多游客前来参观。

5. 推动产业融合发展

将红色旅游景区与相关产业进行融合，形成产业链。例如，与旅游、教育、影视等产业进行合作，开发红色旅游线路、开展红色教育活动、拍摄红色影视作品等，推动红色旅游景区与相关产业的协同发展。

6. 加强宣传推广

加强红色旅游景区的宣传推广工作，提高景区的知名度和美誉度。通过传统媒体和新媒体渠道进行宣传推广，吸引更多游客前来参观。同时，加强与旅游机构、旅行社等的合作，拓展客源市场，提高景区的接待能力。

第二节　红色旅游景区内容建设

红色旅游景区是红色旅游赖以发展的有机载体，其建设质量是红色旅游发展效果的重要影响因素，景区建设质量越高，红色旅游往往发展越好。红色旅游景区内容建设是指在红色旅游景区内打造和展示与红色主题相关的内容，以丰富游客的游览体验，传承红色历史文化等。

一、红色旅游景区内容的构成

（一）红色主题展览

红色主题展览是一座浓缩了革命历史与文化的宝藏，引领人们踏上回顾那段峥嵘岁月的旅程。它是一种重要的文化活动和旅游产品，不仅可以让游客更加深入地了解红色文化，还可以促进红色旅游的发展和传承。

红色旅游景区内的主题展览，旨在通过丰富的展览内容和形式，让游客更加深入地了解红色旅游的文化内涵和历史背景。这种展览通常以革命历史、英雄事迹、纪念活动等为主题，通过多种形式的展示手段，如图片、文字、实物、模型、雕塑、多媒体等，生动形象地呈现红色旅游的独特魅力和教育意义。

在红色主题展览中，内容策划是非常重要的一环。展览的内容要深入挖掘红色旅游资源的历史内涵和文化价值，突出主题，展现特色。同时，展览的内容还需要注重故事性和互动性，通过生动的故事情节和有趣的互动体验，让游客更加深入地了解历史事件和人物事迹。

除了展览内容之外，展览的形式和设计也是吸引游客的重要因素。展览的设计应该注重艺术性和教育性，通过精美的展品陈列、生动的图片和多媒体展示以及富有创意的互动体验项目，让游客在欣赏艺术的同时，也能够感受到红色旅游的独特魅力和教育意义。

虚拟现实技术可以为游客带来沉浸式体验，使人身临其境地体验红军长征的艰辛、抗日战争的烽火连天。3D影像则细腻地再现了革命先烈们的音容笑貌，使人们对他们的认识更加鲜活、深入。

此外，讲解服务也是红色主题展览的重要组成部分。专业的讲解员应该具备丰富的历史知识和生动的讲解技巧，能够为游客提供深入浅出的讲解服务。通过讲解员的讲解，游客可以更加全面地了解展览的内容和主题，加深对红色旅游文化的认识和理解。

最后，宣传推广也是展览成功的重要因素之一。通过各种宣传手段和渠道，如媒体（含传统媒体、社交媒体）、宣传手册等，可以有效地提高展览的知名度和影响力。同时，与红色旅游景区内的其他资源进行联合宣传和推广，也可以进一步增强展览的影响力和吸引力。

（二）革命文物和文献资料

红色旅游景区的革命文物和历史文献是中国革命历程的珍贵见证，承载着丰富的红色历史信息和文化内涵，是中华民族的宝贵财富。这些文物和文献以其独特的方式，记录了中国革命的辉煌历程，展示了革命先烈的英勇事迹和崇高精神。

这些革命文物包括各种武器、信件、照片、衣物和日常用品等，每一件都有着深远的红色历史背景和感人至深的故事。比如，一封封红色家书，凝聚着革命先烈对家人深深的思念与牵挂，也彰显出他们坚定的信仰和无私的奉献精神。这些家书不仅仅是文字，更是历史的见证，是信仰的传承。

历史文献更是价值连城，它们包括了各种重要的会议记录、政策文件、军事报告等，为我们了解当时的政治、经济、军事和社会状况提供了第一手资料。通过这些文献，我们可以深入地探究中国革命的发展轨迹，理解革命先烈的思想和行动逻辑。

红色旅游景区中的革命文物和历史文献对于我们来说意义重大。首先，它们是中国革命历史的重要载体，为我们提供了一个直观了解中国革命历史的窗口。其次，这些文物和文献也是对广大人民群众进行爱国主义教育和革命传统教育的重要素材。通过这些实物资料，可以使人们更加深刻地理解中国革命的精神实质，激发人们的爱国热情和责任感。

红色旅游景区的革命文物和历史文献作为反映中国革命历程的珍贵遗产，不仅具有极高的历史价值和文化价值，更是中华民族的精神财富。我们应该倍加珍惜这些文物和文献，加强对它们的保护和研究工作，让它们在新的时代里继续发挥重要的作用，传承红色基因，弘扬革命精神。同时，我们也应该通过各种方式，让更多的人了解和认识这些文物和文献，让红色文化在全社会得到广泛的传播和弘扬。

（三）红色文化演艺

红色旅游景区中的红色文化演艺以其独特的魅力，吸引了无数游客的目光，成为红色旅游的一大亮点。红色文化演艺不仅仅是一种艺术表演，更是一种对红色历史的致敬，对红色精神的传承。它以生动、形象的方式，让游客身临其境地感受那段光辉岁月。每一场演艺，都如同一段历史的长卷，缓缓展开，将观众带回到那个充满激情与信仰的时代。

这些演艺节目，无论是音乐、舞蹈还是戏剧，都经过精心策划和排练。演员们深入挖掘红色历史，将那些感人的故事、英雄的形象、崇高的精神融入每一个细节之中。他们用艺术的手法，对红色历史进行生动的再现，使观众在欣赏表演的同时，感受到红色文化的独特魅力。

除了传统的演艺形式外，现代科技也为红色旅游景区注入了新的活力。通过虚拟现实、增强现实等技术，游客们可以更加深入地体验红色文化的内涵。他们仿佛穿越时空,亲身遇见英雄的身影,感受到那个时代的激情与热血。这种全新的体验方式,让红色旅游景区焕发出更加璀璨的光辉。

此外,红色旅游景区的红色文化演艺还注重与游客的互动。通过设置互动环节,让游客参与到演艺之中,更加深入地了解红色文化的内涵。这种互动方式,不仅拉近了游客与演员的距离,也使红色文化的传播更加具有感染力。

(四)红色教育基地

红色教育基地在红色旅游景区中扮演着至关重要的角色。它不仅是传承和弘扬红色精神的重要载体,也是向广大群众进行爱国主义教育和革命传统教育的重要场所。建设好红色教育基地,能够更好地发挥红色旅游景区在思想政治教育中的作用,推动红色旅游的发展,具有深远的意义。

在建设红色教育基地的过程中,需要深入挖掘红色资源。通过整理、归纳和展示这些资源,能够让观众更加全面、深入地了解革命历史和红色文化。通过对这些资源的挖掘和展示,能够让观众更加直观、生动地感受到红色精神的伟大力量。

在建设红色教育基地时,还需要注重展陈方式的创新。传统的展陈方式往往过于单一,缺乏互动性和趣味性,难以激发观众的兴趣。因此,我们需要采用多种形式的展陈方式,如影像、音频、实物等,让观众更加直观地了解革命历史和红色文化。同时,我们还可以设置互动环节,让观众参与其中,增强观众的体验感和参与感。例如,可以设置虚拟现实体验区,让观众身临其境地感受革命先烈的英勇奋斗;还可以设置互动游戏区,通过趣味性的游戏让观众更加深入地了解红色文化。

除了展陈方式的创新外,加强讲解服务工作也是建设红色教育基地的重要方面。讲解服务能够让观众更加深入地了解红色展品及其历史背景,因此我们需要加强讲解员队伍建设,提高讲解服务水平。同时还可以采用智能化讲解系统,满足不同观众的需求。

此外,做好日常维护和管理也是建设红色教育基地的重要环节。红色教育基地是一个公共文化场所,需要做好日常维护和管理,保持场所整洁和安全。需要建立健全管理制度,配备专业的安保人员和设施,确保基地的正常运行和设施安全。同时,还要加强安全管理,确保观众的人身安全和财产安全。

（五）红色旅游线路产品

景区内的红色旅游线路产品包括以下内容：

一是主题线路的设计。旨在让游客深入体验某一历史时期或事件。例如，"烽火岁月线"，这条线路将带领游客穿越到硝烟弥漫的战争年代，感受革命先烈们的英勇与坚韧。每一个景点，都仿佛是历史的印记，承载着那段血与火的岁月。二是互动体验。通过技术手段为游客创造前所未有的互动体验。例如，"红军长征VR之旅"，让游客仿佛亲身体验红军在长征途中的艰辛。通过VR眼镜，游客仿佛置身于那片广袤的土地上，与红军战士们一同前行。三是红色文化展示。利用多媒体手段，我们可以为游客呈现更为生动、立体的红色历史画面。3D投影、全息投影等技术，将那段峥嵘岁月重新展现在游客面前，仿佛是革命的火花在闪烁。同时，定期组织红军主题讲座、革命歌曲演唱等活动，使游客在聆听与欣赏的同时，深入了解红色文化的内涵。四是讲解服务。为游客提供专业的讲解服务。用生动的语言，将那段红色历史的点点滴滴娓娓道来。在讲解的过程中，讲解员还会与游客进行互动问答，让游客更加深入地了解红色历史。这种讲解服务不仅是一种知识的传播，更是一种革命精神的传承。五是多元的红色旅游体验。将红色旅游线路与其他类型的旅游资源相结合，形成一种复合型的红色旅游产品。这种结合可以让游客在欣赏美景的同时，更加深入地了解红色历史。例如，将红色旅游线路与绿色生态旅游线路相结合，游客可以在感受大自然的美妙的同时，了解革命先烈们的事迹。这种形式可以满足不同游客的需求，为游客带来更加丰富、难忘的红色体验。

景区内的红色旅游线路产品设计需要充分挖掘当地的红色历史文化资源，结合现代技术手段和创意理念为游客提供一次难忘的红色之旅。这不仅是对历史的尊重，更是对革命精神的弘扬和传承。

（六）红色文化创意产品

红色文化创意产品是一种充满激情与活力的文化创意产品，它们以红色文化为主题，通过独具匠心的创意设计，将红色文化元素与现代科技、艺术完美融合，展现出独特的文化魅力。这类产品不仅具有很高的纪念价值，更融入了红色文化的精神内涵，成为传承和弘扬红色文化的重要载体。

红色文化创意产品的设计灵感来源于中国革命历史和传统文化,将红色文化元素巧妙地融入现代设计中。设计师们以极富创造力的手法,将红色文化元素与现代设计理念相结合,打造出既有传统韵味又具有现代感的作品。这些产品不仅展现了红色文化的独特魅力,更让人们在日常生活中感受到红色文化的存在,激发人们的爱国热情和历史使命感。

除了独特的创意设计,红色文化创意产品还注重实用性。设计师们深入挖掘红色文化元素,将它们与日常生活用品相结合,创造出既实用又具有纪念价值的红色文化创意产品。例如,印有革命标语或图案的T恤、帽子、围巾等红色文化主题服饰,具有红色元素的笔记本、钢笔、书签、桌面摆件等红色文化办公文具。

这些产品不仅满足了消费者的实际需求,更让人们在日常生活中时刻感受到红色文化的熏陶。

随着红色旅游的兴起和消费者对红色文化的关注度的不断提高,红色文化创意产品的市场需求也在持续增长。这些产品不仅成为旅游纪念品市场的新宠,更成为人们表达爱国情感、传承红色基因的重要载体。未来,相信市场上将会涌现出更多优秀的红色文化创意产品,为传承和弘扬红色文化注入新的活力。

二、红色旅游景区内容建设原则

(一)真实性

红色旅游景区的内容建设必须保持历史的真实性,尊重历史事实,不夸大、不歪曲、不篡改历史。同时,在展示方式上也要注重真实性和还原度,让游客能够感受到历史的真实氛围。

(二)突出特色

红色旅游景区的内容建设要突出特色,展示个性和独特性。每个红色旅游景区都有其独特的革命历史和革命先烈的英勇事迹,要通过内容建设将这些特色和亮点充分展示出来,给游客留下深刻的印象。

（三）互动体验

红色旅游景区的内容建设要注重互动体验，让游客能够亲身参与、感受历史。可以通过设置模拟战场、模拟农场等体验项目，让游客亲身感受革命历史和红色文化，增强游客的参与感和体验感。

（四）文化传承

红色旅游景区的内容建设要注重文化传承，将红色文化传承下去。可以通过开展文化讲座、研讨会、互动教育活动等方式，让游客深入了解红色文化，感受革命精神，从而起到传承文化的作用。

（五）可持续发展

红色旅游景区的内容建设要注重可持续发展，保护好革命遗址和文物，确保景区的长存性和永续发展。同时，在规划、设计时要考虑景区的生态保护和环境容量等因素，确保景区的可持续发展。

三、红色旅游景区内容建设策略

（一）深入挖掘红色资源

充分挖掘并利用当地丰富的红色资源，全面梳理和认识宝贵的红色历史资产。通过系统地搜集、整理和研究，深刻地理解当地红色资源的独特价值和历史意义，从而揭示出其精神内核和时代特色。这不仅有助于保护和传承红色文化，而且为内容建设和文化传播提供了坚实的基础和生动的素材。此外，通过对红色资源的深入研究，可以设计出更具吸引力的文化产品和教育项目，如红色旅游线路、主题展览、互动体验等，这些都能够有效地促进红色文化的传播，激发公众尤其是年轻一代对于革命历史的兴趣和认同，进而增强民族自豪感和爱国主义情怀。

(二)科学规划、设计

在深入挖掘和整合红色资源的基础上,必须采取科学合理的规划与设计方法。首先,要明确红色旅游景区的核心主题和长远发展目标,并据此细化功能区划分,如教育展示区、互动体验区、纪念设施区等。同时,需制定出一份全面的景观规划方案,它涉及旅游动线的优化布局,以提升游客参观的连续性和沉浸感。此外,还需规划必要的旅游服务设施,包括休息区、解说站、交通接驳点等,确保游客的舒适性和便利性。

规划设计工作要充分考虑到红色旅游景区的整体性与协调性,在内容建设上要与当地的历史文化背景、社会发展现状及自然环境特点等因素高度融合,力求达到历史与现代、文化与自然、休闲与教育的和谐统一。通过精心的规划设计,红色旅游景区应成为传承革命精神、促进爱国主义教育的重要阵地,同时也为游客提供丰富的知识体验和深刻的情感共鸣,使红色旅游成为一种寓教于乐的活动。

科学规划和设计是实现红色资源有效开发利用的关键一环,它不仅需要对红色资源的深度理解,还要求规划者具备前瞻性思维和创新意识,以确保红色旅游景区在满足当前需求的同时,也能适应未来的发展变化。

(三)强化体验式旅游

为了提升红色旅游景区的吸引力和教育意义,必须重点强化体验式旅游的发展。这意味着在内容建设上,不仅要注重展示革命历史和红色文化的物质层面,更要深入挖掘其精神内涵,通过创新互动的方式让游客更加深入地了解和体验红色历史。具体而言,可以设计一系列沉浸式的体验项目,让游客在模拟的环境中,亲身参与到革命时期的生产生活和战斗场景中,从而更加真切地感受到那个时代的历史氛围和革命精神。例如,模拟战场可以让游客体验当时的战略部署和战斗过程,而模拟农场则可以让他们了解当时人民的生活状态和劳动情景。

除了体验项目外,我们还可以通过举办各种形式的文化活动来增强游客的参与感和体验感。这些活动包括文化讲座、研讨会、互动教育活动等,旨在通过专家讲解、现场讨论和互动问答等方式,让游客在轻松愉快的氛围中学习到更多关于红色历史和文化的知识。这样的活动不仅能够提高游客的文化素养,还能够激发他们对红色历史的兴趣和热情。

强化体验式旅游的内容建设和活动策划，不仅能够为游客提供更加丰富多样的旅游选择，还能够在传承和弘扬红色文化的同时，增强游客的历史责任感和民族自豪感，使红色旅游成为一种寓教于乐、深入人心的教育旅游形式。

（四）创新展示方式

在内容建设的过程中，必须不断探索和尝试新的展示方法，以提升观众的参与度和体验感。例如，利用虚拟现实（VR）和增强现实（AR）技术，创造出沉浸式的环境，让游客通过互动体验，以一种更加直观和生动的方式深入了解革命历史和红色文化的内涵。

此外，还可以通过多媒体展示，如视频、音频、3D模型等，来讲述历史故事，使得枯燥的历史事实变得鲜活有趣。同时，结合现代设计理念，我们可以将红色文化的元素与当地的历史、民俗、自然景观等文化特色相结合，通过艺术化的手法，如雕塑、壁画、表演艺术等，创造出独特的红色主题景区。这样不仅能够增强游客的文化体验，还能促进地方文化的传承与发展，打造出既有教育意义又具有娱乐性的红色旅游目的地。

通过创新的展示方式，能够更好地吸引游客，特别是年轻一代，激发他们对红色文化的兴趣，从而在享受文化体验的同时，更深刻地理解和感悟革命精神和历史文化的价值。

（五）加强宣传推广

为了进一步提升红色旅游景区的文化影响力和吸引力，必须采取多维度的策略来加强宣传推广。首先，应充分利用传统媒体资源，如电视、广播、报刊等，通过制作高质量的宣传片、专题报道和深度文章，向公众展示红色旅游景区的独特魅力和教育意义。同时，可以组织举办各类主题活动，如红色文化讲座、历史知识竞赛、摄影展览等，以互动和参与的方式，增强游客的体验感和记忆点。

其次，要积极拓展新媒体渠道，利用社交网络、微博、微信、短视频平台等现代传播工具，发布吸引人的内容，如图文并茂的红色故事、红色旅游攻略、红色知识互动问答等，以及利用直播等形式，让游客即使身处异地，也能感受到红色文化的鲜活力量。

最后，可以与旅游网站和在线旅行社合作，推出定制化的红色旅游产品和优惠活动，吸引不同年龄层和兴趣群体的游客。同时，建立智能化导览系统，提供多语种解说服务，以满足国内外游客的需求。

四、甘肃红色旅游景区开发策略

（一）科技赋能红色旅游景区深度开发

红色遗产的文化内涵是红色旅游景区的核心。游客出游的目的不单是为了身心放松，更在于实现文化和精神层面的满足。深度挖掘红色资源意味着必须提炼出红色精神的本质，并根据当代社会的需求赋予其新的文化意义。

随着科技的不断进步，红色旅游作为传承革命文化、弘扬爱国主义精神的重要方式，正逐渐与现代科技融合，实现红色旅游景区的深度开发。利用大数据技术，景区管理者可以对游客的行为进行实时监测和分析，从而优化游览路线，提高景区运营效率。同时，通过对游客数据的分析，景区还可以更好地了解游客的需求和偏好，为他们提供更加个性化的服务。现代信息技术的发展为红色旅游景区提供了更加多元的展示手段。通过虚拟现实（VR）、增强现实（AR）和3D影像等，红色旅游景区可以为游客提供沉浸式的体验。这些技术能够帮助游客更直观地了解红色历史事件及其文化背景，让游客仿佛身临其境地感受到革命先烈艰苦卓绝的奋斗历程，增强游客的参与感和体验感，让游客在参与中感受到红色文化的魅力和深远意义。全息投影、互动展览等技术可以让红色文化的传播更加生动有趣，吸引更多的人群，尤其是年轻人，对红色文化产生兴趣。此外，智能导览系统也为红色旅游景区带来了新的变革。通过运用人工智能技术，智能导览系统可以为游客提供个性化的讲解服务，增强互动性和教育意义。游客可以根据自己的兴趣和需求选择不同的导览路线和内容，从而获得更加丰富的知识体验。

（二）主题线路开发激活红色旅游景区建设

通过精心规划和设计，将具有历史意义和文化价值的红色遗址、纪念馆等旅游资源串联起来，形成特色鲜明的主题线路，不仅能够增强游客的参观体验，有效地传播红色文化，传承革命精神，还可以进一步激发红色旅游景区的活力。综合考虑甘肃红色旅游资源的分布状况和客源市场的开发现状，可以重点打造如下主题线路。

一是针对自驾游市场和银发（老年）市场的休闲游。这种旅游方式线路安排较为灵活，比较注重交通路线的通达性及交通方式的舒适性与便捷性。建议此线路以兰州为中心，分别向东南和西北、东北方向延伸。

二是针对青年和学生市场的研学游和体验游。青少年旅游不同于常规旅游，因青少年的好奇心与求知欲强烈，所以常规的"景点＋导游"的方式无法完全满足该市场的需求。因此，应以红西路军西行路线为主线，与户外拓展训练相结合，开展体验游；同时以游览敦煌莫高窟石窟艺术和参观酒泉卫星发射基地为主线开展研学游。

三是为异地客人和国外游客设计的红黄彩游或红绿彩游等，即红色旅游、黄河文化旅游、生态旅游以及民族风情旅游。对于交通相对闭塞、地理位置并不优越的城市而言，仅仅依靠红色旅游资源来吸引外地游客显得力不从心。因此，应当深入挖掘区域内多样化的旅游潜力，例如，将俄界会议、腊子口战斗、哈达铺会议、岷州会议等重要的红色历史资源作为核心亮点，与甘南地区的民族文化和陇南地区的生态绿色旅游资源相结合，打造一个多元化的旅游目的地，以吸引更多国内外游客光顾。

（三）红色旅游资源融合开发助推景区建设

井冈山的"红绿结合"、延安的"红古结合"、海南的"红蓝结合"，以及东北的"红白（滑雪）结合"等模式，均是国内红色旅游资源整合的成功案例。这些模式为甘肃省红色旅游的发展提供了有益的参考。甘肃拥有丰富多样的自然地理景观，除了海洋地貌外，其他所有类型的地貌都能在该省找到，如大漠戈壁、黄土高原、丹霞地貌、高山草场和冰川雪山等。此外，甘肃的历史文化也极具特色，涵盖了丝路文化、石窟艺术、历史古迹、民俗景观和民族风情等，这为红色旅游资源与当地特色资源的整合提供了坚实的基础和条件。

然而，受甘肃旅游"游长旅短"现象的影响，且邻近地区的革命历史资源存在同质化问题，使得甘肃红色旅游走单一资源发展道路的局限性日益凸显。因此，有必要整合红色旅游资源所在地的各类旅游资源。例如，在河西走廊地区，红色旅游可以与生态考察、沙漠探险、登山旅游和丝路文化旅游相结合；在陇南地区，可以与生态旅游和山地农耕文化旅游相融合；在甘南地区，可以与草原旅游、藏族风情和宗教文化旅游相结合；在陇中地区，可以与中医药文化体验、历史古迹旅游相融合；而在陇东地区，则可以与黄土风情、民俗文化和历史古迹等旅游资源相融合。通过红色旅游资源与其他旅游资源的有效整合，可以提升甘肃红色旅游景区整体的市场竞争力，增加其在国内外的知名度和影响力。这不仅能够吸引更多游客，还能为景区赢得更好的口碑，形成良好的品牌形象。

（四）优化红色旅游景区配套设施及服务

景区旅游配套设施的完善程度直接影响游客的旅游体验。优质的旅游配套设施也可以增加景区的吸引力，特别是在红色旅游景区，游客往往希望深入了解红色历史，完善的配套设施可以帮助游客更好地了解和感受红色文化。

1. 提升基础设施建设

红色旅游景区应积极争取国家及地方政府的支持，增加财政投入和社会投资，系统规划和逐步完善景区的基础配套设施。例如，扩建停车场，改善公共卫生设施，建立功能齐全的游客服务中心，提供多语种的解说服务等。对于历史较长的红色旅游景区，进行必要的维护和更新，保护和修复革命遗迹，同时确保其安全稳固，以便游客能够在安全的环境中参观学习。

2. 改善通达性

通过与陕西、宁夏等周边省份合作，共同打造红色旅游区域合作网络，形成优势互补，增强整个西北地区的红色旅游品牌影响力。优化交通路线，加强道路建设，增设清晰的指示标识，提供多种便捷的交通工具选择，如安排定时发车的旅游巴士，推广共享单车等环保出行方式，方便游客前往较为偏远的红色景点。

3. 更新管理模式

引入现代化管理理念，比如采用精益管理提高运营效率，实施服务质量管理以提升服务水平，确保景区管理的专业性和高效性。利用信息技术，发展智能化管理系统，如在线票务预订、移动导览应用等，提供更加便捷和个性化的服务，同时多渠道收集游客反馈，不断优化服务和管理。

通过加大基础设施投入、改善交通通达性、更新管理模式的发展策略，甘肃的红色旅游景区将得到全面提升，不仅能够更好地传承红色文化，也将为游客提供更加丰富、便捷、舒适的旅游体验。

五、河西走廊红色旅游景区开发实例

河西走廊地区红色旅游资源整合应该遵循市场经济规律，逐步打破由资源所有者和所在地组织开发的格局，纳入全国、甘肃省红色旅游和河西走廊文化旅游发展的大背景之中，按照区域联动、资源整合、信息共享、优势互补、互通客源、教育培训互利互惠的原则统一规划、统一运作。可以通过打造品牌旅游线路和具体措施的实施，为河西走廊地区红色旅游资源整合开发提供交流和合作的平台。

（一）打造品牌旅游线路

河西走廊，作为中国西北的一条历史长廊，不仅承载着千年丝路文明，也见证了无数英雄儿女的壮烈斗争。充分利用河西走廊的旅游资源、地理位置和交通优势，可以重点打造丝绸之路边塞游、西路军红色纪念游两条特色旅游线路。首先是丝绸之路边塞游。这条线路沿着古丝绸之路的重要通道，串联起一系列历史遗迹和文化景点，如武威雷台观、张掖大佛寺、高台西路军烈士陵园、酒泉西汉胜迹、文殊山后山景区、酒泉卫星发射中心、嘉峪关长城文化旅游区、七一冰川、敦煌莫高窟、鸣沙山月牙泉和雅丹地貌国家地质公园等。游客在游览过程中，可以深入了解河西走廊地区丰富的文化底蕴，感受中华文明的璀璨魅力。其次是西路军红色纪念游。这条线路以河西走廊地区为背景，展现了西路军英勇顽强、不畏艰险的革命精神。游客将参观武威市古浪战役遗址（古浪战役纪念馆）、天祝草原风光、高台烈士陵园（中国工农红军西路军纪念馆）、临泽丹霞地貌、临泽红西路军倪家营汪家墩战斗遗址、肃南牙窝会议遗址和瓜州西路军最后一战纪念塔等地，既能欣赏祖国的大好河山，也能了解革命先烈们的感人事迹，达到净化心灵的目的。这两条特色旅游线路充分展示了河西走廊地区丰富的旅游资源、深厚的历史文化和难忘的红色文化，为游客提供了独特的旅游体验。

将红色旅游景点与其他旅游资源如自然风光、文化遗产等相结合，设计多日游或环线旅游产品。这样的综合性旅游线路不仅能够满足不同游客的需求，还能够延长游客在甘肃的停留时间，增加旅游消费，从而带动整个地区的经济发展。

（二）具体措施

为了确保上述线路得到消费者的广泛认可，并成为热门路线，需要采取以下具体策略以提供支持。

1. 准确定位河西走廊红色旅游的整体形象，以捆绑式的联合营销展开多赢战略

鉴于旅游市场的激烈竞争环境，在制定旅游发展策略时，必须审视并确定一个地区所呈现的旅游形象如何获得游客的广泛接受。对于河西走廊红色旅游板块而言，其市场形象定位及如何通过该形象获取市场认可是实现资源有效整合的基础问题。应从全球化和国家层面的视角出发，深入分析旅游消费者的需求与偏好，以指导形象塑造和市场定位策略。首先，以中国工农红军西路军纪念馆景区为主，确定河西走廊地区红色旅游形象。高台是红西路军第五军团进入河西走廊战斗最为惨烈、死伤人数最多，也是牺牲将领最多的地方，3800余名将士在高台遭到马步芳军队的围攻，经过八天八夜的鏖战，几乎全部在战斗中牺牲，包括军长董振堂。为纪念这一悲壮历程，1957年建成高台烈士陵园，2009年更名为中国工农红军西路军纪念馆，先后列为全国爱国主义教育示范基地、全国红色旅游经典景区，是全国反映中国工农红军西路军历史最全面、最具权威性的唯一一家国家级纪念馆。正因如此，河西走廊地区作为西路军悲壮历史的见证地，中国工农红军西路军纪念馆作为综合性的纪念馆，在甘肃省乃至全国极具代表性。它反映了红军不怕牺牲、顽强不息的大无畏革命精神，其主题形象应该是"碧血染祁连，浩气昭日月"。围绕此主题形象，一方面需利用互联网，建立河西走廊旅游目的地宣传营销系统，将"碧血染祁连，浩气昭日月"这一形象以及西路军纪念游这一线路名气打响；另一方面，可创新开发"红色情结"系列旅游纪念品。另外，实施协同增效的捆绑营销策略，将有助于实现政府、企业和游客的多方共赢，推动红色旅游资源的可持续发展，同时也为传承和弘扬红色文化提供了新的动力和平台。该策略将致力于整合河西走廊地区丰富的红色历史文化资源，构建一系列主题化、系统化的旅游产品和路线。通过这种策略的实施，可以有效促进武威、张掖、金昌、酒泉和嘉峪关河西五市红色旅游资源的互联互通，形成一条完整的红色旅游线路，进而实现资源的优化配置和价值最大化，增强河西红色旅游品牌的市场竞争力，吸引更多的游客流量，提高河西红色旅游目的地的知名度和影响力。

2. 在开发红色旅游资源的过程中，将生态、休闲和民族风情等元素融入其中，以提升其综合吸引力并丰富红色旅游体验

河西走廊地区有独特的自然景观，如壮丽的祁连山脉、世界上最大的彩色丹霞地质奇观等。在开发红色旅游资源时，应注重利用好周围的生态资源来提升旅游体验和实现可持续发展。让游客在参观革命历史教育基地的同时，也能亲近自然，体验大自然的原始风貌和宁静之美。

为了更好地满足游客休闲放松的需求，可以在红色旅游景区内或附近建设休闲度假村、农家乐等设施。提供各类休闲娱乐服务，如垂钓、骑行、徒步、温泉浴等，让游客在了解红色文化的同时，也能享受到身心的放松和休息。这样的休闲旅游项目不仅能够增加游客的停留时间，还能够提高游客的满意度和回头率。

甘肃省是一个多民族聚居的地区，拥有丰富的民族文化和艺术。在红色旅游景区，可以通过举办民族文化节、民族歌舞表演等活动，展示当地的民族服饰、工艺品、美食等，让游客在参与红色旅游的同时，也能深入了解和体验到当地民族的文化特色。这种文化的多样性和独特性是吸引游客的重要因素，也是红色旅游不可或缺的一部分。

通过上述做法，不仅能够提升甘肃红色旅游的综合吸引力，还能够促进当地旅游业的可持续发展，带动经济增长，同时为游客提供一个更加全面、丰富、立体的旅游体验。这样的红色旅游开发模式，既能够传承红色文化，又能够保护生态环境，同时还能够展示甘肃的地方特色和民族文化，是一种多方共赢的旅游发展策略。

3. 促进"大敦煌"旅游圈、"丝绸之路"旅游带、红西路军纪念游三者的有机融合，打造河西旅游产业带

河西走廊地区，作为"大敦煌"旅游圈、"丝绸之路"旅游带以及红西路军纪念游的交汇核心，是目前甘肃省旅游发展水平最高，也是最有潜力的地区之一。为了进一步提升河西走廊地区的旅游吸引力和市场竞争力，旅游资源的开发应当以兰新铁路和312国道为发展轴线，以国际化视野下的敦煌旅游城市为核心，推动区域内的旅游合作与整合。地方政府和企业之间打破传统的行政界限和行业壁垒，根据各自的资源优势和市场需求，进行跨区域、跨部门的合作，共同打造以敦煌为核心的旅游目的地品牌。通过精心策划和推广"敦煌牌"，可以促进高品质旅游景点、精品旅游线路和特色旅游产品的开发，从而吸引更多国内外游客前来探索河西走廊的独特魅力，带动当地社会经济的发展，实现旅游业的可持续发展。

在景区开发和推广的过程中，将河西走廊的红色旅游置于更广阔的视角中，将其融入甘肃乃至全国的红色旅游发展大局中。这样的战略定位，不仅能够为河西走廊的红色旅游提供更加坚实的发展基础，还能够使其在全省乃至全国的旅游网络体系中占据一席之地，赋予其持续发展的动力和广阔的发展空间。

第三节　红色旅游景区运营和管理体系建设

红色旅游景区的运营和管理，主要是指对红色旅游景区的日常运营活动和管理工作。这包括景区的开放、维护、保护、宣传推广、服务质量提升、游客管理等方面的工作。红色旅游景区的运营主要是通过各种方式吸引游客，如举办各种活动、提供各种服务、优化游览环境等，以提高景区的知名度和吸引力，增加游客量，提高经济效益。红色旅游景区的管理主要是对景区的各项资源进行有效管理，包括人力资源、物力资源、财力资源等，以确保景区的正常运营。建立高效的运营与管理机制，能够确保红色旅游景区的经营活动实现协调性、有序性和高效性，同时提升其内在的活力和对外部挑战的响应能力。

一、红色旅游景区运营和管理体系建设内容

（一）运营和管理机构建设

红色旅游景区建立专门的运营和管理机构，负责红色旅游景区的日常运营管理、服务管理和营销推广等工作。该机构应具备专业的管理团队和运营能力，能够有效地推动红色旅游景区的运营和发展。

（二）运营和管理制度建设

红色旅游景区应建立一套完善的运营和管理制度，涵盖游客服务、安全管理、设施维护、财务管理等关键领域。制度的设计需基于实际运营需求，明确各项工作的流程和标准，从而实现红色旅游景区管理的规范化、系统化和专业化。

（三）游客服务管理

红色旅游景区要建立完善的游客服务体系，为游客提供优质的旅游服务和体验。包括信息服务，如通过导览图、宣传册、电子屏幕等方式，提供景区的基本信息、历史背景、游览路线等；导游解说服务，提供专业的导游解说，帮助游客更好地了解红色旅游景区的历史和文化背景；卫生和环境维护，确保景区的清洁和卫生，定期清理垃圾，保持环境整洁；投诉受理，设立投诉和建议箱或柜台，及时处理游客的反馈意见，不断改进服务质量等多项服务内容。

（四）设施维护和安全管理

红色旅游景区需要加强设施维护和安全管理，确保景区的设施完好和安全运行。包括定期检查和维护设施，对于已经损坏或因老化不再安全的设施，景区管理部门应该迅速采取措施进行修复或更换；安全管理是红色旅游景区运营中的关键部分，管理部门需要制定全面的安全管理制度、详尽的安全预案并配备必要的应急设备，提高应对突发事件的能力。

（五）营销推广和品牌建设

红色旅游景区需要加强营销推广和品牌建设，提高景区的知名度和美誉度。包括制订营销策略和推广计划，利用多种渠道进行宣传推广；加强与旅游机构、旅行社等的合作，拓展客源市场；打造具有特色的红色旅游景区品牌，提升品牌价值和影响力。

（六）财务管理和资金管理

红色旅游景区需要建立完善的财务管理和资金管理体系，确保景区的财务安全和资金的有效利用。包括制订预算和财务计划，合理分配和使用资金；加强财务管理和会计核算，确保财务信息的准确性和完整性；积极寻求政府和社会的支持，筹措必要的资金用于景区的建设和运营。

（七）人才培养和团队建设

红色旅游景区需要加强人才培养和团队建设，提高运营和管理团队的专业素质和服务能力。包括定期组织培训和学习活动，确保员工掌握最新的行业知识、技术技能，并持续增强服务意识，以适应游客多变的需求和市场的发展动态；加强团队建设和沟通协作，构建一个团结互助、高效运转的工作环境，激发团队活力，提升集体归属感；鼓励创新思维与个人职业成长，激发他们的创造潜能，从而推动红色旅游景区在保护、传承和发展红色文化等方面的持续进步与创新。

二、红色旅游景区运营和管理的基本原则

红色旅游景区作为承载着独特历史和文化价值的旅游目的地，其运营和管理需要遵循一系列基本原则，以确保红色资源的合理利用和可持续发展。

（一）强化统筹与整合的原则

红色旅游景区的运营和管理应融入国家和地方的经济社会发展大局，与乡村振兴、区域发展、城乡建设等政策紧密结合。这要求各级政府和管理部门加强协调，打破信息孤岛，实现资源共享。通过整合各类红色资源，进行优化配置和保护性开发，可以提升红色旅游景区的整体吸引力，增强红色旅游的市场竞争力和社会影响力。

（二）兼顾政治、文化与经济功能的原则

红色旅游景区首先是一个政治符号，运营和管理中必须坚持以习近平新时代中国特色社会主义思想为指导，确保景区的宣传教育活动符合党的路线方针政策，弘扬爱国主义和革命英雄主义，加强社会主义核心价值观的教育。红色旅游景区是珍贵的文化遗产，需要得到妥善保护和合理利用。管理中要遵循文物保护法律法规，采取科学方法对遗址遗迹进行修复和维护，同时开展学术研究，挖掘历史资料，丰富景区的文化内涵。在尊重历史、保护文化的基础上，红色旅游景区还应发挥其经济功能，吸引游客，促进当地经济发展。管理中要创新营销策略，开发特色旅游产品和服务，提高服务质量，打造独特的旅游品牌，同时注意可持续发展，平衡好经济效益与环境保护的关系。红色旅游景区的运营和管理应综合考虑政治、文化与经济功能，既要传承红色基因，又要推动经济社会发展，实现历史文化的保护与当代价值的转化，为构建社会主义现代化国家贡献力量。

(三)政府主导、社会参与和市场运作的原则

红色旅游景区的运营管理是一个涉及政府主导、社会参与和市场运作的复杂过程。政府需要发挥其规划和管理的作用,社会各界应积极参与到红色旅游的发展中,而市场运作则需要景区管理者密切关注市场动态,满足游客的多样化需求。

政府在红色旅游景区的运营管理中扮演着重要角色。这体现在对红色旅游资源的统筹规划和整合,确保景区建设的重点项目得到突出并按步骤实施。同时,政府还需进行严格管理,确保各项工作都能达到预期效果。此外,政府还鼓励将红色旅游与其他形式的旅游如乡村旅游、生态旅游相结合,以"红色旅游+"的模式推动多元业态融合,延伸产业链,增强红色旅游景区的吸引力和教育功能。社会参与红色旅游景区的运营则是一个多维度融合的过程。社会各界包括企业、非政府组织、志愿者等都可以参与到红色旅游的发展中来。这种参与可以通过职能融合、资源融合、技术融合、人才融合以及市场融合等多种方式实现,共同推进红色文化与旅游的深度融合。企业和私人投资者通过市场化方式参与红色旅游项目的开发和运营,也是社会参与的一种体现。在红色旅游景区的运营管理中,市场运作要求景区开发和推广活动要基于市场需求,通过实地考察和市场调研来了解游客的需求和偏好。这样,红色旅游景区在实现其教育功能的基础上,可以进一步优化资源配置,提高经营管理水平。同时,市场运作也意味着红色旅游项目的可持续发展需要吸引更多的游客,避免资源的闲置和浪费。

(四)统一规划、总体布局、分层开发的协调发展原则

红色旅游景区的统一规划是确保所有开发和运营活动都符合红色旅游的总体目标和基本要求的关键。这包括对景区的历史遗迹、自然环境、接待设施等进行全面评估,并制定长远的发展规划。统一规划应注重保护和利用的平衡,避免资源过度开发,同时通过科学合理的布局,引导游客流动,提高游客满意度,增强景区吸引力。在红色旅游景区的运营管理中,总体布局关注的是如何合理配置各种旅游资源和设施。这不仅包括旅游景点的分布,还包括交通、住宿、餐饮、购物等服务设施的配套。合理的总体布局能够使游客更容易获取所需服务,增强游客体验,同时也有助于缓解景区内热门区域的压力,促进整个区域均衡发展,带动当地经济增长。考虑到不同红色旅游景区之间存在的差异性,分层开发原则强调根据各自的特色和资源条件制定个性化的

开发策略。这意味着每个景区都需要识别自身的核心竞争力，有针对性地进行基础设施建设、环境整治和展陈场馆改造等工程。在这一过程中，要特别关注如何有效地传承红色文化和革命精神，让游客在参观过程中能够深刻体会到那段历史的重要性和启示。

（五）求同存异，深挖主题，创新形式的特色发展原则

红色旅游景区应充分挖掘和展示各自独特的历史文化内涵。每个红色旅游景区都有其独特的历史背景、英雄人物和革命事件，这些都是其独特的历史文化内涵。同时，红色旅游景区也应该尊重和借鉴其他红色旅游景区的成功经验，形成各具特色的红色旅游产品。在保持自身特色的基础上，与其他景区共同发展，实现优势互补，共同推动红色旅游的发展。红色旅游景区要以红色文化为主题，深入挖掘和传播革命历史、英雄事迹、革命精神等红色文化资源，使之成为吸引游客的核心内容。同时，要注重红色文化的传承和创新，使之更具时代性和吸引力。例如，可以通过举办红色文化讲座、展览等活动，让游客更深入地了解和感受红色文化。红色旅游景区要运用现代科技手段，如虚拟现实、增强现实等技术，创新展示形式，提高游客的参与度和体验感。例如，可以通过虚拟现实技术，让游客身临其境地体验革命历史事件，增强其对红色文化的理解和感受。此外，还可以通过举办红色主题活动、开发红色文化创意产品等方式，拓展红色旅游的市场空间。总之，红色旅游景区运营与管理中的特色发展原则要求在保持红色文化特色的基础上，不断创新、融合、发展，以满足游客的需求，提升红色旅游的品质和影响力。

三、红色旅游景区运营和管理体系建设策略

红色旅游景区运营和管理体系的建设，不仅关乎景区的可持续发展，更承载着传承红色文化、弘扬革命精神的重要使命。因此，必须以高度的责任感和使命感，全面加强红色旅游景区的运营和管理。

（一）资源整合

在运营过程中，红色旅游景区需要突破地域限制，与周边景区进行深度合作，充

分整合各种资源，包括自然资源、历史文化资源、人力资源以及社会资源等。这些资源相互依存、相互促进，共同构成了一个有机整体。只有将它们系统地、高效地组织起来，实现资源共享和优势互补，才能实现红色旅游景区的全面发展。

文化资源作为红色旅游景区的核心，承载着丰富的历史价值和教育意义，对于传承和发展红色文化具有重要作用。在红色资源开发过程中，需要深入挖掘其丰富的历史背景和动人的红色故事，结合现代文化元素，打造兼具传统韵味与时代感的特色文化品牌，以丰富游客的游览体验，提升红色旅游景区的文化价值和影响力。为达成这一目标，红色旅游景区需与相关机构合作，共同开展红色文化研究和推广活动，让红色旅游景区的文化资源得到更广泛地传播。

自然资源是红色旅游景区的重要资源。然而，这些自然资源的整合并非单纯开发与利用，更重要的是在保护的前提下实现合理利用。这需要景区管理者具备长远的眼光，制定可持续的发展方案，确保自然资源长久保存，为游客呈现原始风貌。

设施资源关乎游客的游览体验。这涵盖硬件设施的完善与更新，以及服务设施的人性化与便捷化。为满足游客日益多样化的需求，红色旅游景区需要不断优化设施资源配置，提高设施的使用效率和管理水平。例如，采取完善交通设施、增加休息区、优化导览系统等举措，为游客提供更舒适、更便捷的服务。

信息资源对红色旅游景区运营至关重要。通过建立完善的信息收集和分析系统，红色旅游景区可以更好地了解市场需求和游客需求，为其提供更为精准、个性化的服务。同时，利用信息技术提高景区的管理效率和服务质量也是信息资源整合的重要方面。例如，引入智能化的票务系统、导览系统等，为游客提供便捷的自助服务；利用大数据分析技术优化景区资源配置，提高运营效率。这些举措不仅提升游客的满意度，还为景区创造了更多商业机会和价值。

品牌资源作为红色旅游景区的核心竞争力之一，关乎其知名度和美誉度的提升。红色旅游景区需注重品牌的设计、传播与推广。通过与知名媒体合作、举办特色活动、推出文创产品等方式提升品牌曝光率和影响力。同时，强化与游客的互动和沟通也是品牌资源整合的重要方面。例如，采取开展游客满意度调查、举办线上互动活动等举措让游客参与到景区品牌的建设和传播中来。这不仅能增强游客对景区的认同感和归属感，还为景区树立了良好的口碑和形象。

（二）标准化管理

标准化管理是红色旅游景区运营的基石。为了确保红色旅游景区的可持续发展，标准化管理显得尤为重要。这不仅涉及红色旅游景区的运营效率，更关乎红色文化的传承与保护。通过制定并执行统一的管理标准，确保景区的服务质量、安全保障、设施设备等各方面都达到业内一流水平。同时，标准化管理还能有效提高景区的管理效率，降低运营成本，为游客提供更加优质的参观体验。

首先，标准化管理为红色旅游景区提供了明确的管理规定和标准。这些规定和标准如同指南针，为管理者指明方向，确保景区的日常运营有章可循、有据可查。通过制定严格的管理制度，红色旅游景区得以保持其独特的文化风貌，防止过度商业化和人为破坏。

在资源保护方面，标准化管理更是发挥了不可替代的作用。对于红色旅游景区而言，红色文物和自然资源是其命脉。在标准化管理的框架下，一系列保护措施得以落地，从环境监测到红色文物保护，每一个环节都得到了细致入微的关照。这不仅确保了历史的原真性，更为红色旅游景区未来的发展奠定了坚实基础。

当然，标准化管理并非单纯停留在制度层面。提高服务质量是标准化管理的又一重要维度。服务人员是红色旅游景区的"名片"，其服务质量直接关系到游客的参观体验。通过专业培训，服务人员不仅提升了业务能力，更培养了对革命历史文化的崇敬之心。在此基础上，游客将享受到更加专业、人性化的服务，从而对红色旅游景区留下深刻印象。

在标准化管理的框架下，红色旅游景区建立了完善的安全体系，确保游客在参观过程中的安全。无论是日常巡查还是应急预案，都体现出标准化管理对于安全工作的严谨态度，使游客能够安心享受参观过程。

此外，随着科技的进步，信息化建设成为红色旅游景区标准化管理的新方向。通过建立信息化管理平台，红色旅游景区实现了信息的高效整合与共享。同时，数据分析为红色旅游景区决策提供了有力支持，助力红色旅游景区在传承革命精神的同时，实现经济效益与社会效益的双赢。

（三）营销推广

红色旅游景区的营销推广需要综合考虑多个方面，制定精细化的策略。通过主题活动、数字化营销、合作推广、体验式营销、定向营销、口碑营销、数据分析、跨界合作、优惠政策和提升服务质量等手段，可以更全面、更深入地推进红色旅游景区的营销推广工作。

主题活动是吸引游客的重要手段之一。通过举办红色文化节、革命历史讲座、重走红军路等活动，可以生动展现红色旅游景区的历史文化和特色，增强游客的参与感和体验感。同时，这些活动也能够引起社会的关注，提高景区的知名度和美誉度。

数字化营销是现代营销的重要手段之一。利用互联网和社交媒体平台进行宣传，可以快速传播红色旅游景区的信息和特色，吸引更多潜在游客。通过微博、微信、抖音等平台发布内容，与用户互动，增加用户黏性和参与度；同时也可以通过数据分析优化营销策略。

合作推广也是有效的营销手段之一。与旅行社、酒店等合作伙伴进行联合推广，可以扩大红色旅游景区的知名度和影响力。同时，合作伙伴的资源和渠道也可以为红色旅游景区带来更多的游客和业务机会。

体验式营销是通过设计独特的旅游体验项目，让游客更深入地了解红色文化。例如，模拟红军战斗、制作红军服装等项目，可以让游客亲身体验红色文化的独特魅力，增强游客的参与感。

定向营销是根据不同目标群体的特点和需求，制定不同的营销策略。例如，针对学生和企事业单位等不同群体，可以通过不同的渠道和方式进行宣传和推广，提高营销效果。

口碑营销是通过提供优质的服务和产品，让游客满意并成为口碑传播者。口碑营销是一种非常有效的营销手段，能够带来更多的潜在游客，提高红色旅游景区的美誉度和对红色旅游景区的忠诚度。

数据分析是通过收集和分析游客数据，了解游客需求和行为习惯。通过数据分析，可以优化红色旅游景区的服务和营销策略，提高游客满意度和忠诚度。同时，数据分析也可以为红色旅游景区的发展提供科学依据和指导。

跨界合作可以促进资源共享和互利共赢。例如，红色旅游景区可以与当地特色餐饮、手工艺品等产业进行合作,共同开发新产品和服务,扩大景区的影响力和收益。

优惠政策是吸引游客的重要手段之一。针对不同季节、节假日或特定人群,制定优惠政策,可以吸引更多游客前来游览。例如,针对学生、老年人等特定人群提供优惠票价或免费参观等政策。

提升服务质量是提高游客满意度和忠诚度的关键因素之一。通过加强对工作人员的培训和管理,提高服务质量和效率,可以为游客提供更舒适、更安全的旅游环境,增强游客的信任感和满意度。

(四)培训教育

红色旅游景区运营中的培训教育不仅是一项必要的任务,更是一种责任和担当。培训教育是提高员工专业素质和服务水平的有效途径。它关乎着红色文化的传承,也影响着游客的体验质量。通过深入、细致地培训教育,确保每一位工作人员都具备专业素养,从而为游客提供高质量的服务。

首先,培训内容的策划要精细入微,不仅需要涵盖红色文化的基础知识,更要深入挖掘其背后的历史背景和时代意义。通过这样的培训,工作人员不仅能够了解红色旅游景区的背景,更能够理解其深厚的文化内涵,从而更好地向游客传达。

其次,培训教育要定期开展。随着时代的发展,红色文化也在不断地被深入研究,因此,定期培训是必要的,这不仅能够使工作人员的红色知识得到更新,更能够提升他们的专业素养和服务质量。

再次,培训方式也需要不断创新。单纯的课堂式培训可能过于枯燥,因此,引入实地教学、角色扮演、模拟讲解等多元化的培训方式是必要的,这样不仅能够提高红色旅游景区工作人员的参与度,更能够使他们在实际操作中提升技能。

最后,为了确保培训的成效,实施精准的评估机制不可或缺。通过有效的考核体系,不仅能够准确衡量培训成果,还能据此进行有针对性的优化和调整。此外,对于表现优秀的红色旅游景区员工,应予以适当激励,以促进其持续发挥表率作用,并激发团队的整体动力。

(五)科技创新

科技创新在红色旅游景区运营中具有不可或缺的重要地位。通过数字化、大数据、人工智能、物联网和社交媒体等技术的综合应用，红色旅游景区运营的创新发展才能够实现，从而为游客提供更加优质、个性化的服务。这些技术手段不仅提升了游客的满意度，更在传承红色文化、弘扬革命精神方面发挥着重要作用。

首先，数字化技术为红色旅游景区的运营提供了全新的可能性。通过运用虚拟现实（VR）、增强现实（AR）和3D扫描等技术手段，我们能够生动、直观地还原红色历史场景，让游客仿佛置身于那些激情燃烧的岁月。这些技术不仅提升了游客的互动性和沉浸感，更为红色历史的传承提供了强有力的支持。

其次，大数据和人工智能（AI）在红色旅游景区运营中的应用也逐渐受到重视。通过对游客的行为、偏好和反馈等数据进行收集和分析，景区可以更加精准地了解游客需求，从而提供个性化服务。例如，AI智能导览可以根据游客的兴趣和需求提供更加贴心的解说服务；智能推荐系统则能根据游客的历史数据为其推荐合适的红色旅游线路和活动。

再次，物联网（IoT）技术在红色旅游景区运营中也发挥着越来越重要的作用。通过物联网技术，景区可以实现设施设备的智能化管理和监控，提高运营效率。例如，智能传感器和远程监控系统可以帮助景区实时监测设施设备的运行状态，及时预警和处理各类问题，确保景区的安全与稳定。

最后，社交媒体的运用在红色旅游景区运营中占据着举足轻重的地位。通过社交媒体平台，景区可以更加广泛地传播红色文化，吸引更多游客。同时，社交媒体也为游客提供了分享和交流的平台，有助于提升游客的归属感和参与感。通过互动与分享，红色旅游景区的影响力得以进一步扩大，为红色文化的传承注入新的活力。

（六）社区参与

红色旅游景区的发展离不开当地社区的支持和参与。社区的参与不仅关乎红色旅游景区运营的成功与否，更涉及文化传承、社区发展等多个层面。社区居民作为红色旅游景区的主人，他们的参与对于景区建设是不可或缺的。

首先，社区居民对于红色旅游景区的整体氛围营造起到了决定性的作用。他们的日常生活、习俗和传统都与红色文化紧密相连，而这些正是吸引游客的重要因素。想象一下，如果当地居民能够积极参与红色旅游景区活动，用他们的言行举止来丰富游客的旅游体验，这将使游客感受到更为深厚的文化底蕴，进而增强景区的吸引力。

其次，社区志愿者在红色旅游景区运营中扮演着重要的角色，他们不仅为游客提供讲解服务，帮助游客了解当地的红色历史和文化，还是景区环境维护的重要力量。这些志愿者通常对当地的红色历史和文化有着深刻的了解，他们的讲解能够为游客带来更为真实和深入的体验。

此外，社区参与还能为当地带来显著的经济效益。通过发展与红色旅游相关的产业，如餐饮、住宿等，可以为当地居民提供更多的就业机会和收入来源。这不仅能够改善当地居民的生活条件，还能促进红色旅游景区的可持续发展。

最后，社区参与对于提升红色旅游景区的社会效益也不可忽视。通过参与红色旅游景区的建设和运营，居民可以更深入地了解和传承红色文化，增强自身的文化自信和归属感。这不仅有助于提升居民的整体素质，还能为景区的可持续发展注入持久的动力。

红色旅游景区运营中的社区参与是实现景区可持续发展、增强文化传承的重要途径。只有当社区居民真正地参与到红色旅游景区的运营中，红色旅游景区才能活起来，散发出持久的魅力。政府、红色旅游景区管理者和社区居民需要共同努力，形成良好的合作关系，共同推动红色旅游地的发展。只有这样，我们才能确保红色旅游景区在传承红色历史和文化的同时，也为当地社区带来实实在在的好处，实现真正的可持续发展。

第四节　红色旅游景区商业模式构建

红色旅游景区商业模式的构建是一个复杂的过程，需要将红色文化体验作为核心，同时注重旅游服务和设施、品牌推广和营销、多元化收入来源、智能化和数字化应用等方面的考虑，以实现红色旅游景区的可持续发展。同时，随着社会经济的发展和旅游市场的变化，红色旅游景区也需要不断创新和优化其商业模式，以适应市场的需求和挑战。红色旅游景区商业模式构建的一些关键要素有红色文化体验、旅游服务和设施、品牌推广和营销、多元化收入来源、智能化和数字化应用。

红色文化体验是指红色旅游景区的核心是要通过展示和传承红色文化，让游客深入了解革命历史和红色精神。因此，商业模式的构建需要围绕红色文化体验来展开，包括设立红色主题展览馆、红色教育基地、红色文化艺术表演等,以吸引游客参观和体验。

旅游服务和设施是为了满足游客的需求。商业模式需要考虑提供各种旅游服务和设施,包括导游服务、餐饮、住宿、交通等。此外,还可以考虑推出一些特色旅游产品,如主题游、红色文化体验游等,以增加游客的满意度和留存率。

品牌推广和营销是指红色旅游景区的商业模式构建还需要注重品牌推广和营销。可以通过开展线上、线下宣传活动,与旅行社、OTA 合作,参加旅游展览会等方式,提高景区的知名度和影响力。同时,也要注重口碑营销和用户评价,通过积极回应用户反馈,提高游客的满意度。

多元化收入来源是指除了门票收入,红色旅游景区商业模式还可以考虑其他多元化的收入来源,如特色商品销售、文创产品开发、场馆租赁、赞助商合作等。通过多元化收入来源,可以增加红色旅游景区的盈利能力和可持续发展。

智能化和数字化应用是指随着科技的发展,红色旅游景区商业模式构建还可以考虑智能化和数字化应用。可以引入互联网技术,提供在线购票、导览、预订等服务,提高便利性和游客的体验感。同时,还可以通过大数据分析,了解游客需求和行为,为景区提供更精准的服务和营销策略。

国内其他红色旅游景区的成功案例为甘肃红色旅游景区建设提供了宝贵经验。在借鉴和吸收这些经验的基础上,甘肃的红色旅游资源开发需考虑本省的具体实际情况,适时调整或扩展开发模式,确保其与甘肃的基本省情相契合、与经济发展同步,并与社会进步共同前行。

一、红色+生态整合模式

对当地自然与人文资源进行整合,以红色文化资源为核心,进行集中包装和开发,最大限度地发挥红色旅游资源的优势,推动当地旅游业发展,带动产业结构优化升级。

代表案例简介:井冈山是国家 AAAAA 级旅游景区,国家级风景名胜区、国家级自然保护区、中国文明风景旅游区、中国重点文物保护单位、全国红色旅游景区、全国百家爱国主义教育示范基地、全国十佳优秀社会教育基地、世界生物圈保护区,列入世界遗产预备名录。井冈山有 11 大景区、76 处景点,460 多个景物景观,其中革命人文景观30多处、革命旧址遗迹100多处。井冈山以其著名的红色景观为主要号召力，大力发展旅游业，配合当地的自然山水等绿色景观资源，凝聚吸引力，招徕旅游者。

核心吸引力：被誉为"中国革命的摇篮"和"中华人民共和国的奠基石"的红色文化。国内独一无二的红色文化资源使景区在开发伊始就拥有了其他景区无可比拟的优势，更是成为其旅游开发中最核心的竞争力。

产业发展：井冈山红色旅游的开发显著地带动了当地研学旅行的发展。此外，还促进了交通、餐饮、住宿等服务业的发展。在带动当地区域经济发展的同时还有效促进了当地产业转型，优化了产业结构。

盈利模式：井冈山景区盈利主要来源于门票收入，此外还有住宿、餐饮、实景演出门票等方面，较为多元化。

社会效益：井冈山作为"中国革命的摇篮"、全国爱国主义教育示范基地，具有无可替代的教育价值。此外，井冈山旅游业的发展不仅带动了当地经济发展，而且为当地居民提供了工作岗位，增加了居民收入，为老区脱贫助力，为江西井冈山市实现脱贫贡献了自己的力量。

综合评价：红色资源是景区的核心依托，周边禀赋较为优越的自然资源，也为红色旅游的繁荣发展提供了重要助力，是井冈山红色旅游取得优越品牌地位的主要推动力之一。在红色旅游发展的同时也带动了井冈山其他景区旅游业的发展，在区域旅游方面做得较好。因此，红色旅游项目开发顺利进行的核心依托是红色资源。旅游是文化的载体，文化是旅游的灵魂，要对项目文化进行深入挖掘，赋予其灵魂；并随着红色旅游景区的发展，不断完善基础设施，对产品进行创新开发、提升，如开展实景演出等项目，这是红色旅游项目逐渐提升、延续持久吸引力的路径。

二、红色休闲度假模式

依托当地具有代表性的红色旅游资源，挖掘红色文化，将民俗文化代入红色旅游，以度假区、民宿为主要表现形式，开发集休闲、度假、会议、学习等于一身的红色休闲度假模式，吸引游客，带动当地旅游业发展。

代表案例简介：瑞金共和国摇篮景区，国家AAAAA级旅游景区、全国重点文物保护单位、全国爱国主义教育示范基地、全国红色旅游经典景区，由叶坪景区、红井景区、二苏大景区、中华苏维埃纪念园组成。景区内风光无限，基础设施比较完备，是全国旅游观光、培养爱国主义精神和进行思想道德教育的重要基地，是赣闽交界处规模较大的红色旅游集散中心。瑞金共和国摇篮景区，既不失其简朴的"形体"，又体现出不凡的"内涵"，旧址群、纪念园、博物馆均有令人眼前一亮的特色，一处一诗，一步一景，是融观光、瞻仰、会议、休闲、度假为一体的理想场所。

核心吸引力："红色故都""共和国摇篮"、红军长征出发地等是瑞金红色旅游的"招牌"，当地众多的旧址、遗迹是景区的最核心支撑，即使后来有其他产业参与进来，它们也是景区最主要的吸引点。只是在开发过程中要注意不能因循守旧，要时刻保持创新的思想认识，以增强景区吸引力的持久性。

产业发展：在旅游业的带动作用下，瑞金拓展了会议、度假等旅游形式，扩大了景区的收入来源，优化了产业结构。此外，景区红色旅游的发展也正向地促进了当地教育事业的发展。

盈利模式：景区主要收入来源是门票、住宿等。

社会效益：景区的社会效益主要体现在其培育爱国情感和作为民族精神重要基地的教育意义上。此外，也在一定程度上缓解了当地人们的就业压力，助推区域经济发展。

综合评价：瑞金存留着众多革命战争时期的遗迹和旧址，红色旅游资源禀赋优异、有着不凡的意义与较高的地位。虽然红色旅游发展较好，但是在发展休闲度假方面产品不够多元化，在留住游客方面相对较差，且其市场营销做得不够完善，使得景区知名度较其他红色旅游目的地来说较小，旅游经济体量较小。

三、红色演出模式

利用当地的红色歌谣、红色戏曲等红色文化资源，加以改编，创作成演出剧目。结合现代科技手段，推出创新性的红色演出项目，以红色演出为着力点发展红色旅游，打造红色旅游独特品牌。

代表案例简介：《中国出了个毛泽东》以毛泽东同志的革命生涯大事记为主线，将全息投影、歌舞、威亚、水火特效等多种形式有机融合，综合运用多媒体技术以及高科技立体舞台装置，与山水实景巧妙结合，讲述了毛泽东同志从走出韶山踏上了民族救亡道路到带领中国人民建立中华人民共和国的奋斗历程，几乎包含中国新民主主义革命的全部历程，集中展现了毛泽东同志以拯救天下苍生为己任的远大志向与广阔胸怀。

核心吸引力：红色文化的深厚底蕴与现代演艺手法的巧妙融合，构成了该演出的核心吸引力。这里以毛泽东故居的独特吸引力，本身就招徕了大批游客前来参观，实景演出将现代化的演出手段与红色文化结合，更是吸引游客的一大热点。

产业发展：因为演出在夜间进行，所以在很大程度上带动了当地娱乐、住宿、餐饮等夜间产业的发展。

盈利模式：主要来源于演出的门票收益和餐饮、住宿等方面的收益。

社会效益：演出具有强烈的爱国主义教育意义，通过红色演出可以让游客更深入地了解那段历史，提升其爱国情怀，具有良好的社会效益。

综合评价：如今，很多红色旅游景区都推出各具特色的红色演出项目，获得了良好的效益与评价。山水实景、多媒体技术以及高科技立体舞台装置的高度结合使得旅游演艺活动已经成为景区招徕游客重要的手段，且这类大型实景演出一般都在晚上举行，有力地助推红色旅游景区夜间旅游的发展。

四、博物馆模式

在红色旅游资源集中或蕴含特殊意义的地方，集中展示在革命和战争过程中所留存的大量革命遗迹和历史文物，具有文化传承性和教育性。

代表案例简介：中央苏区（闽西）历史博物馆是一座全面反映闽西革命历史、重点彰显中央苏区（闽西）特殊历史意义的综合性博物馆。占地面积约25亩，建筑面积4800平方米。主楼是楼厅式建筑，具有浓厚的民族风格。馆内共有12个陈列展厅。该馆全年免费开放，建馆20年来共接待国内外游客300多万人次，众多党和国家领导人都曾到馆视察，是全国爱国主义教育基地、全国青少年爱国主义教育基地、闽西老区精神文明建设的重要窗口，曾获得"全国文物系统先进集体""省爱国主义教育基地先进单位"等光荣称号。

核心吸引力：闽西红色文化、客家精品文化。中央苏区（闽西）历史博物馆是龙岩市唯一一座全面、系统展示中央苏区（闽西）革命历史的综合性专题博物馆，着重讲述了老一辈无产阶级革命家在闽西进行的伟大革命实践史实和闽西在中国革命历史上的重要地位及历史贡献，陈列主题鲜明，内容丰富多彩，形式新颖前卫，且因为其独特的历史意义，每年都能吸引大批游客前来参观。

产业发展：博物馆本身作为展示老一辈无产阶级革命家事迹的平台，有利于教育产业的发展。此外，博物馆吸引的人流也带动了交通、周边餐饮、娱乐、购物以及住宿等产业的发展。

社会效益：中央苏区（闽西）历史博物馆是全国爱国主义教育基地、全国青少年爱国主义教育基地，是闽西老区精神文明建设的重要窗口，促进了当地革命传统教育及爱国主义教育发展。

综合评价：博物馆的免费开放为其招徕了大量的游客，虽然没有门票收入，但是人流量的增大可以带动周边餐饮、住宿、旅游纪念品等方面的消费，从而促进周边区域经济的发展。

五、甘肃省华池县南梁镇红色旅游特色商品开发实例

甘肃省庆阳市华池县南梁镇是刘志丹、习仲勋等无产阶级革命家在20世纪30年代建立的陕甘边革命根据地所在地，后来陕甘边根据地与谢子长领导的陕北革命根据地连在一起，称为西北革命根据地。2004年，庆阳市华池县陕甘边区苏维埃政府旧址被列入首批全国红色旅游经典景区。为促进红色旅游的发展，庆阳市政府精心规划并建设了南梁红色小镇。该小镇以陕甘边苏维埃政府旧址为核心，汇聚了8个重点红色旅游景点，包括南梁革命纪念馆、军民大生产纪念馆、山城堡战役纪念馆等。同时，庆阳市政府还升级了旅游服务设施，在保留历史遗迹的基础上，开发并建设了一批高品质、有影响力的优质景点。

庆阳南梁，作为西北地区红色革命的重要发源地之一，拥有深厚的红色文化内涵。这里孕育了丰富的红色旅游资源，吸引了众多游客前来参观学习。数据显示，在旅游高峰期，该地区平均每天接待的游客数量超过3000人次，而在淡季，日均游客量也超过了1000人次。然而，庆阳市的相关管理部门对红色旅游特色商品的认识尚未完全到位，未能充分挖掘其潜在的经济价值，缺乏打造红色旅游特色商品品牌意识，且在开发过程中缺少创新思维。这导致当地的旅游纪念品市场存在一些问题，如缺乏具有代

表性的纪念品和单一化的商品种类。目前，南梁地区提供给游客的旅游纪念品主要集中在民俗手工艺品和当地土特产品，例如香包、剪纸、皮影、白瓜子、杏脯等，这些或作为礼物赠送亲友，或留作个人纪念。但是，这些纪念品往往存在缺乏独特性、实用性不足和审美价值较低的问题。因此，有必要结合景区的主题特色，以及当地的其他物产和文化资源，进行创意融合和艺术加工，注重创新设计，为南梁的红色旅游纪念品开发探索出一条既符合当地实际又具有发展潜力的道路。

（一）创新驱动，塑造庆阳南梁红色旅游纪念品品牌，提升市场影响力

在新时代的浪潮中，庆阳南梁地区正秉承"创新驱动"的发展理念，推陈出新，不断开发和设计别具一格的红色旅游纪念品。通过持续提升产品魅力来塑造品牌设计的核心价值，这是红色旅游产品设计的必然要求，也是品牌效应打造的关键所在。面对广阔的旅游市场，尤其是红色旅游纪念品的庞大销售潜力，必须从革命历史文化的传承与发展的角度出发，同时考虑现代社会人们的消费习惯。这就要求突破传统思维定式，勇于跳出常规框架，寻求创新。目前，南梁地区的纪念品开发还主要停留在对文物的简单复制阶段。然而，随着现代社会的快速发展，人们对新鲜事物的接受度不断提高，单一的文物复制已经难以吸引人们的目光。因此，为了引领市场趋势，庆阳推出了"南梁记忆"品牌，它代表了南梁红色旅游纪念品的新面貌。这些纪念品不仅融入了南梁独特的红色文化元素，也贴合了现代消费者的审美和需求。它们让游客更直观地了解南梁的革命历史，增强对国家和民族的历史认同感，还能通过他们的口碑传播放大品牌效应，增强了产品的市场竞争力。与此同时，当地相关部门和企业正致力于塑造和传播南梁红色旅游的品牌故事，以品牌效应吸引游客，提升整个地区的知名度和影响力，进而促进经济效益与文化传承的双重增长，为南梁红色旅游发展注入新的活力。

（二）针对不同消费群体定制专属纪念品

针对不同类型的消费群体定制专属的红色旅游纪念品，是提升红色旅游体验、增强其吸引力和传播力的重要手段。

首先，年轻群体往往追求个性化和创意性，因此为他们设计的纪念品可以融入现代设计元素，如将红色经典图案与流行文化符号结合，创造独特的T恤、帽子、背包

等时尚单品，设计以南梁革命历史为背景的创意海报、徽章；此外，利用AR技术的互动式纪念品，让年轻人在沉浸式的体验中了解南梁的红色故事。如通过手机扫描即可重现南梁革命历史场景的卡片或小物件，能够满足年轻人对科技和新鲜体验的追求。对于中老年群体，他们更加注重纪念品的历史价值和收藏意义。因此，定制的纪念品可以是精制的南梁革命纪念馆模型、限量版的历史文献复制品、著名红色人物的传记书籍或者手工制作的革命历史人物雕像等。这些纪念品不仅能唤起他们对于历史的回忆，也能作为家庭中的装饰，传承红色文化。儿童群体则适合色彩鲜艳、形象可爱、寓教于乐的纪念品。例如，可以开发有教育意义的红色故事动画、南梁英雄角色的玩具或者拼图、以南梁红色故事为主题的绘本，这样的纪念品既能吸引儿童的注意力，又能在玩乐中让他们接触和了解红色文化。此外，针对不同的文化背景和国际游客，可以设计具有中国特色的红色旅游纪念品，如中国结、剪纸、书法作品等，这些充满中国传统文化元素的纪念品，不仅能够作为旅行的纪念，也能作为文化交流的媒介。

通过这些针对性的设计，不仅能够让游客在庆阳南梁的红色旅游中带走具有纪念意义的物品，还能让不同年龄层的人更深入地了解南梁的红色文化和历史，从而促进红色旅游的持续发展和红色文化的传播。

第五节 红色旅游景区人力资源建设

红色旅游景区人力资源是指在红色旅游景区内参与旅游开发、管理、服务等工作的各类人才和工作人员的总称。对红色旅游景区人力资源的管理是指通过招聘、甄选、培训、报酬等管理形式对景区内外相关人力资源进行有效运用，满足红色旅游景区当前及未来发展的需要，保证红色旅游景区目标实现与成员发展的最大化的一系列活动的总称。

红色旅游景区人力资源管理不仅涵盖了一般意义上的人力资源管理，还包括对红色文化的深刻理解和传承，以及对红色旅游特有要求的适应。这些特点使得红色旅游景区的人力资源管理具有独特的复杂性和挑战性。红色旅游景区的工作不仅是提供旅游服务，更是一种爱国主义与革命传统教育的传递，因此人力资源的开发和管理要注重提升员工的教育引导能力。红色旅游景区的工作人员需要对红色历史有深入地了解和认识,在尊重历史事实的基础上,能够准确解读红色文化。

一、旅游从业人员的类型

旅游产品服务的提供者是各类旅游从业人员。旅游人力资源与旅游资源、资金、设施具有同等的重要性。按照不同标准,旅游从业人员可以划分为不同的类型。

(一)世界旅游及旅行理事会(WTTC)的分类

世界旅游及旅行理事会(WTTC)根据旅游从业人员所从事工作性质的不同,将旅游从业人员划分为四类。

1. 旅游服务人员

主要包括航空公司、饭店、餐饮、景点、旅行社和出租车公司等服务企业的旅游从业人员。

2. 政府有关部门人员

主要包括各类与旅游有关的政府机关员工、海关等部门的公职人员。

3. 旅游投资建设方面人员

主要是从事旅游投资建设工作的人员,如旅游基础设施、接待设施和游乐景点的投资建设人员。

4. 旅游商品生产和销售人员

主要是从事旅游商品生产和销售工作的人员,如旅游商品的设计人员、旅游商品生产企业的工人、旅游商品的批发与零售人员等。

(二)按照旅游从业人员的职业属性分类

按照旅游从业人员的职业属性,可将其分为旅游经营和管理人员及旅游服务人员两大类。

1. 旅游经营和管理人员

旅游经营和管理人员主要是从事旅游经营和管理的各类人员。范围广泛,既包括从事宏观管理的人员,也包括从事微观管理的人员;既包括与旅游相关的政府部门的行政管理人员,也包括各类旅游企业中的管理人员;甚至还包括从事市场营销、财务

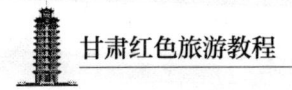

管理、旅游规划、旅游研究的各类专业人员等。

2. 旅游服务人员

旅游服务人员主要指从事旅游服务工作的各类人员。他们中的绝大多数是一线工作人员，直接面对游客，如旅行社的导游人员、航空公司的空姐、饭店的各类服务人员、旅游景区的讲解员等。

（三）按照旅游产业部门分类

按照旅游产业部门的不同，旅游从业人员可分为住宿与餐饮部门人员、娱乐服务部门人员、旅游中介部门人员、基础设施供应部门人员、旅游管理部门人员等。

1. 住宿与餐饮部门人员

住宿与餐饮部门人员主要包括以下几类：①管理人员，包括经理、副经理、销售经理，秘书；②接待与前厅工作人员，包括前厅经理、接待员、助理接待员、预订员、出纳、接线员、行李领班、门童、行李员；③客房工作人员，包括主管、助理客房主管、客房服务员、洗衣主管、洗衣工；④餐厅、酒吧工作人员，包括餐厅经理、酒吧主管、餐厅经理助理、领班、服务员、出纳等；⑤厨房工作人员，包括厨师长、助理厨师长、厨师等；⑥维修与支持工作人员，包括建筑维修工程师、园丁、清洁工、保安人员等。

2. 娱乐服务部门人员

娱乐服务部门的人员配置是不固定的，主要由娱乐项目决定。卡拉OK、网球、游泳、高尔夫球、滑雪、游艇等娱乐项目，配置的人员主要有教练、陪练人员、场地维护及工程技术人员、保安人员等。

3. 旅游中介部门人员

旅游中介部门主要指旅行代理机构，人员包括旅行社经理、票务主管、计划行程主管、销售经理、票务员、领队、导游、出纳、司机等。

4. 基础设施供应部门人员

基础设施供应部门主要包括交通、通信、供水、供电、医疗保健、治安管理、商业等各个部门，每个部门都需要配备与之相应的人员。

5. 旅游管理部门人员

旅游管理部门人员主要包括旅游区管理委员会主任或集团公司总裁、营销主任、规划主管、营销专家、旅游信息服务员等。

二、红色旅游景区人力资源的构成

红色旅游景区的人力资源构成主要分为三个层面。

（一）核心层

核心层主要指直接为旅游者提供红色旅游产品和服务的行业和部门的人力资源。具体包括旅行社导游及销售、计调、接待、策划等人员；红色旅游景区（点）接待、解说及管理与服务人员；直接服务于红色旅游的饭店（如定点饭店）的相关生产、管理与服务人员等；直接服务于红色旅游的交通业相关管理与服务人员等；直接服务于红色旅游的教学、科研人员，产品的设计、开发、维护等专业技术人员和组织、服务人员以及红色旅游目的地社区居民等。

（二）支撑层

支撑层主要指直接服务或作用于红色旅游发展的人力资源。具体包括从事生态旅游、民俗旅游、乡村旅游、会展旅游等相关旅游活动的策划组织、专业技术人员和服务人员；和红色旅游活动有关联的跨行业的农业旅游、工业旅游等相关旅游活动的策划组织、专业技术人员和服务人员；红色旅游特色产品制作、销售人员；不同区域的相关旅游活动的策划组织、专业技术人员和服务人员；红色旅游资源保护技术与管理人员等。

（三）辅助层

红色旅游景区人力资源的构成还可以从更广义的角度来看，它涉及构成红色旅游景区周边良好人文环境的人群。因为红色旅游的主导产品是以革命遗迹、遗物为依托的革命精神与文化，例如井冈山精神、延安精神、长征精神等，这些精神都扎根于当地群众，来源于群众，是对当地良好民风的提炼与升华。因此，红色旅游产品的开发与维护都离不开人民群众，他们不仅为红色旅游的发展提供物质支持，更重要的是为红色旅游发展提供无限的精神动力。

就核心层来看，管理人员负责景区的日常运营、管理、营销推广、客户服务等工作，是景区运营的核心力量；导游人员负责为游客提供专业的讲解服务，介绍红色文化遗产的历史背景、文化内涵，提升游客的旅游体验；技术人员负责景区的设施维护、设备更新、技术创新等工作，保障景区的正常运营和持续发展；服务人员负责为游客提供餐饮、住宿、交通等旅游服务，提高游客的满意度和舒适度；营销人员负责景区的营销、推广工作，包括市场调研、品牌建设、宣传推广等，提高景区的知名度和美誉度；志愿者参与景区的志愿服务活动，为游客提供帮助和服务，营造良好的旅游氛围。

三、红色旅游景区人员的素质

红色旅游景区从业人员的素质要求涵盖了多个方面，这些要求对于提供优质服务和传承红色文化至关重要。

政治素质是红色旅游景区从业人员必备的品质。他们必须热爱红色文化，尊重历史，崇敬英烈，具备坚定的政治立场和信念，能时刻牢记发展红色旅游的根本目的，切实发挥好红色旅游的教育作用。这意味着他们需要对中国共产党在革命和建设时期形成的优良作风和革命精神有深刻的理解和认识，并积极传播这种精神。

专业知识也是从业人员不可或缺的。他们需要具备丰富的红色史地文化知识，深入了解红色旅游资源的背景和内涵。同时，他们还应熟悉与红色旅游相关的政策、法规，确保在工作中遵循规定，为游客提供合规的讲解和服务。

语言能力同样关键。良好的语言表达能力能够确保与游客之间沟通顺畅无阻。同时，具备外语能力将有助于更好地与外国游客进行交流，提高游客的旅游体验。

服务技能方面，红色旅游景区从业人员需要具备专业的接待服务能力和导游讲解能力。他们需要能够提供优质的服务，满足游客的需求，并在讲解过程中生动、形象地传达红色文化的精髓。

良好的身体素质也是从业人员必须具备的。由于工作性质的特殊性，他们需要承受一定的工作压力，并适应景区复杂多变的工作环境。强健的体魄有助于他们更好地应对工作中的挑战。

此外，良好的职业道德和社会责任感对于红色旅游景区从业人员来说同样重要。

他们需要遵守行业规范，保持良好的职业操守，始终将游客的利益放在首位。同时，他们应具备高度的安全意识，确保游客的人身安全和财产安全。

团队合作意识是另一个重要的素质要求。红色旅游景区从业人员需要与同事密切配合，共同完成工作任务。他们要善于与团队成员建立良好的人际关系，并具备良好的团队合作意识。团队只有通过合作，才能为游客提供更加完善的体验。

综上所述，红色旅游景区从业人员需要具备全面的素质和能力，包括政治素质、专业知识、语言能力、服务技能、身体素质、职业道德和团队合作意识等。只有满足这些要求，他们才能为游客提供优质的服务，更好地传承红色文化，弘扬革命精神。

四、红色旅游景区人力资源的发展原则

（一）人才为本原则

红色旅游景区的长远发展离不开高素质人才队伍的建设。必须牢固树立以人才为核心的发展原则，这意味着不仅要重视人才的引进，更要注重人才的培养和留用，形成一种良性循环的人才生态。构建一个科学而高效的人才管理体系，为各类人才提供一个充满机遇、挑战和激励的职业发展平台。通过这样的平台，给予人才足够的成长空间。同时，创造一个鼓励创新的环境，让人才敢于尝试新思路、新方法，从而激发他们的创造力和创新能力。此外，通过提供有竞争力的薪酬福利、职业发展规划、持续教育培训等措施，来确保人才的稳定性和忠诚度。让每一位员工的职业生涯有明确的发展方向和晋升通道。

（二）全面发展原则

在红色旅游景区的人力资源管理中，坚持全面发展原则至关重要。这一原则要求我们不仅要关注员工的专业技能培养，更要重视其综合素质和职业道德的全面提升。具体而言，应通过实施多元化的培训计划，为员工搭建一个持续学习和自我提升的平台。培训内容应涵盖从基础业务知识到先进管理技巧，从团队协作能力到个人领导力的培养，乃至于对红色文化深层次理解和传播的能力。此外，强化员工的创新意识和实践技能也不可或缺，这不仅能激发员工的工作热情，还能增强他们解决实际问题的

能力,从而在工作中发挥出更大的创造性和自主性。

(三)市场化原则

红色旅游景区在人力资源的开发和管理上,必须紧密跟随市场趋势,不断优化招聘选拔机制,调整薪酬福利政策,并构建有效的激励体系,以吸引和维护一支充满活力、高效能的工作团队,进而推动红色旅游景区的可持续发展和品牌影响力的提升。首先,应制定一套公开、平等、公正的招聘与选拔流程,确保求职者都有公平竞争的机会。薪酬体系的设计应当反映市场价值,并与员工的绩效直接挂钩。通过提供有竞争力的薪资待遇,红色旅游景区能够吸引更多的专业人士。晋升通道需要明确且合理,为员工提供成长和发展的空间。建立一套科学合理的激励机制是激发员工积极性和创造力的关键。这包括但不限于物质奖励、职业发展机会、工作环境改善以及工作与生活平衡的支持措施。

(四)可持续发展原则

红色旅游景区人力资源发展应注重可持续发展。首先,要构建一个全面而高效的人力资源管理体系,不仅关注眼前的人才需求和资源配置,更要着眼于长远的战略目标,确保景区能够在未来的竞争中保持活力。在追求人力资源可持续发展的同时,红色旅游景区还应当秉承资源节约和环境保护的理念。采取有效措施减少能源消耗,使用环保材料,实施垃圾分类和回收利用,以及推广绿色出行等。通过这些实践,不仅能够降低运营成本,还能够提升景区的社会形象,吸引更多关注环保的游客。此外,红色旅游景区的可持续发展应实现经济效益与社会效益的有机结合。在确保经济效益的基础上,更要注重对社会的贡献,如保护和传承红色文化,提供教育旅游的机会,促进当地社区的发展等。

(五)创新发展原则

当前,旅游业正经历着前所未有的发展和变革。红色旅游景区必须紧跟时代的步伐,不断进行创新和升级,以保持其鲜活的生命力和持久的吸引力。积极探索与实践多元化的运营模式,如结合线上与线下资源,发展智慧旅游,利用大数据、云计算等现代信息技术提升管理效率和游客体验。不断优化服务流程,引入人性化、个性化的服务理念，满足游客多样化的需求。例如，提供多语言导览服务、无障碍设施、亲子互动项目等，以提升服务质量和游客满意度。运用新媒体和社交平台，开展精准营销和品牌推广。通过故事化、情感化的营销手段，增强红色旅游景区的品牌影响力和市场竞争力。建立系统的人力资源管理体系，注重员工的职业规划和能力提升。鼓励员工参与创新实践，为他们提供学习和成长的平台，培养具有创新精神和问题解决能力的人才。

五、红色旅游景区人力资源发展策略

红色旅游景区作为传承红色文化和革命历史的重要载体，其发展日益受到关注。而人力资源的发展策略是推动红色旅游景区持续发展的关键因素之一。

（一）加强人力资源的管理和激励

第一，制定科学、严谨的人力资源管理制度是至关重要的。通过建立完善的招聘流程，确保新员工具备较高的素质和专业能力。同时，构建系统的培训体系，为员工提供持续的学习机会，帮助他们不断提升技能和知识水平。此外，建立公平、合理的考核和晋升机制也是激发员工工作积极性的关键因素。

第二，建立科学的绩效管理体系，通过合理的评估和奖励机制，激励员工更加积极地投入到工作中。这有助于提高员工的工作效率和满意度，从而提升景区的整体运营效率。除了传统的奖励制度外，景区还可以通过提供更具吸引力的薪酬、福利待遇，以及丰富的团队建设活动等方式，激发员工的工作热情。同时，建立明确的奖励标准，让员工更加明确自己的工作目标。

第三，给员工提供良好的工作环境，关注员工的身心健康，并确保员工的工作和生活的平衡，关注员工的工作满意度和职业发展。建立良好的员工沟通渠道，倾听员工的意见和建议，使员工参与到景区的发展和管理中来。这样可以吸引和留住优秀的员工，同时也有助于提高员工的工作积极性和忠诚度。

（二）加强人才引进和培养

为了更好地传承和弘扬红色文化，红色旅游景区需要拥有一支具备专业知识和经验的团队,包括历史学家、文化传承专家、旅游管理人员等,他们能够为红色旅游景区的运营和文化传承提供专业支持。可以加强相关专业人才引进,出台相关政策加大引进急需人才力度,重点引进旅游管理、旅游营销、市场开发、旅游教育等方面高层次、高素质、复合型人才。红色旅游景区可以开发红色文化知识和历史背景的培训课程,为员工提供不断学习和成长的机会,包括参加专业培训、学习红色文化知识、参与学术交流等,激励员工在红色文化领域的专业发展。景区可以培养一批红色文化专业人才,使他们成为红色旅游景区的核心力量。还应加大对红色旅游导游员、讲解员的培训,按照"五好"(政治思想好、知识储备好、讲解服务好、示范带头好、社会影响好)标准培训导游、讲解员等相关从业人员,优化星级创评管理。充分利用互动式讲解方式,拉近与培训学员的距离,注重严肃性与趣味性有机结合,在互动式的讲解中传达甘肃红色文化的内涵与精髓,真正打造一流服务队伍,全面提升红色旅游服务标准化水平。同时,应加大志愿者队伍培训建设,组织老干部、老教师、老专家进甘肃红色旅游景区开展义务讲解活动,鼓励大学生义务到甘肃红色旅游景区开展旅游志愿服务,在全省建立一支稳定的红色旅游专业化志愿者队伍。

(三)重视红色文化传承

红色旅游景区的工作人员是传承红色文化的重要力量,对于弘扬红色精神、推动红色旅游发展具有重要意义。第一,要加强对红色旅游景区工作人员的培训和教育,提高他们的文化素养和业务能力,使他们更好地理解和传承红色文化。第二,鼓励红色旅游景区人员深入挖掘当地红色资源,整理和展示革命历史文物、历史照片等珍贵资料,让游客更加深入地了解红色文化和历史。第三,创新红色旅游景区工作人员的服务方式,例如开展主题讲解、组织互动体验活动等,增强游客的参与感和体验感,让他们更加深刻地感受到红色文化的魅力。第四,加强红色旅游景区工作人员之间的合作与交流,分享经验和资源,共同提高服务水平和文化素养,推动红色旅游的持续发展。第五,注重红色旅游景区工作人员的思想教育和政治培训,提高他们的政治觉悟和思想道德水平,确保他们能够正确地传达红色文化和红色精神,为推动红色旅游的发展和弘扬红色精神贡献力量。

(四)鼓励社区居民参与

在发展红色旅游的过程中,社区参与是一个重要的方面。通过鼓励社区居民参与红色旅游景区的运营和管理,可以实现多方共赢。首先,社区居民成为红色旅游发展的直接受益者,能够获得经济收益和其他形式的利益。这有助于改善当地居民的生活水平,增强他们的归属感和自豪感。其次,社区参与可以增强红色旅游景区与当地社区之间的互动和合作。通过合作,红色旅游景区和社区可以共同开发旅游资源,提升景区的吸引力和竞争力。再次,社区居民也可以为游客提供更加地道和真实的旅游体验,提升游客的满意度和忠诚度。最后,社区参与还有助于增强红色旅游景区的社会影响力。当地居民的积极参与和支持可以让更多人了解红色旅游的意义和价值,促进红色文化的传承和弘扬。

【课后习题】

1. 红色旅游景区的运营原则有哪些?
2. 请选择甘肃省的红色旅游景区,设计其商业模式。
3. 红色旅游景区的人力资源管理应该如何做,你有没有好的建议?

第三章
特色主题景区建设指引

【学习目标】

通过本章的学习,了解"红色+主题公园""红色+绿色""红色+科技"三种主要红色特色主题景区的典型案例,并分别从宏观和微观两个方面分析其对甘肃同类景区建设的指引作用。

第一节 "红色+主题公园"特色景区

一、"红色+主题公园"特色主题景区建设经典案例

(一)赣州方特东方欲晓——2022年度中国最佳主题公园[①]

赣州方特东方欲晓主题公园是以红色文化体验为主题的大型高科技主题公园,其名"东方欲晓"源自毛泽东同志充满激情的诗作《清平乐·会昌》,"东方欲晓,莫道君行早。踏遍青山人未老,风景这边独好。"公园不仅深挖红色文化的丰富内涵,还利用前沿科技打造了多种互动体验项目,生动再现了中华民族百年奋斗的辉煌历程,回顾了广为传颂的红色经典故事,并以创新的教育娱乐方式,传递了自强不息的民族精神。游客在这里不仅能深刻感受到中华文化的独特魅力,还能在增强文化自信的同时享受乐趣。

---

① http://www.ce.cn/xwzx/gnsz/gdxw/202304/04/t20230404_38481219.shtml.

在2022年11月19日举行的《2022中国主题公园竞争力评价报告》发布会暨"2022中国主题公园发展高峰论坛"上，赣州方特东方欲晓主题公园荣获2022中国主题公园竞争力评价"中国最佳主题公园"称号。

公园包括六大历史主题区域和众多大型红色文化主题项目。

1. 大型室内沉浸式体验项目《突围》

《突围》是一项室内大型沉浸式体验项目，它高度还原了八路军在敌营腹地开展的一场激烈战斗。项目通过逼真的战斗场面和深度互动的参与式体验，使游客仿佛置身于战争的烽火之中，不仅能感受到战火硝烟的刺激氛围，还能深刻理解抗战士兵们英勇无畏、舍生取义的崇高精神。

2. 室内有轨漂流项目《致远致远》

该项目以清朝末期的洋务运动和甲午海战为历史背景，精心打造了一项室内轨道式漂流体验项目《致远致远》，游客将登上仿真船只，亲历"致远"号从英国造船厂的建成到其悲壮沉没于甲午海战的历史旅程。

3. 模拟场景项目《铁道游击》

该项目需要游客佩戴3D眼镜。入座后，座位前方配备有列车方向盘和机枪，游客可以亲身体验驾驶和射击的乐趣。列车出发以后，会随着剧中主人公的视角去体验"占领火车站""炸毁桥梁""夺取物资"等任务。整个旅程沉浸感十足，充满趣味，游客仿佛置身战火纷飞的真实战场，亲身体验穿越枪林弹雨的激烈战斗。

4. 大型舞台剧项目《岁月如歌》

该项目精选了《小路》《歌唱祖国》《学习雷锋好榜样》和《在希望的田野上》等独具年代特色、伴随一代人成长的代表性歌曲，以此作为串联不同年代的纽带。它巧妙地将这些歌曲与重大历史事件相融合，并嵌入到贴近普通百姓的故事线中。通过运用现代高科技手段，创造了一种沉浸式的互动体验，使游客能够深入感受到红色文化的魅力，仿佛亲历其境，体验到前所未有的感动。

5. 国风大片旅拍

为了全方位展示中国近现代社会的历史风貌和人文景观，赣州方特建造了一系列代表不同历史时期的主题区域。其中包括"王朝印记""都会记忆""峥嵘岁月""激情岁月""天高云淡"和"欢乐港湾"，这些区域巧妙地融合了历史与现代元素，让游客在游览中能够感受到历史的厚重和时代的变迁。园区内还特别设有上海街、香港街等特色街区，通过逼真的街道场景重现，让人仿佛穿梭于不同的历史时空。此外，游客还可选择租借汉服或民国时期的服装，拍摄具有时代特色的个性化复古照片，留下难忘的旅行回忆。

6. 深情演绎《巾帼》

《巾帼》精心选取了杨开慧、刘胡兰、江姐等具有代表性的女性英雄形象，通过她们在硝烟弥漫的战场上展现出的坚韧不屈和英勇无畏的精神，生动诠释了"巾帼不让须眉"的豪迈气概。该剧通过她们感人至深的生平事迹，借助高科技光影搭配及舞台表演，展现了特殊年代巾帼英雄的家国情怀。

除了主要项目外，园区还设有以战争年代为背景的"峥嵘岁月"主题区。在这里，游客可以乘坐刺激的螺旋式过山车"火线追击"，感受急速俯冲的刺激体验；专为儿童设计的"新兵营地"小红军训练营和创意十足的"蹦蹦云"巨型蹦床组合，为孩子们提供了专属的娱乐空间；而汇集了"赣南十八味"美食的"人民大食堂"，以及众多江西特色小吃如"宁都肉丸"的"赣南小镇"，让游客品尝地道美味；此外，"延安街供销社"提供的红军服饰换装服务，更是为游客们带来了个性化的体验选择。

（二）广昌红色主题公园[①]

广昌红色主题公园位于鹰瑞高速进入广昌县城北挂线公路交叉地带，规划占地面积 1000 亩，由"广昌路上"城市群雕和"红色广昌"主题公园两大部分构成。

"广昌路上"红色雕塑主要是围绕毛泽东、朱德、彭德怀等老一辈革命家在广昌的革命实践和红军战士鏖战广昌这一主题，以毛泽东《减字木兰花·广昌路上》诗词彰显的内容为背景，以展示"中国白莲之乡"广昌风貌、弘扬红色革命精神、宣传广昌为目的的标志性雕塑。

"红色广昌"主题公园由第五次反"围剿"纪念广场、第五次反"围剿"纪念碑、第五次反"围剿"展览馆、革命领袖雕塑园、革命烈士英名墙、毛泽东咏江西诗词碑刻园和园林绿化区组成。在主题公园内选择一处地形起伏多样的地区设立军事文化体验区，主要介绍中国人民解放军成长、壮大的发展历程，重点展示各时期我军武器装备模型及其功能和特点，同时设立射击、野战、军事素质拓展训练营等参与体验性项目。

---

① http://www.jxgc.gov.cn/art/2019/3/8/art_5309_1486185.html.

（三）深圳 18 个红色主题公园[①]

2011 年，在庆祝首个"中国旅游日"之际，深圳市相关部门为弘扬红色文化，评选出 18 个具有红色历史意义的公园作为红色主题公园。这些公园内的红色地标不仅铭记着一段段动人的红色故事，而且见证了那些难忘的历史时刻。通过回顾那些波澜壮阔的红色历史篇章，能够更深刻地理解过去，从而更好地迈向未来。深圳市的这 18 个红色主题公园包括：莲花山公园、南山党建公园、前海石公园、中山公园、盐田双拥公园、深圳革命烈士陵园、白花洞革命烈士公园、回归亭纪念公园、东江纵队北撤纪念公园、大鹏革命烈士公园、阳台山森林公园、仙湖植物园、洪田火山郊野公园、龙华公园、红花岭公园、坪山光祖公园、土洋公园、葵涌公园。

二、案例对甘肃"红色＋主题公园"特色景区建设指引

（一）宏观建设指引

1. 明确红色主题公园建设原则

深度挖掘主题公园红色基因。2013 年 2 月，在原兰州军区视察时，习近平总书记首次提出"红色基因"，强调要把"红色基因"一代代传下去；2014 年 4 月，在参观新疆军区某红军师师史馆时，他叮嘱部队领导，要把"红色基因"融入官兵血脉，让"红色基因"代代相传；2014 年 10 月，在福建上杭古田出席全军政治工作会议期间，同 11 位部队基层干部和英模代表重温"红军饭"时，他叮嘱青年一代，要传承好"红色基因"；2014 年 12 月，在参观南京军区军史馆时，他叮嘱军区领导，要把"红色基因"传承好，始终保持老红军本色。2016 年新年伊始，在第 13 集团军视察时，总书记又特意叮嘱要发掘好、运用好部队中的红色资源，丰富"红色基因代代传"工程内涵，加强党史军史和光荣传统教育，确保官兵永远听党话、跟党走。2016 年春节之前，在井冈山，他再次强调广大党员干部要接受红色基因教育。

无论项目的性质如何，或是采取何种开发模式，上述红色主题公园的成功都依赖于当地红色文化基因的核心支撑。如赣州方特东方欲晓主题公园中所展示的革命战士

---

① https://www.sohu.com/a/478864146_121010226.

不怕牺牲的大无畏精神,"红色广昌"主题公园内的毛泽东咏江西诗词碑刻等红色文化元素,都为红色主题公园保护、传承红色基因提供了坚实的基础。

文化基因可分为显性基因物质文化和隐性基因非物质文化。以甘肃会宁为例,遗址文化包括会宁会师旧址及其主要建筑,如红军会师楼及古城墙、红军会师联欢会会址(文庙大成殿)、三军会师纪念塔、会宁红军会师革命文物陈列馆、红军长征将帅碑林、会师楼等。此外,还有红军长征胜利景园及县城的"会师园",两者遥相呼应,形成了一个有机整体,是瞻仰凭吊、游览观光的胜地。精神文化是指与特定文化相关的价值观念、信仰、思维方式、道德规范、艺术形式等非物质性的文化元素。这些元素通常不是通过物质形式直接表现出来,而是通过人们的行为、语言、艺术作品等方式体现出来。会宁红色精神文化包括会师精神、长征精神、双拥传统三类,三大主力红军在会宁胜利会师铸就了"坚定信念、艰苦奋斗、团结一致、敢于胜利"的会师精神,成为长征精神的提炼和升华。红军中众多英雄人物和感人肺腑的故事,在会宁汇聚形成了一股强大而纯正的红色血脉,它们生动诠释了会师精神,成为激励后人在新时代长征路上不断前进的力量源泉。此外,还有红军胜利会师会宁之前,党中央向各方面军传达命令的电文以及将士们在长征路上撰写的诗歌等。这些文化基因构成了会宁县打造红色主题公园、继承和弘扬红色文化的根本基础。如图3-1所示会宁红色文化基因谱系图。

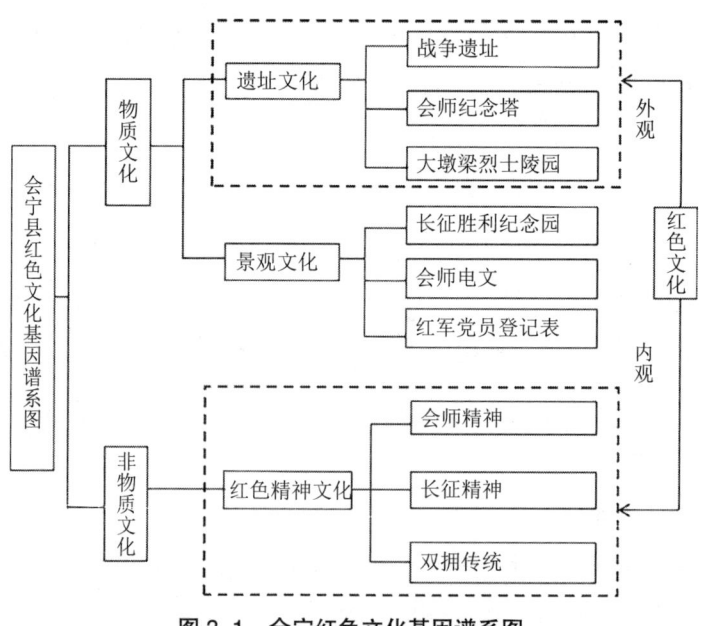

图3-1 会宁红色文化基因谱系图

2. 逐级发挥红色主题公园的四大功能

红色旅游的发展必须突出地方特色，并最大化利用其区位优势。结合具体案例分析，红色主题公园在发展过程中，逐步实现了其核心功能、主要功能、附属功能及兼顾功能。如图3-2所示红色主题公园四大功能圈层。

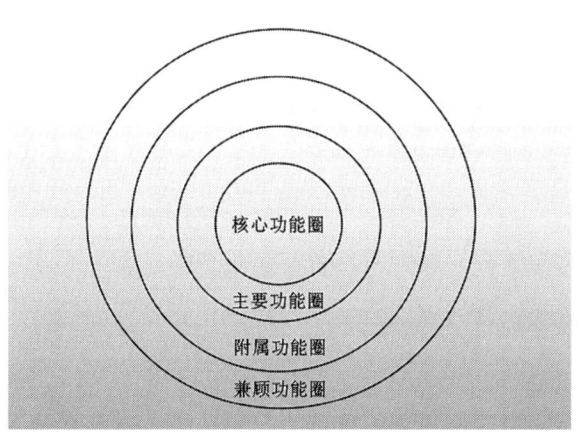

图3-2　红色主题公园四大功能圈层

首先，要维护核心功能圈的纪念功能。红色文化旨在讲好革命故事，传承红色基因，以此来彰显红色文化的历史底蕴和深刻内涵，促进红色主题公园项目的开发。在开发过程中，必须确立一个清晰的主线：基于中国革命的历史和精神，突出红色文化的核心功能，即其所固有的纪念意义。

因此，为了更有效地整合和利用红色文化资源，需要特别关注那些承载着革命先辈不畏艰难、矢志奋斗、英勇无畏的革命精神和优良传统的革命文物和遗址。通过妥善保护这些历史见证，更加深刻地展现红色文化的历史价值和深远意义。

其次，发挥主要功能圈层的教育功能。作为具有中国特色社会主义的先进文化，红色文化的育人功能是红色文化教育性的价值彰显，也是红色文化发展和传承的要义所在。红色文化中的育人功能表现为教化、引导和激励等，应当充分利用这一宝贵的文化资源，在以红色文化引领经济建设的同时，活化红色文化资源，确保红色精神和传统的持续传承。

红色文化资源凝聚着中华民族自强不息的精神和历久弥新的精神财富，是发展社会主义先进文化的深厚基础。红色旅游的发展离不开红色文化。以会宁为例，作为国家级教育名县，会宁是弘扬红色文化、传承红色基因的重要阵地。会宁县长征胜利景园利用桃花山山形地貌和自然风景，采用模拟与微缩相结合的手法，生动地再现了红军二万五千里征程的千难万险、雄奇壮观。与会师旧址共同打造了"游在会师旧址、玩在胜利景园"的会宁红色旅游品牌。此外，还可以通过红色研学活动，如讲述红色故事、唱红歌、诗歌朗诵等，完成多样化的传承红色基因的活动。游客对红色文化基因有了更加深刻的理解，用实际行动传承了红色文化基因，传承了不怕任何艰难险阻、紧密团结、患难与共、艰苦奋斗的长征精神。作为新时代的长征人，游客不仅要理解长征精神，更要用长征精神激励自己，将长征精神传承下去。

再次，发挥附属功能圈层的社区生活和旅游功能。红色主题公园需要积极发挥引领作用，以红色文化为核心，加强对红色旅游资源的开发、利用和保护工作，探索创新的红色旅游发展模式。通过将红色文化与社区生活紧密融合，红色主题公园可以将那些适合融入日常生活的文化元素整合到与民众生活紧密相关的设施和环境中，从而为公众提供受欢迎的休闲娱乐体验。此外，红色主题公园还可以将红色文化与旅游产品相结合，创造并推出吸引游客的红色文化旅游项目，进一步拓宽其功能，既丰富了社区生活，也促进了旅游业的发展。

最后，发挥兼顾功能圈层的娱乐功能和经济功能。红色主题公园不仅彰显了红色文化的纪念和教育意义，还丰富了居民的休闲生活和旅游体验。例如，赣州方特东方欲晓主题公园利用逼真的模拟战斗场面和互动式游乐设施，让游客在沉浸式体验中感受到战争时期先烈们的大无畏精神；而"红色广昌"主题公园则通过设置军事文化体验区，提供射击、野战游戏和军事技能训练等项目，既传达了红色文化的精神内涵，又提供了寓教于乐的活动，同时带动了经济增长。这些案例表明，红色主题公园在为公众提供休闲和学习机会的同时，也推动了地方经济的发展。

3. 运用红色主题公园的多元化宏观规划与设计策略

从上述案例中可提炼出，红色主题公园在规划、设计时由单点、多点到旅游线路的开发模式，如表3-1所示。单点模式主要指红色主题公园以一个地点为建设点，例如烈士陵园、爱国主义教育基地及党建文化基地等；多点模式主要是将一个区域内的多个主题公园融入红色文化，形成多点式的建设模式，如融入社区生活的多个红色文化主题公园、军事体验项目、娱乐项目等；线路模式主要指将多个红色文化主题公园形成一条旅游线路，例如深圳的18个红色主题公园。

表 3-1 "红色＋主题公园"规划设计方式

规划设计	类型
单点	红色＋主题公园＋烈士陵园 红色＋主题公园＋爱国主义教育基地 红色＋主题公园＋党建文化基地 红色＋主题公园＋生态旅游景区
多点	红色＋主题公园＋社区生活 红色＋主题公园＋军事体验 红色＋主题公园＋游乐项目
线路	红色＋主题公园＋旅游线路

4. 围绕红色基因打造红色主题公园宏观环境

首先，红色主题公园的设计应以红色文化为核心。主题公园的魅力在于其主题的独特性，因此，设计时需要深入挖掘当地的红色文化资源。例如，赣州方特东方欲晓主题公园得名于毛泽东同志的《清平乐·会昌》，并通过大型室内体验项目如《突围》展现了丰富的红色历史和文化。"广昌路上"城市群雕主要是依托毛泽东同志所作《减字木兰花·广昌路上》一词构建具有强大视觉冲击力与深厚红色文化内涵的广昌县标志性文化雕塑。对于甘肃会宁县而言，可以挖掘革命旧址和纪念性建筑的文化价值，如会师纪念塔、地球上的红飘带雕塑、红军长征胜利纪念馆等，以此为基础打造主题公园。这样的宏观环境设计不仅能够为游客提供深刻的红色文化体验，还能在无形中起到纪念和教育的作用。

其次，通过红色基因的传承，强化对历史情景的真实再现。利用历史现场中独特的人物形象、经典歌曲、逼真场景等元素，精心模拟出真实的历史氛围。让游客深刻体验历史的真实感，从而增进他们对红色文化的理解与感受。这种历史体验有助于游客对红色主题公园的物质和精神双重基因产生深刻的共鸣。以赣州方特东方欲晓主题公园的《巾帼》为例，它通过杨开慧、刘胡兰、江姐等一批标志性的女英雄人物，生动展现了她们在艰苦斗争中展现的英勇与坚韧。大型舞台剧《岁月如歌》则通过广为流传的歌曲如《小路》《歌唱祖国》《学习雷锋好榜样》和《在希望的田野上》等，营造出一种沉浸式的互动体验，让观众在优美的旋律中回味那些激情燃烧的岁月。

最后，以红色基因为核心打造主题公园内的故事线索。以赣州方特东方欲晓主题公园的室内有轨漂流项目《致远致远》为例，该项目生动再现了"致远"号从英国造船厂诞生、历经甲午海战最终沉没的历史过程。这一故事线，不仅为游客呈现了一个主题鲜明、情节完整的叙事体验，还极大地增强了互动的沉浸感。

5. 重视红色主题公园与整体线路的跨区联动

在经典案例分析中，主题公园的规划设计呈现出既独立又互联的特点。整体而言，红色主题公园的发展应更加重视每个公园在整个红色文化线路中的特定角色和重要性。以长征国家文化公园为例，在《长征国家文化公园（甘肃段）建设保护规划》中，主题展示区选取了甘肃省意义突出、影响重大的文物文化资源，形成核心展示园、集中展示带、特色展示点互为支撑、互相串联的展示体系。其中，核心展示园由会宁红军会师旧址、南梁革命根据地旧址、俄界会议—腊子口战役旧址、哈达铺会议旧址、榜罗镇会议旧址5个国家级和两当红色革命旧址、四坡村战斗旧址、山城堡战役旧址、岷州—洮州会议旧址4个省级展示园组成。集中展示带由3条基础良好、交通便利、价值较高的区段组成。特色展示点以遗址遗迹旧址、纪念碑和纪念馆为主，由茨日那毛泽东旧居、八路军兰州办事处旧址等16处组成。传统利用区则选择管控保护区、主题展示区、文旅融合区之外人口密度高、红色文化代表性强、区位带动性强的15个县，分长征沿线红军村和长征主题红色小镇（红军街）两类建设。规划建设41个红军村，7个红色小镇（红军街）。打造一定区域内的红色旅游项目时，应细致规划每个公园的主题，确保它们与红色文化线路相融合，并明确各自的特色。这样做既避免了内容的重复，又彰显了地域独特性，为游客提供了独具特色的体验，同时增强了红色旅游目的地的整体吸引力和影响力。

（二）微观建设指引

1. 开发多样化红色主题公园的类型

经过对现有红色主题公园案例的深入分析，发现主要包括与烈士陵园相结合、与党建教育相结合、与群众社区生活相结合、与旅游相结合、与娱乐休闲项目相结合等项目类型。

与烈士陵园相结合是传统的红色主题公园的形式，这一类型主要以纪念烈士为核心功能，尽量保持原纪念馆的历史风貌，以静态展示为主要表现手段，发挥红色主题公园的核心功能。

与党建教育相结合主要指红色主题公园拓展为基层党建阵地或爱国主义教育基地，

集党性培育、陶冶情操、休闲健身于一体。以石家庄市新华区水上公园为例，公园在设计上以"党建文化"为引领，涵盖了党的大政方针、党史知识、廉政文化、先进模范事迹等内容，在保留其现有景观效果的基础上，新建宣誓广场、"光辉历程·引航指路"文化长廊、河北民居廉政园等主要景观，形成了党建主题公园的脉络。

与群众社区生活相结合的典型代表是威海市文登区连珠园。连珠园以张连珠、理琪等为文登、胶东乃至中国革命事业做出突出贡献的前辈命名，在城区布局了一批红色主题公园，园内地标树均移栽于革命前辈家乡，树前的树铭则记载着他们的生平事迹，激励后人发扬革命精神，让红色基因代代相传。除了突出红色元素外，主题公园内还建有城市书房、休闲健身、儿童娱乐等便民设施，多方面满足市民日常休闲娱乐需求，成为城市里的一道红色风景线。

与旅游相结合主要指将红色文化与景区相结合，打造集"红色+旅游"于一体的主题公园。典型代表有四川省万源市城（东）北万源红军公园等。

与娱乐休闲项目相结合主要指将红色文化与主题公园的游乐体验项目相结合，打造以沉浸式互动体验为主旨的红色文化体验主题公园，让游客全方位体验和感受红色文化，通过寓教于乐的方式将红色文化的教育意义和娱乐体验恰到好处地融合在一起。"红色+主题公园"类型及典型案例见表3-2。

表3-2 "红色+主题公园"类型及典型案例

类型	典型案例
红色+主题公园+烈士陵园	晋冀鲁豫烈士陵园
红色+主题公园+党建（爱国主义教育基地）	石家庄市新华区水上公园 云南省楚雄市近现代爱国主义教育基地
红色+主题公园+社区生活	连珠园
红色+主题公园+旅游线路	深圳18个红色主题公园
红色+主题公园+生态旅游景区	万源红军公园
红色+主题公园+军事体验	广昌红色主题公园
红色+主题公园+娱乐休闲项目	赣州方特东方欲晓主题公园

2. 不断创新红色主题公园展示方式

从上述案例中不难发现，红色主题公园的红色文化展示方式主要为静态展示、动态演艺和互动体验三种方式（详见表3-3）。静态展示主要以纪念馆和遗址等形式向游客展示红色文化的遗址、实物等物质文化基因和非物质文化基因相关内容。动态演艺指在红色文化基因的基础上创作演艺节目，以舞台剧的形式展现英雄人物的故事，如晋冀鲁豫烈士陵园创建了"初心剧社"，将烈士事迹通过多主角、时空并行交汇的第三人称叙事方式编排整理，创作了快板《晋冀鲁豫英烈赞》、情景剧《铮铮男儿金方昌》等多个节目，推出了60分钟沉浸式情景党课《理想与牺牲》。互动体验模式主要借助于主题公园的设施设备迎合游人的体验需求，设计沉浸式体验项目、军事文化体验区如射击、野战、军事素质拓展训练营等，或者与群众的社区生活联系在一起，提供除了红色元素以外的城市书房、休闲健身、儿童娱乐等便民设施的体验生活。

表3-3 红色+主题公园展示方式

展示方式	类型
静态展示	红色+主题公园+烈士陵园 红色+主题公园+爱国主义教育基地 红色+主题公园+党建文化 红色+主题公园+生态旅游景区
动态演艺	红色+主题公园+沉浸式演出
互动体验	红色+主题公园+社区生活 红色+主题公园+旅游线路 红色+主题公园+军事体验 红色+主题公园+游乐项目

3. 关注游客体验需求，多层次开发主题公园的互动体验模式

在上述案例中，红色景点的设计都包含了参与性的红色旅游元素。这样的设计不仅能够有效利用红色资源来讲好红色故事，而且通过游客的亲身体验，可以显著提升他们对当地红色文化的理解和认知。参与者在活动中不仅深刻感受到革命斗争的艰辛，还能增强对红色文化价值的认同和尊重。

针对甘肃同类型的红色主题公园，有必要在红色旅游的基础上，进一步开发多层次、丰富多彩的红色体验活动，以更生动地再现那段艰苦岁月。

首先从文化基因的视角切入，通过分类、挖掘和系统梳理文化基因，依据物质和非物质两个维度，构建了一个文化基因谱系图，以直观地展示文化基因的构成和相互关系。可以将文化基因划分为静态展示文化基因、动态展示文化基因和活化体验文化基因。其次对甘肃红色文化基因体验创新设计基础进行探究，从游客视角出发，探究不同程度参与行为对游客体验层级的影响，让游客逐步从感官、认知、情感、回归逐步上升到沉浸式体验的行为路径。最后在此结论的基础上对甘肃红色文化基因进行体验式开发设计，分别用于文化体验活动、产品以及互联网文化体验领域（见图3-3）。因此，可在现有红色文化旅游活化浅、中度参与方式的基础上构建情境化三级参与式红色文化旅游活化产品体系来逐步提升红色文化旅游体验层级。具体从以下三个方面入手：

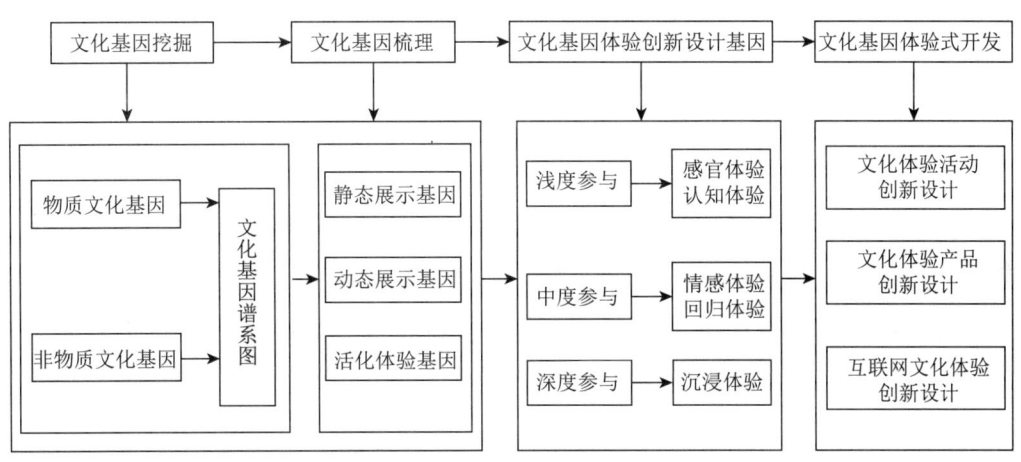

图3-3 红色文化基因体验式开发路径图

首先，在现有的浅度和中度参与基础上，根据三级参与深度进行创新性的参与方式设计。以会宁会师楼为例，浅度和中度参与活动主要是游览过程中通过视觉、听觉和触觉，为游客提供基本的感官体验。通过语音导览和导游讲解等方式，游客可以获取会宁会师楼的历史知识，从而获得认知体验，而演艺节目等则能带来情感上的共鸣。然而，这些浅度、中度的体验并不足以激发游客更高层次的旅游感受，因此需要在现有基础上进一步开发中度至深度的参与方式，例如利用数字化手段让游客参观红军长征的过程，引发深刻的身心互动；或是借助虚拟现实技术，让游客亲身体验长征的历程，亲手制作纪念品，甚至参与到红军舞蹈的表演中，以此强化与长征精神的联结，激发游客的沉浸感和自我实现，达到极致的沉浸式体验。

其次，利用情景化模式讲好甘肃红色故事，促进深度参与式红色文化旅游产品设计。红色故事中包含了丰富的红色文化的历史、哲理、精神等文化基因，红色文化旅游活化设计者应深度挖掘红色文化旅游产品的内涵，创作有情节的故事，把握故事中的共同精神，找到情感的共鸣点，构建红色文化产品故事线，以故事的开端、经过、发展、高潮、结尾为线索，吸引游客逐级参与非遗文化旅游活化体验产品，进而达到体验的最高层级。以红军会师为例，设计者深度挖掘红军会师的历史价值和精神价值，让旅游者亲身参与到长征活动中，以故事为线索，使游客在故事中扮演红军的不同角色，体验红军不怕远征难的豪放气概，借助地方故事的情境，沉浸在故事体验中。

最后，充分利用现代信息技术在浅、中度参与方式的基础上促进深度参与方式从而提升旅游者体验层级。现代信息技术的使用可以渲染出现代化的科技氛围，实现红色文化的活化与传播。特别是高科技（比如 VR、AR 技术等）的使用可以在很大程度上形成沉浸式的旅游体验。例如，长征国家文化公园贵州重点建设区的重点项目红飘带，通过领先的科技展演成果和艺术表现形式，结合行进式展演、剧场式观演、沉浸式体验等多种形态，展现长征的完整叙事。集合 AI 虚拟交互、全维度机械运动、虚拟现实、全息影像、三维声场等最新科技手段，数字化全景再现长征之路，打造以长征为主题的全域行浸式数字体验馆。全域行浸数字演艺《红飘带·伟大征程》由序章《无名英雄》、第一篇章《血火洗礼》、第二篇章《伟大转折》、第三篇章《砥砺征途》、第四篇章《胜利丰碑》组成，它以"艺术+科技"为媒介，生动还原伟大征程的全景视角，通过行进式、沉浸式、全景式体验，引发观众内心共鸣，升华信仰之心。

4. 注重智慧景区建设与管理，拓展服务领域

首先，不断创新智慧景区建设，提升互动性和体验性。当前，各地红色旅游多以景区的革命专题博物馆、纪念馆、文化馆的参观游览为主要项目，因此需要针对红色博物馆、纪念馆的静态展陈，利用互联网科技将其转化为动态、立体性的旅游产品。例如通过搭建智慧旅游系统，将电子商务系统、智能门禁系统、LED 信息发布屏幕、多媒体触摸屏等系统进行连接，可以进一步丰富游客的参观体验。其次，重视游客在互联网分享的旅行体验，将 VR 技术应用到客户端，用户戴上 VR 头套就可以通过 3D 形式 360 度身临其境地获得其他旅客的旅行记录和观看评价，同时也方便更多人足不出户就能体验惬意游玩的快乐。再次，以游客游览的整个过程为主线，通过虚拟旅游等方式搜索景点、交通方式，到达目的地后还能租车、入住酒店、推荐当地美食、提醒天气等一系列服务，为游客提供最快捷、便利的旅游新模式。最后，红色主题公园的电影小镇的建设可以在建筑设施、宣传广告以及游乐设备上突出地呈现与红色文化以及现代电影成果相关的元素，比如将著名电影如《长征》《金沙江畔》《大渡河》其中的元素融入主题游乐园，通过声音和动画的呈现使其再现电影场面，游客可以体验到与真实的电影场景相同的感受。

第二节 "红色+绿色"特色景区

一、"红色+绿色"特色主题景区建设经典案例

（一）河北雄安新区白洋淀

在习近平新时代中国特色社会主义思想的指引下，白洋淀景区按照"突出红色文化主题、挖掘抗战文化内涵、提升产业文化品位"的理念，紧紧依托白洋淀独有的红色资源优势，以加强爱国主义教育基地建设为根本，加快红色旅游产业布局和发展。案例主要内容包括：白洋淀景区将红色旅游资源与四季迷人的自然景色巧妙融合，相得益彰。这种融合不仅使安新县的白洋淀成为旅游品牌中的亮点，还增强了其独特的品牌形象。通过有效整合自然景观和丰富的历史文化资源，为白洋淀打造了一个"红绿交织"的旅游体验综合体，实现了资源互补和优势共享，让游客在享受大自然美景的同时，也能领略到深厚的红色历史文化氛围，体验寓教于乐的旅行真谛。

1. 红色引领，旅游资源丰富独特

白洋淀的战斗遗址、革命文物等红色资源十分丰富，包括辛璞田烈士祠、河北游击军组建地和活动遗迹、雁翎队纪念馆、安州烈士塔、大田庄庙（清风店战役指挥部）、打包运船遗址、圈头烈士祠等，这些革命历史遗址和文物生动地记录了当地军民英勇抗敌的历史，承载着深厚的爱国主义教育使命。为了传承和弘扬这一精神，景区深入挖掘并传播雁翎队精神，打造了"痛击日寇包运船"表演项目，结合纪念活动，如邀请革命前辈吕正操、杨成武、黄敬、程子华等人的后代以及红色文学作家参与的冀中平原抗战文化和红色文化研讨会，强化爱国与信仰教育。白洋淀景区以红色历史作为引领，依托生态旅游，活化革命文化，确保红色精神代代相传，从而吸引更多人了解和体验这段光辉的历史。

2. 绿色映衬，红绿融合深度推进

白洋淀，被誉为"北国江南"和"鱼米之乡"，自古以来便享有盛誉。作为革命老

区,白洋淀在抗战时期见证了朱德总司令、聂荣臻元帅、杨成武将军、吕正操将军等老一辈无产阶级革命家的英勇斗争和生活点滴。这些丰富的历史元素为白洋淀红色旅游的发展提供了独特的资源。白洋淀景区将红色旅游与四季变换的自然风光完美融合,相得益彰,使得白洋淀景区的旅游品牌和形象更加鲜明。这种"红与绿"的结合,实现了优势互补。在推动红色旅游的同时,当地全力推动了国家AAAAA级旅游精品景区和美丽乡村的建设,特别打造了"梦里水乡"大淀观光游线路。通过大力发展乡村旅游业,构建了美丽乡村建设、水区经济发展、旅游上档升级"三位一体"的发展新模式,使白洋淀成为游客理想的旅游目的地,让更多人在欣赏白洋淀绝美风光的同时,接受了深刻的传统爱国主义教育。

3. 底蕴厚重,文艺作品历久弥新

在抗日战争期间,白洋淀产生了一系列以抗战为背景的优秀文学作品。其中,徐光耀的《小兵张嘎》、孔厥与袁静合著的《新儿女英雄传》、穆青的《雁翎队》以及《白洋淀纪事》等作品,不仅丰富了中国现代文学的宝库,也深刻反映了那个时代的历史风云。尤其值得一提的是孙犁的《荷花淀》,它不仅是一部经典之作,更标志着"荷花淀派"这一重要文学流派的诞生。这些以抗战为主题的文学作品,不仅记录了白洋淀在那个特殊时期的辉煌,而且成为我国现代文学史上一道亮丽而独特的风景线。它们中的一些作品被选入中学教材,有的被翻译成多种语言传播到世界各地,还有的被改编成电影,经久不衰地在银幕上展现其魅力。

依托丰富的文学遗产和深厚的文化传统,当地致力于支持和指导文学创作的发展,培养了一批作家。其中,出版的作品包括《银淀烽火》《流光碎影》以及《我的白洋淀》等。此外,景区还精心策划并创作了《白洋淀组歌》和《雄安晨曦》,这些作品不仅反映了白洋淀人民对红色文化的传承,而且记录了白洋淀的红色历史印记,弘扬了其历史文化。在推广革命传统教育和培育民族精神方面,收获了积极的社会效益。

(二)贵州省赤水市

1. 红色旅游主打文化品牌

赤水市致力于发挥其丰富的红色历史文化资源优势,提出了"整合红资源,打造红基地"的发展战略。该市利用红军历史上著名的"四渡赤水"战役遗址,通过政府引导、市场运作和社会参与的模式,精心打造了具有独特魅力的红色教育和文化基地。

先后建成赤水市博物馆、江西会馆等多个陈列馆和纪念馆，策划并展出了 2000 余件珍贵红色文物和 100 余件与红军长征相关的纪念实物。

此外，当地还深入挖掘"四渡赤水"红色文化品牌，确定了"丹青赤水·康养福地"的旅游宣传主题口号，打造了《赤水印迹》、四洞夜游等文化旅游品牌；举办"四渡赤水"冬泳赛、"四渡赤水"赤水河谷户外三项挑战赛等系列赛事活动，进一步提升了品牌影响力。深入开展"重走长征路·聚力奔小康""弘扬长征精神·传播红色文化""万人唱红歌""重走长征路·畅游赤水河"系列活动，利用"我们的节日"主题活动，开展红色文化宣传教育，培育红色赤水情结，展现红色赤水风采。

2. 绿色生态助力旅游转型

赤水市以"生态产业化、产业生态化"为引领，着力打造立体生态农业、绿色低碳工业和生态旅游业，一跃成为贵州森林覆盖率最高、绿色发展最好的地区之一。积极建设绿色城镇，广泛开展绿色机关、绿色乡镇、绿色企业、绿色学校等创建活动，4 个社区、31 所学校被命名为贵州省级绿色社区和绿色学校。以打造"现代生态宜居城市"和"国际康养旅游目的地"为目标，坚守生态和发展红线，坚持在旅游扶贫、厕所革命、规划审查、融资方式、交旅融合、环境保护、文明旅游、品牌营销等方面进行创新，构建全域旅游新格局，营造良好旅游氛围，真正实现"快旅漫游"的同时，让游客乘兴而来，满意而归。

3."红绿"融合释放富民效应

坚持推动"红色+旅游"行动。赤水坚持"红色为先、全面推进"的思路，大力实施"旅游+"行动，串联红色旅游区（点）50 余个，打造红色旅游精品线 3 条，推动遵义与黎平、通道、仁怀、赤水、泸州、重庆、广安等红色区域组合连接，形成以"重走长征路，再渡赤水河"为主题的红色旅游热线。

坚持丰富"红色+体验"业态。将红色旅游与体验旅游深度融合，建成全省首家智慧旅游房车服务中心、低空飞行、模拟飞行、水上漂流、4D 影院等新兴业态，初步形成水陆空全方位旅游体验格局。投入 60 亿元在长江半岛、庙沱半岛、凉江半岛打造红色兼休闲为一体的"水、陆、空"主题乐园。成功开发"四渡赤水"VR 战争游戏项目，真实再现 1935 年红军长征"四渡赤水"战役，体验人数达 5 万余人。依托丙安古镇红色文化旅游资源，规划打造丙安长征小镇，配套建设红色文化讲习所、红军客栈、红军街、旅游配套服务设施等。

坚持发展"红色+绿色"经济。深入践行"绿水青山就是金山银山"发展理念，将红色文化、生态旅游资源结合起来，打造红与绿交相辉映的赤水旅游主旋律，推进红色资源与园区、城区、景区和竹城、丹霞城、休闲旅游度假体验城、大数据康养城有机整合、统筹融合发展，运用科技推广、线路连接、产品捆绑等方式，加快红色文化旅游项目包装、商品开发和品牌宣传。截至目前，建成工业旅游网点6个，开发出了丙安红、红赤水杪椤妹、黔老翁晒醋、竹韵等特色旅游商品300余个。

（三）广西壮族自治区田东县

田东县按照"芒乡红城四基地"的战略定位，充分发挥田东的红色旅游资源，全面推进旅游强县战略。打造旅游"四基地"，即打造全国革命传统教育基地、全国现代农业休闲观光基地、古人类科普教育基地、地质奇观体验探险基地，推动全县文化旅游业的发展。

1. 打造革命传统教育基地

不断加强对革命遗址、红色旅游景点的修复保护和开发利用，先后实施了革命博物馆改扩建工程、革命烈士陵园改造工程、那恒码头和小平战道修复工程、邓小平真良旧居修复工程、那叭战地医疗站修复工程、龙篓堡战斗工事旧址修复工程、兵工厂重建工程等，建成一批红色纪念设施，修复了一些濒临损毁的重要革命遗址。同时加大红色旅游重点景区软硬件的建设力度，提升红色旅游的影响力，充分发挥特有的红色革命资源优势，着力打造革命传统教育基地。

2. 开展红色旅游社会实践活动

为深化红色旅游体验，让游客们身着红军服，头戴红军帽，脚穿红军靴，手挥红军旗，重走红军路、寻觅红军征战的足迹，体会远征万水千山的困苦艰辛。吃红军饭、红军菜，体验红军艰难困苦的战斗生活，重温党的光辉历史和优良传统，从群众路线产生与发展的过程中获得启示，从革命纪念地、纪念物及其承载的革命精神中吸收正能量。红色旅游景点已逐渐成为展示党的群众路线教育实践活动的生动课堂，同时，红色旅游本身也日渐成为贯彻群众路线的一个重要平台。

3. 加大宣传推介拓展红色旅游客源

为了有效提升田东旅游的知名度和吸引力，田东采取了多元化的宣传策略。首先，通过在广西及周边各市的主流媒体和网络平台，大力推广田东丰富的旅游资源，以此形成积极的旅游发展环境,并强化媒体宣传力度。同时,积极参加各类博览会、招商推介会和旅游推介会,主动"走出去"向外界展示田东的旅游魅力。此外,举办一系列富有地方特色的文化活动,如民俗舞蹈和体育赛事,以此促进田东红色旅游的持续健康发展。田东以"红色文化"(革命历史)、"绿色生态"(自然景观与农业观光)和"古色文化"(古人类文明与宋清历史文化)为基础,形成了独特的"红、绿、古"三色旅游资源。当地致力于打造"芒乡红城",将田东塑造为四大旅游基地,即全国革命传统教育基地、全国现代农业休闲观光基地、古人类科普教育基地和地质奇观体验探险基地,进一步提升田东的旅游品牌影响力。

(四)浦城县水北街镇际岭村

福建省南平市牢固树立"绿水青山就是金山银山"的发展理念,以"绿盈乡村"建设为抓手,梯次推进绿化、绿韵、绿态、绿魂的乡村生态振兴村建设,以产业生态化和生态产业化为重点促进产业兴旺,以生态文化培育为基础增进乡风文明,以生态环境共建、共治、共享为目标取得治理实效,走出了一条建设生态文明和脱贫攻坚相互促进的路子,涌现出了一批好经验、好做法。

1. 规划引领、因地制宜、科学创建

通过农业、林业、水利、烟草、规划建设旅游、国土、交通等各项资金的整合,挖掘特色、聘请古建设计和美丽乡村旅游等规划专家进行科学规划,按照规划实施建设,科学合理布局,村庄河堤、生态护岸、廊桥、休闲凉亭、瓜果长廊、步游道、水冲式厕所和通往际岭九瀑布的简易步游道,打通入村"最后一公里"。

2. 挖掘特色、发展产业、增收致富

一是因势利导,引领创建专业合作社,成立了金辉笋竹专业合作社。

二是发展现代家庭农场,实行土地流转,建设官厅农场。

三是发展乡村旅游业,打造"一山一水松竹梅"和老区红色文化六位一体的乡村休闲旅游项目,乡村旅游资源入股,收益作为村集体村财专项收入,实行专款专用,解决全村社员养老保险金问题。

四是发展高山有机茶叶,成立了金峰专业合作社,建设高山无公害有机茶叶基地,带动当地茶产业发展。

五是依托乡村旅游发展民宿、农家乐,解决当地居民就业,成为美丽乡村建设一个新的亮点。

3. 发扬红色文化、传承红色基因

际岭村作为革命老区村,建设了红色文化展馆与红色文化广场,建筑面积150平方米,占地面积650平方米,有专职的管理人员进行馆内陈列展品及基础设施的维护和管理。际岭村2017年1月被中共浦城县委组织部评为"党员教育基地",2017年2月被中共浦城县委宣传部评为"爱国主义教育基地",配有兼职解说员,每年接待大批参加爱国主义教育课外活动的中小学生和其他游客,年接待量约3.5万人次。

依托际岭村的美丽乡村、攀狱寺旧址和际岭村金竹坑临时特委指挥所等红色革命遗址,加强红色资源保护,以红色旅游带动更多游客参观际岭村红色文化展馆,推动爱国主义精神教育。

二、甘肃"红色+绿色"特色景区建设指引

(一)宏观建设指引

1. "红色+绿色"特色主题景区建设指引原则

(1)科学制定规划

在打造"红色+绿色"特色主题景区时,要努力实现四大融合:一是将人文景观与自然景观相融合,让历史遗迹和自然美景相得益彰;二是整合文物与非文物景点,丰富旅游资源,提升游客体验;三是结合革命传统教育与文化旅游产业,使教育与娱乐相互促进;四是联动区域内外资源,形成互联互通的区域内旅游景区网络,并有效带动周边省市红色旅游的全面发展。通过这样的综合布局,构建一个有机互动、辐射带动的红色旅游发展新格局。

(2)加强宣传引领

首先,更新观念并强化宣传。倡导"保护为主、合理开发"的原则,促进红色文化保护与利用的互补发展,形成保护与旅游相互促进的良性机制。组织开展红色文化专题宣传进校园、进课堂、进教材活动,多渠道、全方位宣传红色文化保护利用。其次,统筹各方资源,提升宣传效果。加强旅游宣传的综合协调,推动红色旅游资源的保护、基础设施建设、市场推广和区域合作,统一品牌和宣传口号,有效推介本地红

色旅游路线。最后，重视市场营销，营造浓厚的宣传氛围。建立旅游营销联盟，充分利用多种媒体渠道，如互联网、社交媒体、移动应用等，扩大宣传范围。策划与中国共产党成立、建军节、国庆日、青年团成立等相关的重大节日和重要纪念日对应的特色活动，开展红色旅游主题教育，增强社会影响力。

（3）充分利用政策保障

为提升红色展览馆设施建设和保护修缮工作，可利用财政支付资金、景区建设资金、历史文化名镇名村补助等专项资金。同时，利用国家红色旅游经典景区旅游基础设施项目的专项经费，加速改善红色旅游景区的交通设施，如道路和桥梁的建设。为了扩大社会投资的途径，政府应出台鼓励政策，吸引企业和私人资本参与红色资源的开发与建设。借助龙头企业的投资带动作用，解决项目融资难题及高成本问题。此外，鼓励资质良好的大型旅游企业进行股份制改革并寻求上市，以此吸引更多民间投资，拓宽融资渠道。

（4）培育品牌

明确红色旅游的品牌定位，通过深入研究当地红色文化的历史背景、文化特色和旅游资源，设计一个独特而吸引人的品牌形象。集中人力、物力和财力对有潜力的红色景点进行重点开发和包装，打造一批具有代表性和吸引力的核心产品。比如，可以将重要的历史事件、人物故居或者革命遗址等作为核心内容，结合生态旅游、乡村旅游等元素，形成"红色+绿色"的产品组合。以甘肃省民勤县为例，可以利用民勤县在防沙治沙方面的成就，打造以此为主题的特色旅游产品，如设置沙漠治理的科教旅游线路，让游客亲身体验治沙过程，了解生态保护的重要性。

（5）创新机制

提升红色文化旅游开发水平。树立整体规划的理念，将红色文化旅游作为一个统一的大格局来考虑。加强管理体系的构建和人才培养机制的创新。具体而言，就是要明确红色旅游的管理机构与开发建设部门的职责分工，并培养一支既具备良好服务意识、高尚职业道德，又拥有扎实业务能力的旅游管理和服务人员团队。

同时，应借鉴国内其他成功的红色旅游开发案例，推动红色文化资源开发模式的创新。以甘肃古浪为例，可以结合当地的防沙治沙历史，探索建立红色文化主题公园和文化体验区，打造一系列以防沙治沙为主题的红色文化旅游线路。此外，还可以尝试融合"红色文化+生态绿色+教育培育+娱乐趣味"的多元文化元素，通过参与种树、浇水等实际活动，让游客亲身体验，深入感受防沙治沙的精神内涵。这样的实践不仅丰富了旅游体验，也有助于传承和弘扬红色文化。

2. "红色＋绿色"旅游融合发展主要类型及功能

甘肃省在发展红色旅游时，须均衡考虑生态保护与经济增长。应依托省内丰富的红色历史资源和优美的自然环境，融合红色文化与生态旅游，打造独特的"红绿"发展模式（详见表3-4）。通过建立红色教育基地、挖掘革命历史资源、传承革命精神，强化红色旅游的吸引力，促进自然生态的保护和利用，为甘肃红色文化旅游注入新动力，实现可持续发展。

表3-4 "红色＋绿色"旅游融合发展主要类型及功能

展示方式	功能	类型	案例
红色文化＋党建内容	纪念＋乡村振兴功能	红色文化＋主题展览＋旅游感知	山东省孔繁森同志纪念馆
红色文化＋自然景观	教育＋乡村振兴功能	红色精神＋自然景观＋文化底蕴	河北雄安新区白洋淀红色旅游发展典型案例
红色文化＋绿色生态	体验＋乡村振兴功能	红色文化＋绿色城建＋模拟体验	贵州省赤水市红色旅游发展典型案例
红色文化＋实际体验	体验＋乡村振兴功能	红色文化＋亲身体验＋历史教育	广西壮族自治区田东县红色旅游发展典型案例
红色文化＋生态发展	文化发展＋乡村振兴功能	红色文化＋生态发展＋打造特色	浦城县水北街镇际岭村案例

（二）微观建设指引

1. 拓展"红色＋绿色"景区建设展示方式

为满足游客对高品质旅游体验的需求，景区建设展示方式的多样化显得越来越重要。甘肃的相关景区可以探索拓展不同类型的"红色＋绿色"景区建设展示方式（详见表3-5）。景区可以将革命历史的红色文化与自然生态的绿色景观相结合，在增强游客对红色精神感知的同时，促进生态旅游的可持续发展。通过运用高科技展示技术如虚拟现实，以及传统的展览手段，游客可以沉浸式地体验历史。同时，自然景观中融入的红色文化元素如雕塑和纪念物，能不断增强游客的文化感知。此外，设计多层次的互动体验如角色扮演和教育讲座，让游客在参与中学习红色精神。每个红色文化景区都依据其独特的历史背景和资源条件，开发特色景点和活动，利用生态资源营造和谐游览环境，吸引游客深入了解红色文化。这种"红色+绿色"的景区建设展示方式，为游客提供了丰富的文化和自然体验，同时有效传播了红色文化，保护了文化遗产与自然景观。

表3-5 "红色+绿色"景区建设展示方式

展示方式	类型
静态展示	红色文化+主题展览+旅游感知 红色精神+自然景观+文化底蕴
多层次体验	红色文化+绿色城建+模拟体验 红色文化+亲身体验+历史教育 红色文化+生态发展+打造特色

2. 重视"红色+绿色"景区建设规划设计

"红色+绿色"景区建设规划设计可以分为单点设计和多点设计两种类型（见表3-6）。这两种规划设计类型各有其特点和优势，在实际的景区建设中，适当地选择和应用可以有效提升旅游体验和景区的整体价值。单点设计通常围绕一个核心的红色历史地标或绿色自然景观进行，通过打造精品化、特色化的旅游目的地来吸引游客。例如，八步沙六老汉治沙纪念馆就是以六老汉治沙的单一事迹为核心，由于资源和注意力都集中在一个点上，因此更易于突出主题，形成强烈的旅游吸引力。游客可在单一景点深入体验，如通过参观、互动体验等方式获得更为丰富和深入的文化或生态体验。多点设计是将多个红色和绿色景点通过合理地规划与布局整合在一起，形成区域性旅游网络。这种设计可以覆盖更大区域，包含多个旅游资源点，如甘肃宕昌县通过挖掘以中国历史文化名镇哈达铺为代表的红色旅游资源，以国家AAAAA级旅游景区官鹅沟为代表的绿色生态旅游资源，以宕昌古国遗址为代表的古色旅游资源来规划县域的红、绿、古三色景区融合发展模式。多点设计能够为游客提供多样化的选择，可以根据个人兴趣和时间安排灵活规划行程。同时，多点设计也有助于均衡客流分布，减少单个景点的接待压力。

无论是单点设计还是多点设计，都应致力于实现"红色+绿色"景区的深度融合，发挥两者的互补优势，为游客提供丰富而深刻的旅游体验。通过有效的规划设计，不仅能够促使游客更好地理解红色文化的价值，还能增进对自然环境保护的认识，实现旅游业与文化、生态发展的和谐共进。在实际运作中，需要根据地理环境、资源状况、市场需求等因素综合考虑，选择最合适的景区建设规划设计方案。

表 3-6 "红色 + 绿色"景区建设规划设计

规划设计	类型
单点设计	红色文化 + 主题展览 + 旅游体验
多点设计	红色文化 + 生态景观 + 民族风情 红色文化 + 乡村景观 + 农事体验 红色文化 + 自然景观 + 非物质文化体验

3. 创新宣传方式

为了有效吸引潜在游客，关键在于通过多元化的媒体渠道进行立体化宣传。在推广红色旅游方面，综合运用各类媒介资源是拓宽市场影响力的重要策略。这不仅包括传统的平面媒体如报纸和杂志，更应重视互联网这一现代传播工具。随着网络深度融入日常生活，通过线上平台，例如抖音、微博、微信公众号等，对红色旅游景点进行广泛而有效的推广，可以显著提高景区的知名度和吸引力。这种多渠道的宣传方式，对于拓展红色旅游市场来说，是一条不可或缺的途径。

4. 提高相关从业人员的整体素质

红色旅游产业的发展需要相关专业人才的支撑和推动，在人才方面，需注重引进与培养相结合，形成人才资源优势[①]。"红色 + 绿色"主题景区开发需要人才的支撑。

培养内部人才。旅游业不仅要合理使用人才，而且要大力造就人才。应对在岗职工进行周期性培训或选派人员去旅游业发达地区学习，提高其旅游专业素养。

引进专业人才。引进专业人才主要有两个渠道，首先是吸收旅游大专院校优秀毕业生；其次是吸收旅游业内有经营管理经验和开拓创新精神的人才，旅游人才在旅游开发上富于想象、敢于创新，是旅游业欣欣向荣、旅游经济不断攀升的重要因素。在引进人才的同时还要留住人才，改善人才的工作待遇和工作与生活环境，给他们创造广阔的发展空间。

整合专门人才。旅游业是具有高度综合性的产业，旅游资源开发所涉及的领域也十分广泛。卓有成效的旅游资源开发，需要建筑、园林、历史、民俗、经济、旅游等各领域人才的通力合作。确立灵活的用人机制，整合各类优秀人才服务于红色旅游发展。

---

① 王连芳.生态文明视角下闽西红色文化资源保护与建设在经济发展中的重要作用[J].邯郸学院学报，2014（1）：89-91.

5. 完善旅游配套设施建设

随着社会经济的发展和居民生活水平的显著提升,"红色+绿色"主题景区应致力于增强休闲设施建设,打造集观光、美食、娱乐于一体的旅游体验。景区需提供丰富的观光亮点、餐饮选择以及休闲娱乐活动,为游客创造一个全方位、高品质的旅游环境。同时,根据旅游业"六要素"(食、宿、行、游、购、娱)的全面发展要求,加速完善旅游服务设施,不断优化服务功能,提高景区的综合接待能力,以更好地满足游客多样化的旅游需求。

6. 推动红色旅游与生态旅游协同发展

在发展红色旅游的同时,还需要进一步整合旅游资源,加快生态旅游业的发展,活化机制,多元融资,着力打造以红色文化体验区、休闲避暑度假区、园林观光区为主题的乡村生态旅游业[①]。生态旅游作为一种绿色旅游消费模式,其开发与发展既能拉动经济增长,又能改善自然生态环境状况,促进地区生态文明建设。如果能够将红色文化体验区、红色文化展示区与生态旅游的开发融为一体,将红色文化、民族文化、绿色文化实现资源整合,形成一个有机的文化生态系统,这样既能够使游客享受大自然赋予的休闲生态乐趣,感受独具魅力的生态文化,也能够发挥展览馆的思想政治教育功能,是促进物质文明、精神文明、生态文明并驾齐驱的发展之路。因此,通过科学规划和合理布局,将红色旅游资源与生态旅游资源的开发相结合,可以促进两者之间的相互发展。利用生态旅游的优势,不仅能够推动红色旅游的进一步发展,还能够促进本地区经济的转型,实现红色旅游与绿色生态的深度融合,共同开启一条可持续的发展道路。

第三节 "红色+科技"特色景区

一、"红色+科技"特色主题景区建设经典案例

(一)中国共产党历史展览馆

中国共产党历史展览馆全方位、全过程、全景式、史诗般展现了中国共产党波澜

---

① 邓光奇.民族地区旅游业与生态环境协调发展研究[M].北京:中央民族大学出版社,2006.

壮阔的百年历史。党史展览馆创新运用现代化的声光电科技手段，还原多种真实的历史场景，通过数字资料、影视资料打造沉浸式体验，让参与者以亲历者身份步入曾经的历史场景，打开"时空隧道"。案例内容主要包括：

1. "4D+六面"体验区

采用全景 LED 屏幕技术，该展览生动地还原了红军长征的场景。游客将被带入一系列经典战役与艰难跋涉的场景，包括湘江血战、乌江强行军、泸定桥的惊险夺取、雪山草地的艰难穿越等。运用自主研发的智能云端控制系统，构建了一个沉浸式的 4D 观影体验空间。随着立体 LED 影像的环绕，观众将体验到身临其境的包围感。智能系统还能模拟风雪和低温等自然环境，进一步增强体验的真实感，让人们深切感受到长征途中的艰苦环境和红军战士的英勇无畏。

2. 一比一复刻"复兴号"驾驶舱

"复兴号"是科技创新的先锋，从"四纵四横"到"八纵八横"，中国高铁网络在如火如荼的建设和创新科研攻关的"双轮驱动"下，汇聚新科技、激发新动力、实现新突破，为全面建成社会主义现代化强国提供强有力支撑，为新时代打造中国速度。馆内的"复兴号"模拟舱是由中国铁道科学研究院专门为展览设计制作，参与者可以"化身"为高铁驾驶员，体验京张铁路北京北站到张家口站共 3 分 20 秒的旅程，亲身体验中国速度，感受中国发展。

3. 左右对称超高清 LED 显示屏

在宏伟的百年长廊之中，游客会被两侧精心布置的对称排列的超高清 LED 显示屏所吸引。屏幕上，一幅幅珍贵的历史照片和感人的视频片段，生动地描绘了中国共产党自成立以来，如何坚定不移地引领中国人民走过了一段波澜壮阔的历史征途。从早期艰苦卓绝的革命斗争，到新中国成立初期的艰苦奋斗，从改革开放带来的翻天覆地的变化，到进入新时代的全面振兴，每一个历史瞬间都被精准而生动地捕捉和再现。游客在这些高清画面前驻足，仿佛穿越时空，亲历了中国共产党领导下的中国人民，如何一步步从贫困和落后中崛起，最终走向繁荣富强。这些视觉资料不仅展示了中国在经济、科技、文化、社会等各个领域取得的显著成就，也展现了中国人民在党的领导下，不断战胜困难，从每一次胜利迈向新的胜利的不屈精神。

（二）广东东莞市科技馆沉浸式党建体验活动

为庆祝中国共产党成立一百周年，东莞市科技馆以党建文化为核心，融合科技元素，创新推出红色记忆沉浸式党建体验项目，打造了独具特色的党史学习教育文化平台。

这一沉浸式党建体验项目包括12个互动房间，每个房间均以《鸡毛信》《闪闪的红星》《地道战》等7部经典红色电影片段及东江纵队救援飞行员克尔中尉的真实历史事件为主题线索，设计了各具特色的场景。参与者需运用党史知识和逻辑思维能力，团结协作，才能成功完成革命任务。

（三）上海红色文化体验空间"复兴·颂"

红色文化作为中华民族的宝贵精神财富，不仅具备重大的政治价值、教育价值，同样也具有重大的品牌价值。在数字化技术的支持下，红色文化遗产和历史能够以立体化、多维度的方式生动地呈现在大众面前，极大地丰富了人们沉浸式观展体验，让年轻一代更深刻地感受到红色文化所蕴含的革命激情。"复兴·颂"既是黄浦区"党的诞生地"发掘宣传工程的重要项目，也是提升城市软实力的关键举措。该项目聚力打造红色场馆，保护修缮示范区，成为红色文化传承传播的优势区，是红色资源转化利用的一次创新实践。

参观"复兴·颂"展览全程预计耗时50分钟左右，展览中运用了丰富的虚实交互技术，提供了众多独特的体验。借助AR（增强现实）、VR（虚拟现实）、LBS（基于位置的服务）、雷达感应等前沿智能技术，游客得以在真实与虚拟相融合的环境中，通过场景模拟和角色扮演的方式，深入体验中国共产党成立至新中国成立期间的革命历史。每位参观者都能身临其境地成为红色历史的一部分，扮演工人、歌唱家、地下工作者、解放军战士等角色，强烈的代入感使得红色文化教育更具感染力。与此同时，该项目的技术开发公司正在为"复兴·颂"项目开发一款名为《破晓》的红色剧情互动体验产品。该产品通过线上与线下的有机结合，进一步提升红色文化的数字化沉浸式体验，使参与者能够更加深刻地感受和理解红色文化的魅力和深远意义。

作为新兴的沉浸式红色文化数字体验空间，"复兴·颂"融合先进的数字科技、设计有趣的互动体验、以年轻人喜闻乐见的方式讲述党史等一系列展陈理念深受各方认可。2021年11月，它又先后被评为黄浦区"爱国主义教育基地"和"市民学习基地"，成为学生爱国主义教育、企事业单位党建活动的重要基地。

（四）齐齐哈尔红色建筑遗址数字化平台

齐齐哈尔红色建筑遗址数字化平台以齐齐哈尔红色文化谱系结构为基础，以传承红色文化为核心，以平台为依托，展示红色建筑遗址文化；以红色革命精神为纽带，讲好红色革命故事；通过数字化展示平台，让更多的人民群众通过展示平台了解齐齐哈尔红色文化；以人民群众喜闻乐见的形式传承红色文化和红色革命精神。

搭建建筑遗址数字化展示平台的目的是让红色文化在结合互联网、3D数字模型技术的基础上，以人民群众喜闻乐见的形式，在更广域虚拟空间互联网上传播，实现红色文化的传承。基于红色建筑遗址文化的谱系结构，按中国共产党早期活动时期、抗日战争时期、解放战争时期、社会主义建设时期四个阶段，纵向搭建平台结构，而每一时期平台的空间结构按地点、人物、事件、故事等搭建，最终形成可在互联网上浏览和访问的红色文化展示平台。该项目的亮点在于融合红色文化与虚拟现实技术，生动地讲述党史故事，推广红色文化的核心价值，营造沉浸式的体验环境，有效传播红色文化和革命精神，提升文化自信。

二、甘肃"红色+科技"特色景区建设指引

（一）宏观建设指引

1. 明确"红色+科技"景区建设原则

（1）重视红色基因在科技创新中的引领作用

习近平总书记指出："当今世界，谁牵住了科技创新这个牛鼻子，谁走好了科技创新这步先手棋，谁就能占领先机、赢得优势。"要进一步挖掘科技潜力，把我国科教资源优势转化成创新优势、发展胜势，需要从红色基因中挖动力、找养分。红色基因教育最具有引领性，每一处红色遗址都是一个红色基因库，每一个红色基因都是一种正能量的引领，每一种引领都是一种最具震撼力的教育，能够产生入脑入心的效果。红色基因引领作用发挥的过程就是红色基因传承的过程，反过来，红色基因传承的过程

也就是红色基因引领作用发挥的过程。

（2）明确红色基因与科技创新精神的一致性

科技创新不仅是提升国家综合国力和生产力的核心动力，更是构建创新型国家的基石。想要充分激发科技创新的潜能，关键在于强化其内在的驱动力。红色传统中蕴含的精神财富与科技创新所倡导的理念不谋而合，它们都强调了科学态度、创新意识、实事求是、务实探索以及团队合作的重要性。因此，要充分发挥红色精神在推动科技创新中的激励作用，需要深入挖掘并传承红色资源中的这些精神价值。通过这样的过程，可以确保红色基因与科技创新精神之间的协同增效，进而为国家的创新发展注入强大的精神动力。

2. 开拓"红色+科技"景区建设主要类型及功能

通过上述案例，可以深入理解"红色+科技"景区建设的独特魅力。景区采用多元化的展示手段，成功融合了多种功能（见表3-7），为游客提供了丰富的体验。这种创新的景区设计，宛如一部栩栩如生的三维党史大典，打破了传统的红色文化展示模式。它巧妙融合了前沿科技元素，为游客提供了一种身临其境的体验。借助各种数字技术，历史场景得以逼真重现，而互动性和趣味性的展示手段，使得对党史的学习变得生动形象。这样的沉浸式体验，不仅增强了游客的历史感受，也使重温革命历史的过程变得更加引人入胜。在甘肃，红色纪念馆、科技馆可以运用现代化的声光电科技手段，还原多种真实的历史场景，通过数字资料、影视资料打造沉浸式体验，让参观者体会革命先辈不畏艰险、浴血奋战的英雄主义气概，为党、为人民英勇献身的精神，对于讲好党的故事，讲好红军的故事，讲好西路军的故事，把红色基因传承好有着重要意义。

表3-7 "红色+科技"景区建设主要类型及功能

展示方式	功能	类型	案例
红色展览馆	纪念功能	红色文化+虚拟科技+模拟展示	中国共产党历史展览馆
党建内容	教育功能	红色文化+科技元素+党建活动	广东东莞市科技馆沉浸式党建体验活动
体验空间	体验功能	红色文化+数字科技+虚拟体验	上海红色文化体验空间"复兴·颂"
红色数字化展台	展示功能	红色文化+数字平台+历史传承	齐齐哈尔红色建筑遗址数字化平台

（二）微观建设指引

1. 高度融合数字技术，拓展"红色＋科技"景区建设展示方式

"红色＋科技"景区建设的展示方式主要分为静态展示和动态体验两大类（详见表3-8）。静态展示涵盖了图片、文字、模型以及实物等元素，直观地向游客介绍相关红色历史与文化。而动态体验则通过互动活动、场景再现、模拟体验等方式，促使游客深度参与并沉浸式地体验红色文化。利用数字技术来增强展示效果，不仅加强了游客的参与感和体验感，还深化了对红色文化的理解和感悟。甘肃省红色科技馆、博物馆、酒泉卫星发射基地，可以借鉴广东东莞市科技馆沉浸式党建体验活动的成功做法。这一体验活动包含两大特色，一是融入党建元素，二是结合经典红色电影片段，将这些元素转化为互动解谜的线索，使参与者能够身临其境地重温那段激昂的历史岁月。通过沉浸式体验，更深入地了解党的光辉历史与知识。运用数字技术，探索"互动科技＋红色文旅"的创新发展道路。利用AR、VR、LBS、雷达感应等智能技术，游客可以在虚拟与现实相结合的场景中，通过角色扮演等形式，沉浸在红色历史的旅程和航天精神的体验之中。未来，还可以通过与影视剧合作，吸引影视爱好者的广泛关注，并推动红色主题实景地成为新的旅游打卡热点，从而进一步推广红色文化和科技体验的结合。

表3-8 "红色＋科技"景区建设展示方式

展示方式	类型
静态展示	红色文化＋科技元素＋党建活动 红色文化＋数字平台＋历史传承
多层次体验	红色文化＋虚拟科技＋模拟展示 红色文化＋科技元素＋党建活动 红色文化＋数字科技＋虚拟体验 红色文化＋数字平台＋历史传承

随着科技的飞速进步，文化传播途径和手段经历了革命性变革。其中，沉浸式体验项目便是这一进步的直接体现。以酒泉卫星发射中心为例，该中心的航天主题沉浸式体验馆便充分利用了科技发展的势能，探索并实践了红色旅游创新的新路径。该体验馆从游客的视角出发，提供个性化服务和数字化沉浸式体验，包括高科技展览、科普教育以及互动娱乐活动等，为参观者打造一场全方位的科技盛宴。

2. 加强"红色 + 科技"景区建设规划设计

加强"红色 + 科技"景区建设规划设计，不仅需要依托先进的数字化技术手段，还需兼顾红色文化传承与现代旅游体验的深度融合。围绕提高游客体验、提升景区管理水平、传承红色文化和推动科技创新等方面展开（参见表3-9）。通过智慧化的管理系统、高科技的整合运用、多元化产品开发、文化传承与创新、完善的基础设施、智能化导游系统以及环保可持续性的措施来共同推进。实施这些措施时，应综合考虑安全、教育、科技普及和地方特色等因素，以确保规划设计的有效性和实用性。首先，要完善配套基础设施。提升交通便捷性，确保游客可方便快捷地到达。建立健全的游客服务中心，提供丰富多样的旅游咨询服务及便民设施。其次，构建智慧化景区管理系统。推动景区互联网售票、电子验票和无感入园的实现，以提升游客体验，减少排队等候时间，提高景区管理效率。利用大数据分析游客行为，合理分流，确保景区运行平稳，同时根据游客喜好调整景区服务项目。第三，设计红色旅游数字化产品。借助5G、VR、AR等高科技手段，开发互动性强、寓教于乐的沉浸式红色文化体验，使游客在参与中感受历史与现实的交融，加深游客对红色精神的理解和感悟。通过全息投影、4K/8K超高清技术手段，再现红色历史场景，提升红色故事的感染力和震撼力。在保证红色传统精准传承的前提下，引入现代设计理念，创造性地转化和创新红色文化内涵。如甘肃红色旅游经典景区会宁红军长征会师旧址的数字化建设规划设计。

表3-9 "红色 + 科技"景区建设规划设计重点

关键环节	主要内容
配套基础设施	景区道路、网络设施、智慧停车系统、多功能游客中心等
数字旅游产品	红色文化数字展陈、红色历史沉浸式体验产品等
智慧管理服务	智慧红色旅游景区管理系统、数字人伴游式讲解等

3. 以情感体验为中心，增设沉浸式体验

从哲学和心理学的视角出发，沉浸式体验具有明确的目标和倾向性，体验的激发载体是导致个体独特体验的关键。为了掌握沉浸式体验的核心要素，必须深入分析和研究其构成。设计应侧重于游客的情感体验，创造出一个涵盖多重感官维度的沉浸环境。甘肃省可以利用红色旅游景区，将沉浸式体验作为丰富游客旅程的手段，通过提供沉浸式配套服务，拓宽游客的体验范围，并赋予他们更加深刻的感受。

4. 拓宽网络营销，提升红色文化旅游形象

科技与文化的深度融合，为旅游营销注入了新的生机。随着互联网、新媒体、融媒体的迅猛发展，旅游推广和营销的视野被大幅拓宽。旅游景区的声誉和形象对游客的旅行选择产生重要影响，那些享有良好形象且具有强大吸引力的景区往往更受游客欢迎。近年来，红色旅游在年轻人中变得格外流行，"知识产权"（IP）对他们具有极大的吸引力。以酒泉卫星发射中心为例，其鲜明的特色可以被用来打造一个"探索航天奥妙"品牌IP。通过设计以航天为主题的周边产品，如在景区关键位置设置"航天英雄"动漫人物立牌，结合重量级IP和创新体验，可以加深游客对红色历史的印象。利用IP进行宣传，可以有效提升酒泉旅游品牌的知名度。具有地域特色的文创商品不仅能够给游客留下深刻的纪念，而且具有纪念性的商品还能唤起游客的旅行回忆，甚至激发他们的亲友产生旅游的兴趣。例如，酒泉卫星发射基地可以推出特色图册、印有航天英雄形象的生活用品和文具等，还可以开发能查阅和播放航天故事的电子产品。通过推出电子文创产品，展示科技文化融合成果，吸引电子设备爱好者参与文创设计，根据游客喜好设计定制文创商品，从而提高酒泉卫星发射中心的旅游体验形象。

【课后习题】

1. "红色+科技"景区建设的原则是什么？
2. 甘肃省的哪些红色旅游景区可以进行"红色+绿色"的主题建设？如何建设？

第四章
红色旅游导游词创作及讲解

【学习目标】

通过本章学习,了解红色导游词创作编写的基本方法;了解红色导游词创作应该处理好的几种关系;掌握"五好讲解员"的基本要求;掌握红色旅游景区景点的讲解方法;熟悉甘肃省重点红色旅游景区的讲解词。

第一节 红色旅游导游词的创作

导游词是导游人员在引导游客观光游览时的讲解用词,旨在向游客传播文化知识并提高他们的游览体验。导游词作为导游与游客之间交流思想和传播文化知识的媒介,不仅能帮助游客更好地理解所见之处的文化和历史背景,还能增进双方的情感交流。导游词通常具有口语化的特点,使其听起来更加亲切自然。同时,它还结合了知识性、文学性和礼节性,使得讲解内容既丰富又有趣,符合不同类型游客的需求。一篇完整的导游词往往包括开头的问候语、欢迎语、介绍语、游览注意事项以及对游客的期望等。中间部分会详细介绍景观的历史、文化、传说等内容,最后以总结性的结束语收尾。导游词的内容需要细致有序,形象生动,能够引起游客的兴趣,使他们在游览时感到愉快和满足。同时,导游词应包含丰富的知识信息和有趣的故事,使游客既能获得知识又能享受听故事的乐趣。通过精心准备的导游词,导游可以有效地提升游客的旅行体验，让他们对所游览的地方留下深刻而美好的印象。

红色旅游导游词是指在红色旅游景区，导游员向游客介绍红色旅游景点、红色旅游线路和红色旅游产品时所使用的解说词。红色旅游导游词通过对红色历史事件、人物和遗址的介绍，不仅使游客了解红色文化的丰富内涵，传承红色精神，弘扬民族精神，也能够使游客更加深刻地认识到革命先烈为民族独立和人民幸福所付出的艰辛努力，从而增强爱国主义情怀。优秀的红色旅游导游词能够提高游客的旅游体验，使游客在游览过程中既能欣赏到美丽的自然风光，又能感受到红色文化的魅力，提升旅游品质。红色旅游导游词能够吸引更多游客前来参观游览，从而带动红色旅游景区的旅游业发展，促进地方经济增长。编写和讲解红色旅游导游词，要求导游员具备较高的政治觉悟、业务能力和语言表达能力，有助于提高导游员的整体素质。红色旅游导游词传播的是革命先烈的英勇事迹和崇高精神，具有很强的正能量，有助于营造良好的社会风气。因此，红色旅游导游词既是传承红色文化、进行爱国主义教育的重要载体，也是提升旅游品质、促进地方经济发展的有效途径。

一、红色旅游导游词创作要求

《导游词创作中应遵循的四项基本原则》指出，导游词要做到正确、清晰、生动、通俗，才能给游客留下经久难忘的印象[①]。红色旅游作为一种特殊的文化旅游形态，其核心在于传承和弘扬革命精神，同时对历史事件进行客观真实的反映。因此，在创作红色旅游导游词时，需遵循四个关键要求，即政治立场的正确性、历史内容的真实性、讲解逻辑的清晰性、表达方法的灵活性。

（一）政治正确

作为爱国主义教育的一种方式，红色旅游与生俱来具有政治性。红色旅游寓教于游，担负着弘扬和培育民族精神的使命。同时，红色旅游涉及许多敏感的历史和政治话题，红色旅游导游词必须符合国家的政治方针和历史观，确保传达的信息是正面的、建设性的，并且尊重历史事实。

---

① 侯卫.导游词创作中应遵循的四项基本原则[J].无锡商业职业技术学院学报，2002（1）：70-72.

（二）内容真实

红色旅游导游词提及的内容主要是中共党史、革命史等，所以讲解内容必须符合史实，有据可查，不能妄加推测和杜撰。红色旅游的导游讲解也不能哗众取宠，掺杂低级趣味的内容[①]。导游词中提供的信息和叙述的事件需基于确凿的历史资料，避免任何歪曲或虚构。保证游客能够接触到真实可靠的历史教育内容，使得红色旅游的教育意义得以实现。

（三）思路清晰

同一个红色旅游景点的导游词可能会涉及不同时期的革命历史和众多英雄人物，如果没有理清明确的讲解思路，游客很难跟随导游的脚步充分理解导游词蕴含的深意。红色旅游导游词应当层次分明，逻辑有序，按照时间线或主题划分，条理清晰地展现历史事件和人物事迹，便于游客理解和记忆。清晰的逻辑结构能够帮助游客更好地把握红色旅游的教育目的和文化价值。

（四）方法灵活

根据不同的游客群体和具体场景，导游应灵活运用各种讲解技巧，增强导游词的吸引力和感染力，以吸引游客的兴趣。如针对小学生的导游讲解要避免政治化过强，导游讲解时可以以小见大，将历史革命故事贴近生活；针对中老年游客的讲解要饱含深情，因为他们对红色文化一直怀有一种特别的感情和崇高的敬意。讲解的灵活性还表现在有所区别地对纪念馆和景点进行讲解。针对纪念馆中的导游讲解，主要是对实物和图片的讲解，要特别注重历史事件的准确性和严肃性，而景区景点的解说偏重现场讲解，关键在于情景再现和体验[②]。

---

① 周柳.如何讲好"过去的故事"——红色旅游景区导游讲解刍议[J].广州城市职业学院学报，2011，5（3）：92-95.
② 李金来.如何写好红色旅游导游词[J].应用写作，2019（6）：30-32.

二、红色导游词的编写方法

（一）确定主题

导游词的主题是导游人员在导游词中要表达的中心思想，是导游词的灵魂和核心，它体现了导游员创作的主要意图，反映了导游员对旅游吸引物的历史文化价值、艺术欣赏价值和科学研究价值的基本认识、理解和评价。在解说导游词时，导游员应明确传达特定的思想和意图，激发游客的特定情感、认知和评价，以实现启发和教育的目标。比如，高台县中国工农红军西路军纪念馆导游词的主题是通过西路军守城血战的事迹，体现红五军将士英勇顽强、誓与高台城共存亡的无畏精神和英雄气概。面对装备简陋的困难，却要迎战人数是自己十倍的敌人，红军战士们坚守孤城长达半月之久，铸就了我军历史上的一段传奇。讲述这段历史不仅是对红五军将士的深切缅怀，更是对各族人民心中那份对英雄的崇敬之情的体现。西征最终未能取得预期的成功，但红五军的广大指战员展现出的英勇顽强、威武不屈、革命到底的精神，永远值得我们铭记和传颂。他们的高度革命英雄气概和伟大献身精神，如同祁连山那皑皑雪峰，将永远矗立，永远留在人民的心中。

（二）突出重点，选择亮点

导游词是一种特殊的应用文体，其核心在于传达信息的同时，提供愉悦的听觉体验。它需要具备语言的韵律感、易于理解和记忆，同时能够生动地与现场实景相结合，为游客带来身临其境的感受，让游客对景点留下深刻印象，并激发他们的情感共鸣。创作导游词时，要突出重点和选择亮点，以吸引游客的注意力并提高他们的游览体验。因此，要将大量的信息凝练成几个关键点，避免冗长的描述，只提供有趣且相关的信息；要强调景点的独特之处，包括历史意义、文化价值、自然奇观等；要用富有吸引力的故事来传达景点的历史和文化，激发游客的想象力，让景点更加生动。以南梁革命纪念馆导游词为例，在介绍南梁革命纪念馆时，最核心的是要传达"南梁精神"。由于参与南梁革命斗争的英雄人物众多，讲解中不可能面面俱到。因此，讲解员应当聚焦于那些游客可能已经有所了解的知名人物，如习仲勋、刘志丹、谢子长等，对他们进行重点阐述，而其他人物则可作辅助性介绍。同时，结合游览路线和实物展示，确保信息的层次清晰、逻辑性强，让游客能够轻松跟随，获得一次内容丰富且体验优良的参观旅程。

（三）讲好震撼心灵的红色故事

讲好震撼心灵的红色故事，凸显红色故事的"红"，是写好红色旅游导游词的关键。红色故事讲得越准确、越鲜明、越生动，它也就越能表达红色旅游导游词的思想内涵，唤起游客的共鸣。讲好红色故事，本质上是在传颂革命英雄的事迹和他们所建立的不朽功勋。为了达到这个目的，我们可以从以下三个方面着手：

1. 把革命英雄人物写得鲜活起来

人物的外在特征如容貌、服饰、谈吐、举止和面部表情，共同塑造了其形象的"形"；而内在素质诸如思想、情感、道德观念和性格，则透露出人物的"神"。在描写人物时，若能兼顾形与神，便能让英雄形象栩栩如生，更加立体饱满。例如，长沙杨开慧纪念馆对于杨开慧被捕后遭受严酷拷打的叙述，就生动地展示了她不屈不挠的精神风貌：

杨开慧和8岁的儿子毛岸英被押到长沙警备司令部。她每天都被提去过堂，遭受皮鞭抽、木棍打、竹签扎、杠子压等酷刑。敌人威逼利诱、严刑拷打，直至被打昏再用凉水浇醒，但她始终严守党的机密。最后，敌人威逼她说：只要声明脱离与毛泽东的夫妻关系，就马上给你自由。杨开慧毅然回答："要打就打，要杀就杀，要我与毛泽东脱离关系，除非海枯石烂！"1931年11月14日，年仅29岁的杨开慧就义于长沙浏阳门外的识字岭。临刑之前还说："死不足惜，惟愿润之革命早日成功！"她用鲜血与生命谱写了"千秋骄杨"的壮丽诗篇。

杨开慧在敌人酷刑面前展现出的大无畏精神，铿锵有力的语言，凸显出杨开慧的浩然正气，表现出其对毛泽东的真挚革命情感和对革命成功的坚定信念，很好地突出了杨开慧的"神"。对杨开慧形神兼备的记叙，使导游词焕发出震撼心灵的感染力，使游客切身感受到土地革命时期的风云，听到了杨开慧等革命先烈震撼大地的前进脚步声。

另外，在讲述革命先烈及其英雄事迹的过程中，恰当地运用各种描写手法，可以使革命先烈形象栩栩如生，英雄事迹丰富多彩。叙述与描写，不可截然分开，好的叙

述往往与描写结合在一起,称之为描述。例如,介绍"南京雨花台烈士就义群雕"的导游词:

那戴着镣铐、蔑视敌人的工人,横眉冷对的知识分子,怒目圆睁的农民,临危不惧的女干部,咬紧牙、抿着嘴的小报童,身陷囹圄、充满胜利希望的女学生,无不栩栩如生地再现了烈士就义前的光辉形象。

对烈士就义群雕的介绍,在叙述中采用了人物描写中的外貌描写、行动描写,凸显了临刑前工人、知识分子、农民、女干部、报童、女学生等革命烈士大义凛然、视死如归的浩然正气。

2. 名垂青史的功绩写得清晰明了

在红色旅游景点,游客的主要活动是观看历史实物。导游的讲解应作为辅助只是对游客的观看进行补充,旨在加深游客对所见物品的理解,通过视觉与听觉的双重刺激来丰富游客的体验。然而,如果导游的讲解过长,可能会分散游客的注意力,从而影响他们的观览体验。因此,导游词应当是精练和快节奏的,避免冗余。

虽然表达方式可以灵活多变,但是叙述革命先烈创建的不朽功绩时,遵循一个清晰的结构,即涉及人物、时间、地点、原因、经过和结果。它可以使讲述更加清晰和简洁。这样的叙事框架不仅有助于传达关键信息,还能让红色故事更加生动和易于理解。例如"江西于都县红色圣地长征第一渡"的导游词:

江西于都县于都河边,1934年10月,由于"左倾"机会主义的错误领导,中央红军第五次反"围剿"失利,被迫进行战略转移。于都县是红军开始长征的出发地。当时于都河上没有一座桥,于都的老百姓听说红军要渡河,便将自己能用来建桥的家当都捐献出来,有的居民把自己的房子拆掉,并找来800多条船搭成浮桥。老百姓奋战四天四夜,安置了6000多名留守的红军伤病员,还为红军送去5000多名新兵,参加运输队、担架队,与红军一起长征。看着85年以前的浮桥照片,人们会有一种生命的领悟。

(四)挖掘红色旅游点的精神内涵

导游词应恰当地运用议论,在关键处用精练浓缩的语言给导游词"点睛",揭示红色旅游景点的精神内涵,使游客自觉地接受红色旅游文化的洗礼,感受到精神的震撼,从而收获思想的升华。譬如"黑龙江牡丹江东宁要塞群"的导游词:

东宁要塞群是亚洲最大的军事要塞群，也是日寇在中国最大的埋葬中国劳工的场所。日本关东军自1934—1945年，从东北和关内共抓了17万劳工，其中8000名劳工因饥饿、过度劳累而死亡，这些劳工的遗骸当时被草草埋葬在东宁1.5千米长的山岗上。但就在"劳工坟"不远处的山腰上，却树有一块5米高的"马魂碑"，落款是"陆军中将沼田多稼藏书"，这是关东军为一匹战马立的墓碑。在日本军国主义暴虐下，被屈死的8000名中国劳工冤魂，竟然抵不上他们的一匹马！

导游词用事实说话，通过具体数据揭示了当年日本军国主义野蛮凶残、泯灭人性、穷凶极恶的罪行。

（五）激活对革命先烈无限缅怀之情

抒情是表达主观感受、倾诉心中情愫的文字表露，是强化导游词感染力的一个重要手段。位于四川松潘县川主寺镇元宝山的"红军长征纪念碑碑园·征途葬礼"导游词的最后部分就是直抒其情：

红军在雪山草地那段行军历程，是处于高海拔地区，自然条件恶劣，随时会遇到埋人的雪崩、陷人的沼泽。由于缺衣断粮，红军只能吃草根、煮皮带。许多同志因身体衰弱、病残交加，睡下去就不再醒来。行军路上死亡越来越多，后边的人无须向导，顺着倒下的尸体，就可以准确地找到行军路线。敌人围追堵截，不停地进攻，红军长征由最初的20多万人，到会师时只剩下3万多人。请看这幅手捧鲜花的彝族战士在墓前悼念牺牲红军战友的雕塑，再现出震撼人心的悲恸场面。小战士眼含热泪，跪在墓前垂头泣别。这里没有碑铭，只有青山埋忠骨。革命先辈为革命献出宝贵的生命，至今也不知埋骨何处，这组雕塑就是后人对长征革命先烈深情的悼念！

该导游词抒情层次分明、递进有力，把对革命先烈的缅怀之情升华为"继承先烈的遗志，革命自有后来人"这一时代需要和受人民推崇的鲜活主题。

三、红色旅游导游词创作应该处理好的几个关系

红色旅游的导游讲解工作，相较于常规景区的导览服务，要求更为严格，遵循的标准也更高。这不仅是因为所传递的内容需要具备真实性、客观性、权威性和严肃性，更需蕴含深厚的精神价值。在表达方式上，也要追求灵活多变、充满激情，以此吸引

游客的兴趣。通过生动而深刻的解说，结合身临其境的参观体验，让游客不仅能够了解红色文化的历史故事，而且能够深刻感受到革命先烈的历史精神，从而接受革命传统的熏陶教育。为了实现这一目标，编写红色旅游导游词时，处理好以下几对关系显得尤为关键。

（一）处理好二次创作与历史史料的关系

红色旅游景区（场馆）的历史史料是红色旅游导游词讲解内容的基础，但讲解内容不是照搬照抄历史史料，更不是对历史史料的简单复制，而是在历史史料基础上的二次创作。撰写时，应充分查阅历史史料，经过认真阅读、分析、比较、筛选，选出优秀的、最具代表性的、最能反映红色精神内涵的精华部分，去掉那些与表现主题关系不大或无用的史料，处理好取舍史料与表现主题的关系。同时，红色旅游导游词的二次创作必须以红色旅游景区（场馆）的历史史料为基础，不能离开史料凭空创作或任意编造。撰写时必须坚守历史真实性，避免主观臆断和夸大其词。同时，应拒绝包含粗俗、迷信及低级的内容以博取眼球，确保作品的品位和严肃性。总之，红色旅游导游词在内容上要做到既符合史实、有据可查，又与红色旅游景区（场馆）的红色历史、文化精神相吻合，以确保讲解的严肃性、客观性并具有教育意义。

（二）处理好讲解内容与依托革命遗址遗迹等实物载体的关系

红色旅游的讲解不仅要以革命遗址和遗迹这些直观的历史载体为核心，更要通过生动的叙述，向游客展现这些地点背后的故事、历史事件及其深远影响。这样，游客在视觉体验的基础上，还能通过听觉感受历史的厚重，从而形成对所参观景点的深刻记忆，并激发其情感共鸣。因此，撰写红色旅游导游词，应巧妙地把革命遗址、遗迹等实物与讲解内容融合。一方面，要充分利用这些历史见证，让它们成为叙述革命故事的有力支撑；另一方面，又不能过分依赖这些实物，避免使讲解变得单调乏味。讲解应超越单纯的实物介绍，通过生动的叙述和深入的分析，补充和完善观众的视觉体验，让游客在观看革命遗址的同时，通过聆听讲解，更深刻地感悟那段波澜壮阔的历史。同时，讲解内容应根据参观革命遗址和遗迹的时间进行合理安排，确保在参观结束时，相关解说也同步完毕。导游应避免偏离主题，冗长地讲述与革命遗址和遗迹无关的内容，或在实地参观后仍不停地赘述，以免影响参观者的体验和理解。

（三）处理好讲解内容与挖掘精神内涵的关系

红色旅游是一种具有特殊意义的旅游方式，其最终目的是向公众普及革命历史、传统和精神。红色旅游所承载的伟大的革命精神内涵是红色旅游导游词的灵魂和核心。导游词应在叙述好红色故事的基础上，适时进行恰当的评论和情感表达，以揭示故事深层的精神意义，来激发游客的情感共鸣和思考，从而达到教育的目的。因此，撰写红色旅游导游词时，应确保内容既包含感人的革命故事，又能精准地体现其精神内核，两者相辅相成，缺一不可。要避免仅罗列革命事迹而缺乏对背后故事的深刻理解和评价，也要避免脱离革命事迹的空洞抒情，以免让游客感到过于夸张或造作。

（四）处理好讲解内容针对性与广泛性的关系

红色旅游景区的游客来自各个年龄层、不同的职业领域和文化背景，他们的参观目的也各不相同。因此，在撰写红色旅游导游词时，需充分考虑游客的多样化特点，如年龄、职业、文化背景及参观目的。应围绕中心主题，量身打造多种版本的导游词，这些版本可长可短，细节丰富或简明扼要，重点各异，以确保内容既具有针对性又具备普遍性。讲解时要灵活多变，避免一刀切的做法，既不应对所有游客重复同一稿件，也不可单纯追求差异而忽略了导游词的根本宗旨，即引导游客从思想层面理解红色精神，并从情感上受到深刻触动。

（五）处理好讲解内容与游客互动性的关系

红色旅游导游词是对红色故事、革命事迹等的再现。在红色旅游过程中，游客通过导游的生动讲述来体验红色文化，并激发其深厚的爱国之情。然而，单纯地灌输信息往往难以引起游客的深度共鸣。有效的方法是通过与游客的持续互动和交流，让游客参与到故事中来，引导游客思考并激发他们的创造力。红色文化的传播不应局限于单向的讲述和教化，而应注重互动性，吸引游客主动投入，调动他们的热情和反思能力。这样，才能有效地传承红色精神，使红色教育深入人心，影响持久。因此，撰写红色旅游导游词时，还应根据讲解内容设计不同的与游客互动的环节，如历史知识问答、抢答游戏以及游客分享个人感受等，同时也可以设计一些让导游与游客角色互换的互动等。通过巧妙地设置问题和讨论环节，导游不仅能够激发游客的参与热情，抓住他们的注意力，还能够避免因长时间单向讲解而导致的单调和无聊，从而提升整体的旅游体验。总之，游览过程中，导游词不应仅限于单向讲解，也不应完全依赖于互动，而应恰当地平衡二者，确保游览过程中既有生动的叙述，也有引人入胜的参与机会。

（六）处理好讲解内容语言规范化与口语化的关系

红色旅游具有严肃性、客观性和教育性的特点，对语言的规范性提出了更高的要求。然而，作为导游词的一种类型，红色旅游导游词同样需要具备生动形象的叙述、丰富的表达方式和强烈的感染力，这些是导游语言的普遍特质。要达到这些要求，导游词应当融入更多口语化的元素，并采用通俗易懂的书面语，以便更好地吸引听众，传达信息。因此，撰写红色旅游导游词时，在语言的使用上要处理好规范化与口语化的关系。遣词造句做到既口语化，又规范化，符合红色旅游导游词的要求，听起来既通俗易懂又不失规范。不能只追求口语化而忘了规范化；反过来也如此，不能只追求规范化而忘了口语化的要求。撰写时要注意考虑多用经过加工提炼的口语词，少用书面语和文言词，多用短句、少用长句，不用"同音异义""同语异义"的词，少用方言，避免使用难懂、生僻的书面语词汇和音节拗口、听起来不顺畅的词语。

第二节　红色旅游导游讲解

语言本质上是思维的载体，而优秀的红色导游讲解需具备针对性和多样性。根据游客的职业、教育水平、年龄以及需求差异，导游应调整其讲解风格和内容，避免"一刀切"的做法。为了增强讲解效果，导游必须注重讲解的方式和方法，要善于设计故事情节，结合游览活动的内容，解答疑问，制造悬念，吸引游客的兴趣；同时要有的放矢、启发联想、触景生情。对于红色导游来说，流畅的语言表达和良好的沟通技巧是必备技能，而深厚的红色历史知识和情境融入的能力则是提供高质量红色导游服务的关键要素。

一、红色旅游景区讲解员应该具备的基本素质

红色旅游讲解员作为传递红色文化的形象大使、宣传大使，是红色旅游的重要元

素。《文化和旅游部办公厅关于开展全国红色旅游五好讲解员建设行动工作通知》(办资源发〔2019〕144号)提出，五好讲解员的总要求是政治思想好、知识储备好、讲解服务好、示范带头好、社会影响好。讲解员素质的高低直接决定着整个讲解工作的质量和水平，言谈举止代表着景区的形象。红色旅游景区的讲解员既是红色知识的传授者，也是政治工作者、宣传工作者和思想教育工作者。因此，讲解员的业务素质应当是全方位的，包括政治素质、理论功底、知识储备、口头表达、讲解技能等方面。

（一）政治思想好

热爱祖国，遵纪守法，坚决拥护中国共产党的路线、方针、政策，爱岗敬业，具有强烈的事业心和高度的责任感，具有良好的道德品行。

红色纪念馆陈列的主体内容属于革命题材类，这就要求讲解员在政治思想品格、人格追求信仰上要与革命前辈保持高度一致，只有具有饱满的爱国热情，才能以饱满的政治热情向观众宣讲，其爱国教育和革命传统教育、廉政教育的效果才会有思想、有内涵、有高度，才会感染人、教育人、鼓舞人、激励人，所以讲解员要自觉地培养个人的政治觉悟，提高政治敏锐度，坚定理想信念，树立正确的世界观、人生观、价值观和荣辱观。要时刻关注党和国家的大政方针，把握时代脉搏，掌握形势动态，使讲解工作体现时代气息。因此，讲解员必须学会运用党的基本理论分析历史人物和历史事件，辩证地观察、分析、看待问题，要善于从理论高度总结和概括历史经验，使观众从历史中受到启示和教育。

（二）知识储备好

积极学习、了解党史、新中国史、改革开放史、社会主义发展史，熟悉我国红色旅游相关政策和规定，掌握红色文化旅游以及政治、经济、社会、历史、地理、民俗等方面的知识，具有一定的研究能力。

红色旅游景区纪念馆的陈列内容通常涵盖丰富多元的领域，包含历史、哲学、地理、人文、建筑、社会和艺术等众多学科。面对不同背景和兴趣的观众群体，讲解员必须储备丰富的文化知识，才能自如地应对各类访客的需求，提供满意的解说服务。因此，讲解员要持续学习，扩充和完善自己的知识结构，不断更新自己的知识，提高自己的文化素质。通过深化和拓宽讲解内容，更好地满足不同层次游客的要求，为他们提供优质的服务。

(三) 讲解服务好

身心健康, 仪表端正, 综合素质高, 有良好的语言表达能力和沟通能力, 讲解服务规范, 态度亲和。讲解既能做到忠于革命史实原貌、统一规范, 又独具特色、生动翔实。有较强的组织协调能力, 能妥善处理工作中出现的突发情况。

在介绍纪念馆陈列的内容之前, 讲解员要熟记纪念馆的讲解词, 但绝不能死记硬背, 熟记的背后是理解和吃透, 在理解和吃透的基础上运用自己的语言复述内容, 努力把书面文字转换为流畅的口语, 以便更好地与游客沟通。为此, 讲解员应具备流畅的口头表达能力, 语言要简洁、明快、大方、干脆、连贯、得体, 要通俗易懂, 乐于为观众所接受。

红色旅游景区纪念馆的陈列展览是以点、线、面的形式呈现, 而专业的讲解服务则可以帮助观众在有限的时间内更深入地理解展品和内容, 并把握核心要点。观众通过耳闻目睹, 能够获得更鲜明直观的知识, 从而接受形象生动、具体鲜明的教育。讲解过程本质上是一个动态互动的过程, 其中观众的注意力可能因为周围流动的人群、背景噪声等因素而受到干扰。此外, 观众的兴趣和注意力的波动, 以及他们频繁地进出, 都对讲解效果产生影响。有时, 观众的问题也会打断讲解的连贯性。因此, 讲解员的角色不仅限于陈列内容的传递者, 更是整个讲解活动的引导者和协调者。他们需要具备应对突发状况的能力, 灵活调整讲解内容、节奏和路线, 以确保信息的有效传递和观众参与度的提升。

(四) 示范带头好

模范遵守各项规章制度, 争当先进典型。经常承担重要讲解工作, 发挥传帮带作用, 有效带动讲解团队素质提升。

专业能力是红色旅游景区讲解员工作所必备的专业技术和能力, 是胜任讲解员岗位要求的核心内容[①]。职业品格是个体的品质在职业中的表现, 它将社会中的地位和角色感带入到职业行为中, 具有个体的自觉性和职业的特殊性, 作为具有宣教职责的红

---

① 赵辉. 红色旅游景区讲解员胜任力特征及评价研究 [D]. 重庆理工大学, 2021.

色旅游景区讲解员，职业品格也是其胜任力的核心要求。红色讲解员要力求进步，主动担任各类重要讲解工作，不断提升专业和素质能力，锻炼自己的毅力。景区讲解员是红色旅游接待服务的核心与纽带，他们不仅传播景区的文化内涵，还承担着了解游客的意见、建议、投诉和接待工作。红色旅游景区讲解员将这些问题和信息反馈到景区有关部门，可促进景区服务、管理水平和景区形象的提升。此外，为加强对讲解内容的理解和研究，讲解员还应参与研究部和陈列部的一些工作内容，扩展知识范围，丰富知识构架，为讲解员发挥示范带头作用奠定良好的基础。

（五）社会影响好

专职从事讲解，立足本职工作，传承革命传统精神和时代精神，弘扬社会主义核心价值观，有一定的社会影响力和较高的群众认可度。讲解员不能仅满足于对陈列内容和红色文化的讲述，更重要的是让游客感悟人生，升华境界，在接受文明熏陶的同时，参与文明创建。为实现讲解的核心意义，讲解员要具备较高的政治觉悟和爱国主义情怀，明确政治方向和立场，在工作中维护国家的利益和尊严。还要具有强烈的职业责任心和爱岗敬业的奉献精神，在对本职工作热爱和认可的基础上才能更好地发挥个人优秀的特质，起到更好的宣教作用，成为景区美好形象的代言人。

同时，讲解员还要维护好游客安全，做好事故防范和安全警示工作。在接待游客过程中，讲解员有义务帮助游客注意其自身和财产安全，提醒游客了解景区安全参观注意事项，切实维护好景区的形象和游客的安全。

二、导游词的讲解方法

（一）分段讲解法

规模较大的红色旅游景点包含的知识丰富，涉及的内容广泛，讲解时难以面面俱到，因而不宜平铺直叙地进行全面介绍，而应采用分段讲解的方法。所谓"分段讲解法"，就是将一处大景点分为前后衔接的若干部分来进行讲解。首先，在前往景点的途中或在景点入口处的示意图前用概述法介绍总体情况和景点（包括历史沿革、占地面积、欣赏价值等）。其次，介绍主要景观的名称，使旅游者对即将游览的景点形成初步印象，达到"见树先见林"的效果，使之有"一睹为快"的欲望。通过"游前讲解"将旅游者带入对游览对象的憧憬之中，到现场游览时导游员再依次讲解。分段讲解法需要注意讲解内容的相对独立性，在讲解这一景区的景物时注意不要过多涉及下一景区的景物，但在快结束这一景区的游览时导游员可以适当地提示下一景点或下一景区，这样可以引起旅游者的游兴，使导游讲解环环相扣，引人入胜。

（二）突出重点法

所谓"突出重点法"，就是在导游讲解时避免面面俱到，而是突出某一方面信息的讲解方法。关于景点的信息很多，要讲解的内容也很多，导游员必须根据不同的时空条件和对象区别对待，有的放矢地做到轻重搭配、重点突出、详略得当、疏密有致。针对红色旅游景区中的重要历史事件、著名人物进行重点讲解，突出其历史价值和主要事迹。比如在讲解会宁会师塔时，重点讲述1936年10月9日红一、红四方面军在甘肃会宁会师的整个历史事件，对于景区内建筑作次要描述即可。

（三）触景生情法

"触景生情法"就是见物生情、借题发挥的导游讲解方法。在讲解时，导游员不能就事论事地介绍景物，而是要借题发挥，利用所见景物创造意境，情景交融，引人入胜，使旅游者产生联想，从而领略其中之妙趣。触景生情贵在发挥，要自然、正确、切题地发挥。导游员要通过生动形象地讲解、有趣而感人的语言，赋予固定的景物以生命，注入情感，引导旅游者进入审美对象的特定意境，从而使他们获得更多的知识和美的享受，使其能在建设自己国家的事业中创造出新的奇迹。

（四）虚实结合法

虚实结合法中的"实"是指景观的实体、实物、史实、艺术价值等，而"虚"则指与景观有关的民间传说、神话故事、趣闻逸事等。所谓"虚实结合法"就是导游员将典故、传说、趣闻逸事有机结合，设计讲解情节的导游手法，即导游讲解故事化。虚实结合法可以产生艺术感染力，避免平淡的、枯燥乏味的、就事论事的讲解方法。但二者必须有机结合，以"实"为主，以"虚"为辅，"虚"为"实"服务，以"虚"烘托情节，以"虚"加深"实"的存在，努力将无情的景物变成有情的导游讲解。运用虚实结合法需要注意"虚"的内容要精、要活,不能随心所欲,更不能胡编乱造。所谓"精",就是所选传说是精华,具有代表性,与讲解的景观密切相关;所谓活,就是讲解时要活,见景而用,即兴而发。

(五)问答法

问答法就是在讲解中导游员向旅游者提出问题或启发他们提出问题的导游方法。使用问答法的目的是活跃游览气氛,激发旅游者的想象思维,促使旅游者和导游员之间产生积极的思想交流,使旅游者获得参与感、自我成就感;也可避免导游员唱独角戏,灌输式讲解所带来的乏味无趣,加深旅游者对所游览景点的印象。

(六)制造悬念法

导游员在讲解时提出令人感兴趣的话题,但故意引而不发,激起旅游者的好奇心,进而主动探索思考答案,进入对旅游景点的主动审视之中,最后由导游员根据旅游者的答案作补充说明和引申讲解。这种讲解方法叫做"制造悬念法",俗称"吊胃口、卖关子",是一种常用的导游讲解方法。这种先藏后露、欲扬先抑、引而不发的讲解方法,一旦"发"(讲)出来,会给旅游者留下特别深刻的印象,而且导游员可始终处于主导地位,成为旅游者注意焦点,有利于减少旅游者走失等意外事故的出现。制造悬念是导游讲解的重要方法,在活跃气氛、制造意境、提高旅游者游兴、提高导游讲解效果方面成效显著。

三、红色旅游中的导游讲解

导游讲解在红色旅游中扮演着至关重要的角色,它不仅是一种高效的信息传递手段,还是连接游客与红色革命历史的桥梁。通过专业的讲解,游客能够深入探索红色革命的历史背景、发展过程及其深远意义,从而更深刻地领会和传承红色文化的精神内核。导游的生动解说为游客提供了一种独特的视角,让他们对红色景点蕴含的历史故事和文化内涵有更加细致的了解,这不仅激发了游客的参观热情,也提升了互动体验。

红色旅游本身承载着浓厚的教育使命,而导游员的精准解说则有助于游客构建正确的历史观、民族观和国家观。同时,它也是培养民族自豪感和爱国情怀的有效途径。此外,优质的导游讲解服务能够显著提升红色旅游的整体质量,确保游客在参与过程中获得知识上的丰富和情感上的满足,享受一次深具启发性和教育意义的旅行体验。

(一)导游讲解内容的严肃性和准确性

红色旅游是一项全国各族人民坚定中国特色社会主义共同理想信念的政治工程。导游讲解的过程也是对游客进行爱国主义和革命传统教育的过程,因此必须保证其正确的政治导向。红色旅游与传统旅游不同,也和其他的爱国主义教育方式不同,它带有"与生俱来"的政治性。

红色旅游的导游讲解不能人为地演绎发挥,哗众取宠,甚至掺杂粗俗、迷信、低级趣味等内容,要以崇敬之心对待革命历史,以严谨而有法度的态度对待红色旅游,确保红色旅游"不走调""不串色"。红色旅游的核心内容决定了红色旅游的魅力在于严肃性,决定了红色景点的价值是其背后所蕴含的厚重的红色精神内涵。因此,作为红色旅游景区的导游员、讲解员,应以高度的政治责任感注意讲解的严肃性。

红色旅游的讲解内容是中共党史、革命史,讲解内容必须符合史实,有据可查,不能妄加推测和杜撰。内容涉及的数据资料要有根据、有出处,真实可信。如有说法不一或者多种解释,可听取权威性的意见。

好的电影需要好的剧本,同样,好的导游讲解需要以好的导游词为基础。对于红色旅游景区而言,确保讲解内容的准确性至关重要,而这一准确性的基础正是导游词的精心撰写。因此,红色旅游导游的讲解内容必须规范化,以便真实、准确地展现在党领导下的人民革命史、奋斗史和创业史。导游讲解应正确反映中国近现代历史,以增强其历史的真实性和权威性。

为了顺利推进导游词讲解规范工作,全国红色旅游工作协调小组办公室对各省、市、县的旅行社和导游提出了严格的要求,强调要认真学习《2016—2020年全国红色旅游发展规划纲要》等有关文件精神,领会精髓,明确任务。全面深入学习掌握中共党史的内容,这是传承红色文化的基本前提。

同时,讲解语言必须是规范化语言,语音、语调、语法、用词要准确无误。语音方面要讲普通话,红色文化是国家史的核心部分,讲解员是景区话语权的拥有者,讲解员说,旅游者听,要讲述国家史,必须尽量排除方言乡音的影响,除非是模仿革命人士的方言，要保证旅游者能听懂。所以语言的标准化是导游讲解准确性的保证。从这个角度来说，红色旅游导游员、讲解员是语言技能和艺术的工作者。

（二）导游讲解方式的多样性和灵活性

红色文化主要是发生在各个革命历史时期的革命事件及其发生地所蕴含的革命精神。为了确保红色旅游的导游讲解质量，讲解内容必须既丰富翔实、精确无误，又充满生动感人的元素，以此作为坚实的基础。同时，导游员应采用灵活多变的讲解手段和策略，以吸引并持续提升游客的兴趣。为防止导游员单调冗长的讲解导致游客失去兴趣甚至昏昏欲睡，或频繁离队，导游员需注重个性化其解说方式，力求创新，并致力于不断提升自身的专业水平。

导游讲解常见的方式有介绍式、讲授式、演说式、朗诵式、主持人式、小品式、背诵式等。每种方式都各有利弊，如讲授式容易产生"老师对学生"的居高临下感；背诵式不能对游客动之以情；朗诵式有情感，但是不能对游客晓之以理等。如果单纯用其中某一种方式，必定会使游客产生乏味感。

导游讲解的具体方法主要有简单概述法、层次讲解法、分段讲解法、突出重点法、有问有答法、触景生情法、故事讲解法、歌曲演唱法、诗歌朗诵法、数字说明法、类比讲解法、知识渗透法、名人效应法、引用名句法等。基于红色旅游讲解内容的严肃性，应该特别注意讲解方法，吸引游客，激起游客聆听和参与的兴趣。要加强导游讲解的针对性和灵活性，就要根据情景采用多种讲解方法，其原则是因人而异、以人为本。如在井冈山讲解到革命根据地人民对红军的深厚感情以及对革命胜利的强烈期盼时，就可以用歌曲演唱法，《十送红军》的歌词以叙事为基础，并借叙事来表达，采用情景交融、借景抒情的手法，情真意切，感染力强。另外，除了人工讲解外，对于固定模式化的讲解，也可以用系统的机器导游讲解，比如自动讲解器、无线导游讲解器、录音导游、语音导览、电子导游、PDA 导游等。

（三）红色导游讲解的技巧运用

1. 把握好景点讲解的层次

灵活运用讲解方法，红色旅游景点的讲解一般可分为三个层次：实景描述、背景介绍和引导认知。

第一层实景描述。实景描述是导游员对游客所见的红色旅游景观直观的阐述，即对眼前景物的介绍、解释和说明，或者进行强调以引起游客的注意，是红色旅游导游讲解中最直接、最浅显的层次。在这一层次主要采用的讲解方法有描述法、突出风格法等。描述法是运用具体、形象和富有文采的语言对眼前的景观进行描绘，使其细微的特点显现于游客眼前。如对毛泽东遗物馆中睡衣的介绍"这件睡衣有这样几个特点，一是它的材质一般，样式很普通，木薯棉质地，夹层，香蕉领，外侧有两个口袋，长141厘米。二是这件睡衣曾被它的主人毛泽东长久地且经常地穿着，从20世纪50年代初，一直到1971年，毛泽东春秋两季都穿它，时间长达二十余年。三是睡衣外观通体破旧，'面目全非'，它的领子全换过，衣袖、前页、下摆等处补丁连补丁，看不出本布，仔细数数，整件睡衣有73个补丁，真可谓'百衲衣'"。

突出风格法一般是从展示物的造型、风格和文化艺术价值等角度来讲解，突出某一方面的风格，使游客充分感受到其中所蕴含的深厚文化气息。如在延安枣园对毛泽东、周恩来、朱德、刘少奇等领导人居住过的窑洞进行讲解时，就可以采用突出风格法，通过强调各个旧居的不同格局、陈列摆设及其主人不同的生活习惯和性格特点，来加深游客的印象。

第二层背景介绍。背景介绍是导游员对红色旅游景观政治、文化历史内涵的解说，是整个导游讲解过程中内容最丰富的环节，也是体现导游讲解生动性、提高游客兴趣的关键步骤。在这一层次常用到的讲解方法有知识渗透法、数字说明法、问答法、触景生情法、虚实结合法等，以增加讲解的逻辑性、生动性和趣味性，提高游客的参与积极性。数字说明法是引用具体的数字来精确说明事物的形体特性、性能特点和功用大小的方法。如"红军四渡赤水战役，发生在1935年1月19日至3月22日，历时64天，在古蔺叙永境内有54天"。为了引导游客的进一步思考，在红色旅游景区讲解中经常会采用触景生情法。如介绍延安枣园当年中央机关餐厅的一段导游词，1943年2月9日、农历正月的元宵节，毛泽东等中央领导在这里为枣园乡24位60岁以上的老人举行祝寿宴。主席亲自给他们敬酒，祝贺他们延年益寿，老当益壮。老人们感动地说："主席敬酒，岂敢岂敢！"毛主席笑着说："尊老敬贤，应当应当。"

为调动游客的积极性，巧妙抓住游客的注意力，可以灵活运用问答法，如在讲解红军长征遗址旅游景点时可围绕红军长征的背景、时间、里程、出发地和会师地来设计问题，为后面的讲解做铺垫。

第三层引导认知。引导认知是通过导游讲解内容和文化因素的传递，使游客对所浏览的红色旅游景观形成正确的理性认识。这是红色旅游景区教育功能的核心体现，将决定红色旅游是否真正达到了"寓教于乐"的效果。在这一层次的导游讲解要避免刻板地说教，可以运用问答法、阐述见解法等。比如：阐述见解法，在讲解红军巧渡金沙江——皎平渡遗址中，当讲解到毛泽东、周恩来、朱德等领导人临阵指挥红军渡江作战的山洞时，可引申如下："走进这矮小的山洞，回过头来看看奔流不息的金沙江，再看看雄伟的皎平渡大桥及两岸具有现代化色彩的建筑，强烈的反差，会使人情不自禁地联想到，没有70年前红军艰苦卓绝的斗争，就没有今天的一切，红军的功绩如同一座历史的丰碑，永远留在人民的记忆中。"

2. 突出讲解的针对性

红色旅游的讲解对象既有针对性又有广泛性，要做到有针对性地讲解，导游员就必须真正了解游客的需求。针对不同文化背景、年龄层次和参观目的的游客，讲解的内容和形式必须在体现专业性和教育性的同时，讲究普及性和趣味性。

例如，对于儿童游客，在讲解中要抓住生动、精彩的片段，如"小萝卜头"用过的一支黄泥粉笔和用草纸订成的作业本等展示实物，运用感人细腻的语言，结合抑扬顿挫的声调，稍微夸张的表情，把"小萝卜头"在狱中艰苦的生活和学习细节完整、具体地表述出来，以吸引孩子的注意力、激发他们参观学习的兴趣。对于青少年游客应该以青少年思想特点为出发点，可运用问答法、讨论法等，注重红色旅游教育功能的延伸，最终目的就是激发他们树立正确的人生观、价值观和世界观，从而健康成长。

第三节　红色旅游景区导游词精粹

一、桂林市红色旅游概况[①]

各位游客朋友：

　　欢迎大家来到山水甲天下的桂林。桂林，这座沉淀着数千年历史的山水之城，不

---

① 桂林市导游协会：桂林市红色旅游参考资料系列一。

仅有秀美的风光，深厚的历史文化底蕴，也承载着永不磨灭的"红色记忆"。

自1926年中国共产党桂林第一个组织宣告成立，就开启了桂林红色火种传播之路。红军三次过桂北，尤其中央红军长征过桂北，经历了关系红军生死存亡的关键一战——湘江战役。中央红军以视死如归、向死而生、一往无前的精神突破湘江，集中体现了"勇于胜利、勇于突破、勇于牺牲"的湘江战役精神，写就了一部波澜壮阔、荡气回肠的壮丽史诗；再到全面抗战时期徐悲鸿、郭沫若、茅盾、陶行知、夏衍、欧阳予倩、田汉、巴金、艾青等众多文化名人云集桂林，掀起抗日文化运动的高潮，中国共产党成为桂林文化抗战的中流砥柱；还有抗日战争时期的桂东北人民抗日游击纵队临阳联队的浴血奋战，解放战争时期桂北人民武装斗争的迅猛发展……无数革命先辈在桂林留下了彪炳史册的红色记忆，更加提升了山水桂林城的精神底蕴和人文品位。

战争的硝烟已经远去，美丽的桂林城在实现中华民族伟大复兴中国梦的进程中，向世人展现出全新的姿容。而沉甸甸的红色历史，永远是这座山水之城的无上荣耀。

穿越历史的烽烟，时间改变的是这座城市的面貌，留存的却是不竭的精神动力。桂林市红色教育文化资源非常丰富，现存多达60多处，其中包括红军长征经过灌阳、全州、兴安、资源、龙胜等地留下的遗址遗存和兴建的纪念设施，如红军堂、红军岩、红军楼、红军标语楼、战场旧址、指挥部旧址、红军伤员殉难处等遗址，湘江战役烈士墓、湘江战役三个纪念馆、湘江战役烈士纪念林、烈士纪念碑园等纪念设施。

在桂林市区内，有孙中山北伐驻跸处和孙中山纪念塔、八路军桂林办事处旧址及其纪念馆、中共党员音乐家张曙烈士墓、《救亡日报》社旧址、抗战八百壮士墓和三将军墓、中共桂林市城工委书记陈光烈士墓等多处历史遗迹。其中，桂林市八路军驻桂林办事处旧址、兴安县红军长征突破湘江烈士纪念碑园为全国爱国主义教育示范基地、全国首批100个红色旅游经典景区。

在2016年12月，全国红色旅游协调工作办公室发布的重走长征路8条精品线路中，桂林是第一条"突围之旅"的收官地和第二条"转折之旅"的发端地。2021年5月31日，文化和旅游部联合中央宣传部、中央党史和文献研究院、国家发展改革委推出"建党百年红色旅游百条精品线路"，桂林市"血战湘江·突破包围"精品线路入选。

桂林这座城市的处处红色印迹，见证了"没有共产党就没有新中国"的光辉历史，也忠实地记载了中国共产党为人民利益而奋斗的奋斗历史。这些在山水掩映中的红色遗迹，成为桂林城市文化的一座富矿，在滋养人的山水之外，用文化的影响力塑造着桂林的城市精神。

近年来，桂林在红色文化保护、红色精神传承方面所做工作的力度也不断加强。通过申报一批文物保护单位、修缮一批文物建筑、建设一批文化标识、征集一批长征文物的方式，各县对全国重点文物保护单位湘江战役旧址、红军活动遗址和烈士墓等进行了全面的保护修缮，一系列的有效措施让桂林的红色文化得到更好地挖掘，让红色精神在美丽山水间传承与发扬。一个传承"红色基因"、涵养浩然正气的城市精神高地正在崛起，桂林红色文化的张力也影响着这座城市的过去、现在和未来。

我们这次桂林红色教育，将带着各位学员沿着当年红军的足迹，重走长征路，重温革命历史，缅怀先烈，不忘初心，为实现中华民族伟大复兴的中国梦加注精神动力。

二、红军巧渡金沙江——皎平渡遗址[①]

各位游客朋友：

欢迎大家到红军长征时巧渡金沙江的渡口——皎平渡参观。远处，穿越在峡谷中间的那条江就是有名的金沙江，跨江大桥处就是闻名于世的皎平渡。1935年，中国工农红军二万五千里长征，就是从这里横渡金沙江，突破天险，继续北上抗日的。红军巧渡金沙江的成功，为后来夺取中国革命的伟大胜利，谱写了壮丽而辉煌的篇章。

金沙江两岸耸立的高山，南面的叫撒营盘山，在云南省禄劝县境内。北面的叫钟武山，在四川省会理县境内。两山海拔都在2800多米，与穿越其中的海拔仅有800余米的金沙江相比，形成了落差2000余米的大峡谷。这里地势险峻，怪石嶙峋，道路崎岖坎坷，江水十分湍急。中国工农红军就是在这样艰险异常的条件下，还要冒着后有追兵、前有狙击、天上还有敌机轰炸的危险，奇迹般地创造了横渡金沙江的伟大壮举。

今天的皎平渡已经发生了翻天覆地的变化。当年战争的硝烟已经没有了，红军渡金沙江那紧张而惊险的场面已成为历史。但是，皎平渡这个地名和红军在这里创造的具有伟大历史意义的壮举却始终没有被人忘记。这里的集镇已建成了以"红军渡江"为主题的游览观光点。从独特的纪念碑、亮丽的纪念馆、赠予老船工的小别墅，到集镇道路和经商开店的命名，处处都体现着"红军渡口"的浓浓意境。

---

① 张承隆.四川红色旅游景区（点）导游词[M].北京：中国旅游出版社，2006（1）：13-16.

这条街道叫"红军路",虽然它并不长,但它却是当年红军长征走过的无数崎岖小道的结晶,留下了红军将士历尽艰辛,前仆后继的点点脚印。红军路右面是"中国工农红军渡江纪念碑"。纪念碑顶部是一尊红军战士用手擎起船桨的塑像,他刚劲有力,预示胜利在握。碑下面是船形底座。整个纪念碑艺术地再现了当年红军在这里走过的不平凡的历程。路左面是"中国工农红军渡江纪念馆"。馆内用图片和文字记录了红军长征以及途经皎平渡的那段血腥的历史。当年帮助红军渡江的船工张朝寿、陈月清、李正芳等人的照片也同时陈列在馆内。可见,党和人民始终没有忘记船工们所做的重要贡献,他们将永远地被载入中国革命的史册。纪念馆附近的两层楼小别墅,是当地人民群众赠送给老船工张朝满的住所,也是敬重老船工的见证。张朝满是1935年帮助红军渡江的36位船工之一,也是唯一健在的船工,今年已经92岁高龄了。为了让他能安度晚年,当地政府每月发给他生活补助费720元。云南省烟草禄劝县公司的干部职工们,自愿捐资10多万元为他修建了小别墅。别墅面积157平方米,张朝满老人一家已在这里度过了两个春节。张老对客人非常热情,而且很健谈。他对红军在这里的情况记得非常清楚。大家可以进去看看,拜访这位英雄老人。

岸边有一块巨石的地方是渡口,突出的巨石叫"将军石",是当年刘伯承将军站在上面指挥红军过江的指挥台。当地人很崇拜它,习惯性地把它称为"将军石"。虽然经过了70余年江水的冲刷和撞击,今天依然屹立在这里。站在巨石上,眼望上游惊涛拍岸的场景,耳听下游江水奔腾咆哮的吼声,眼前江水急流而过。金沙江如此险象环生,怎不让人望而生畏。数万大军仅凭几只简易的木船,要从这里渡江,将面临怎样的生死抉择和惊心动魄的考验!

1935年5月3日晚,中国工农红军在党中央的正确领导下,毅然决定从这里过江,拉开了横渡金沙江的序幕。红军在当地36位船工的帮助下,用仅有的7只木船,人歇船不歇,不分白天黑夜地抢渡,用了整整7天7夜的时间,数万名红军将士全部渡过了金沙江,创造了人类历史上的一个奇迹。红军进入会理县后,急速抢夺了钟武山的制高地,先后在狮子山和通安镇与国民党刘元瑭的军队相遇,经过激烈的战斗,夺取了通安镇,扫平了继续前进的道路。红军在这里取得了决定性的胜利,但也付出了几位战士牺牲的代价,其中还有一位副连长。他们的忠骨被永远地留在了这里,用生命铸就了不朽的长征路。

红军纪律严明,行动神速,常常使敌人始料不及。同年5月3日晚,正当国民党军队从北岸划船到南岸打听红军消息时，红军正好在此时赶到了江边。船上的人还以为是他们自己的人回来了，便发问道："回来了吗？"红军战士马上回答："回来了！"趁势冲到船上，夺得了第一只木船。过江后，仅用了10多分钟就占领了北岸要地，为红军大部队过江，夺得了至关重要的主动权。

顺着北岸的铁栅栏走过去，前面是一排沉积岩凿成的山洞，这是国民党统治时期过江收税的地方。红军过江后就把它当成了党中央的临时指挥部，毛泽东、周恩来、朱德等领导人就住在洞内，临时指挥红军渡江作战。走进这矮小的山洞，回过头来看看奔流不息的金沙江，再看看雄伟的皎平渡大桥以及两岸具有现代色彩的建筑，强烈的反差，会使人情不自禁地联想到，没有70年前红军艰苦卓绝的斗争，就没有今天的一切，红军的业绩如一座历史的丰碑，永远留在人民的记忆中。

红军渡江至今已经70年过去了，但对这里留下的影响是很深远的，就连当地村民经商开店，也会留下反映这段历史的印记。在渡江路上有两个当地村民开设的饭店特别引人注目，一个叫"老船工饭（旅）店"，一个叫"金沙江饭店"。这两个饭店，由于店名用上了与红军渡口有直接意义的名称，慕名前来食宿的客人比一般饭店要多得多。由此可见，红军渡口的光辉历史和不朽精神，不仅深刻地影响着我们这一代人，而且还将永远激励着我们的子孙后代。

三、南梁革命纪念馆

各位游客朋友：

大家好！欢迎来到南梁，重温陕甘边革命斗争史，传承南梁精神，参观陕甘边区苏维埃政府旧址。

陕甘边区苏维埃政府旧址始建于1986年，坐落在依山傍水的荔园堡古城内，城名由宋英宗钦赐。这座古城修筑于北宋治平年间（公元1064—1067年），曾是北宋抵御西夏的前沿边哨，历经过多次金戈铁马、血染斜阳的战事。追昔抚今，硝烟散尽，古堡只留下这残存的古城墙在见证着历史的沧桑和巨变。城墙左侧竖刻"南梁革命纪念馆"是由陈云同志亲笔题写。

进入馆门，我们将走过这段斜长的坡道，如同步入历史的时空隧道，一起去回顾80年前发生在陕甘地区那段波澜壮阔的革命史诗。旧馆经过1991年、2004年、2009年、

2014年四次维修和扩建，显得更加气势宏伟、肃穆庄严。整个旧馆占地45.82亩，由馆门、仿古式牌坊、烈士纪念碑、英雄群雕、清音楼、关帝庙、陕甘边区苏维埃政府部委旧址七部分组成。建馆以来，先后被中宣部、甘肃省、庆阳市命名为全国爱国主义教育示范基地、国防教育基地、党史研究基地、革命传统教育基地以及廉政教育基地等，2004年列入全国百个红色旅游经典景区名录。

仿古式牌坊

这座仿古式牌坊，始建于1986年，正中石匾上横刻着时任中共中央总书记胡耀邦同志题写的"南梁革命纪念馆"七个金色大字。

革命烈士纪念碑

革命烈士纪念碑，通高34.117米，象征陕甘边区苏维埃政府成立于1934年11月7日，标志着从这一天开始，自由、民主、平等的旗帜插在了陕甘边的大地上，碑额上的五角星象征中国共产党，永远闪耀在西北高原上空，为陕甘地区的革命斗争指引着方向。碑身上镶刻"革命烈士永垂不朽"八个大字是由原中共中央总书记胡耀邦同志题写。碑座的东、西、北三侧分别镌刻着为创建陕甘革命根据地相继牺牲的刘志丹、谢子长、王泰吉、杨森、杨琪等609位烈士英名，他们为了人民的自由和解放义无反顾地投身革命；他们抛头颅洒热血，都牺牲在创建革命根据地的枪林弹雨中；他们用羸弱的身躯谱写了人生的悲壮，用坚定的信念撑起了西北民主的天空，用激昂的斗志铸就了不朽的丰碑，谱写了一曲曲改天换地的英雄赞歌，铸就了伟大的南梁精神。在南梁精神的鼓舞下，在习近平新时代中国特色社会主义思想的指引下，今天的老区人民生活日新月异，前景光明美好，对未来满怀憧憬，正在为决胜全面建成小康社会，为实现中华民族伟大复兴的中国梦努力奋斗。

在烈士名录中有一位烈士叫李青山，他是红军修械所的工人，南梁群众称他为"李炮匠"。1934年国民党对南梁根据地进行第一次大规模围剿，李青山不幸被捕，敌人为从李青山口中得到红军机密和枪械弹药，将他五花大绑押到南梁阎洼子台地上，当着全村百姓的面，对他鞭抽棍打、施以酷刑，但他不忘自己是一名共产党员，宁死不屈，一字不说，凶残的敌人把他按倒在铡刀下，恶狠狠地威胁说：再不交代就让他脑袋搬家，李青山坚定地说："干革命就不怕流血牺牲，这里就我一名共产党员，要杀要剐尽管冲我来。"恼羞成怒的敌人在无计可施的情况下将34岁的李青山用铡刀杀害，并将他的头颅摆在台地上示众。群众看到李青山信念坚定、大义凛然，无不为之动容，人人奋起反抗，誓死保卫红军物资，保守党的秘密。他们同仇敌忾、视死如归，用鲜血和生命铸就了坚守信念、顾全大局、忠心耿耿、为党为国的革命精神。

所以，前来参观学习的客人，无论自己是否是一名共产党员，都会在烈士纪念碑前庄严宣誓："拥护党的纲领，遵守党的章程，履行党员义务，执行党的决定……"。

英雄群雕

这座英雄群雕，反映的是陕甘边革命根据地儿童团、游击队、赤卫军在刘志丹、习仲勋等同志领导下，万众一心保卫边区的盛大场面。其主要艺术形象是以陕甘边区革命军事委员会主席刘志丹、陕甘边区苏维埃政府主席习仲勋和陕甘边区第一所红色学校"列宁小学"教员张景文为原型创作的。

在群雕的右侧有一位面带微笑的老者手拿大锤在钉有一个标有地界的牌子。陕甘边区苏维埃政府成立后，实行土地改革，解决千百年遗留下来的土地问题。政府将土地平均分配给广大贫苦农民，农民分得土地后非常高兴，就在自家的地头上钉下一块牌子，表达内心的喜悦之情。

清音楼

群雕右侧的建筑叫清音楼，始建于清宣统元年（公元1909年），曾是古城内的一座戏台。1934年11月7日，在这里召开了陕甘边区苏维埃政府成立庆祝大会，刘志丹、习仲勋等同志登台演讲，宣布陕甘边区苏维埃政府正式成立。当天下午，在清音楼前举行了3000多人参加的阅兵仪式，刘志丹、习仲勋等边区领导同志现场检阅了中国工农红军第二十六军、陕甘边游击队和赤卫军。当刘志丹看到雄壮的陕甘边红军队伍雄赳赳、气昂昂地走过主席台时，他赫然赋诗一首《阅兵》："陕甘儿女有豪气，赤手空拳争权力。今日武器扛肩上，列队阵阵成铜壁。"此后，人们就把这里称作"阅兵楼"。

关帝庙

清音楼对面的四合院，是古城内的关帝庙。1934年11月，陕甘边区规模最大的一次工农兵代表大会就是在这里隆重召开。会议从1日开始至6日结束，大会选举成立了陕甘边区苏维埃政府，投票选出政府主要领导成员，其中刘志丹任军委主席，习仲勋为政府主席。关帝庙门楣上横书着的"陕甘边区苏维埃政府旧址"是习仲勋同志在建馆时亲笔题写的。

四、红军会宁会师旧址

各位游客朋友:

欢迎各位来到丝绸古道上的历史重镇、文化名城、革命老区、教育名县会宁,来到红军会宁会师旧址。会宁历来风云际会,群英荟萃,有"秦陇锁钥"之称。从汉武帝元鼎三年(公元前114年)置祖厉县开始,至今已有2100多年的历史。

1936年10月,中国工农红军第一、二、四方面军在甘肃会宁地区会师,是长征胜利的标志,是民族抗战的前进阵地,是革命力量大团结的典范,是中国革命走向胜利的转折点,是毛泽东军事路线真正胜利、张国焘分裂主义路线彻底失败的标志,是红军长征历史上一座万世不朽的丰碑。红军会师谱写的"坚定信念、艰苦奋斗、团结一致、敢于胜利"的会师精神,是历史赋予会宁这片热土的宝贵财富,是我们不朽的精神家园。红军会宁会师期间,留下了一大批极为珍贵的革命遗址、遗迹和文物。会宁县已被列为全国20个红色旅游重点城市、30条红色旅游精品线路、100个红色旅游经典景区之一,是中国十大文化休闲旅游县、中国优秀红色文化旅游名县、中国优秀红色旅游目的地。

为了隆重纪念红军三大主力会宁会师暨长征胜利70周年,从2004年底开始,会宁把发展红色旅游业作为带动全县经济社会发展的一项重要工作,审时度势,精心谋划,艰苦奋斗,团结进取,举全县之力,得八方捐助,依靠中宣部、国家发展改革委、全国红色旅游综合协调领导小组办公室、省委宣传部、省发展改革委、省旅游局等部门的大力支持和社会各界贤达的鼎力相助,将会师旧址由1.6万平方米拓展到4.26万平方米,对会师楼、会师门及两侧城墙,会师纪念塔,会师联欢会会址,红军总司令部旧址,红军总政治部旧址,红军大学旧址,红一方面军、红二方面军及红四方面军指挥部旧址,红军演讲台旧址,将帅碑林,大墩梁战斗遗址,慢牛坡战斗遗址等红色遗址进行了修缮和修复。新建的红军长征胜利纪念馆,是中宣部全国爱国主义教育基地展陈项目和国家发改委重点红色旅游基础设施建设项目,也是目前全国规模最大、唯一全面反映红军长征历史的纪念馆。

红军会宁会师旧址已成为西北地区和长征路上最为经典的红色旅游景区之一。红军会宁会师旧址是全国重点文物保护单位、全国首批百个爱国主义教育示范基地、全国首批50个廉政教育基地、国家安全教育基地和国防教育基地，国家AAAA级旅游景区。来到红军会宁会师旧址，您肯定不虚此行。因为在我们的旧址内，有五个全国第一，蜚声陇原，名震遐迩。会师门被誉为中华第一门；会师塔是中国第一个以三塔环抱为构型的纪念塔；红军长征胜利纪念馆是全国唯一一座，也是全国最大的全面展陈反映各路红军长征历史的纪念馆；将帅碑林长廊是国内最大的主展将帅题词的长廊；长征胜利纪念馆和历史博物馆是全国县级馆藏文物最多的展览馆。

凡是来到会师旧址参观的团队大都要在会师塔前举行一个特别的活动，向红军英烈献花、鞠躬、重温入党誓词，来表达对红军英烈的纪念和崇敬之情，目的就是永远铭记红军长征的历史，继承和发扬长征精神和会师精神。

什么是长征？长征是1934年10月至1936年10月，中国共产党领导的中国工农红军一、二、四方面军和红二十五军分别从各苏区向陕甘苏区的战略转移。长征是人类历史上不畏艰难险阻、不畏牺牲的远征，是中国工农红军创造的人间奇迹；长征是中华民族惊天动地的英雄史诗，是中国革命史上一座万世不朽的丰碑。长征跨越了15个省份，翻越了40多座高山险峰，其中包括20余座海拔4000米以上的皑皑雪山，渡过了近百条江河，走过了世界上海拔最高、被称为"死亡陷阱"的茫茫草地。在红军一、二、四方面军和红二十五军6.5万里征程中，红军与重兵"围剿"的敌人作战，先后进行了600余次重要战斗，平均3天就发生一次激烈的大战，平均每天急行军50千米以上，平均每300米就有1名红军烈士的遗骨。长征中，红军指战员的平均年龄不足25岁，战斗员的年龄不足20岁，14岁至18岁的战士占红军总人数的40%以上。

1936年10月，经过艰苦卓绝的长途跋涉和无数次的生死考验，中国工农红军第一、二、四方面军在甘肃会宁地区胜利会师，标志着举世闻名的红军长征胜利结束。会宁大会师是长征胜利的标志，是民族抗战的前进阵地，是革命力量大团结的典范，是中国革命走向胜利的转折点。

仰望会师塔，我们仿佛看到30万红军将士从瑞金等革命根据地一路走来，跨越滔滔急流，征服皑皑雪山，穿越茫茫草地，突破层层封锁，有数十万人在走向会宁的征途中倒下了，他们壮志未酬，他们壮怀激烈，他们的历程惨烈而又悲壮，他们的壮举英勇而又伟大。仰望会师塔，我们分明看到这是一个民族灵魂铸就的金字塔，那浩然正气和威武气概，诠释着理想、信念和崇高，展示着英勇、胆略和忠诚。仰望会师塔，聆听英烈们惊天地泣鬼神的故事，我们不禁心潮澎湃，每一个人都会发自肺腑地说一声:"安息吧,红军英烈们!"仰望会师塔,我们仿佛看见中央红军数万名将士鲜血染红的湘江,仿佛看见皑皑白雪覆盖的夹金山上,多少战士一蹲下去就再也没有站起来,仿佛看见茫茫水渍掩盖的大草地上,多少战士一脚踏出去就陷进泥潭,慢慢地消失在战友们泪眼模糊的视野里,只看见一圈圈的水泡淹没了他们的头顶。仰望会师塔,我们真切地感到今天的幸福生活确实来之不易,革命先烈用鲜血和生命换来的江山,需要我们后人用千倍万倍的真情去珍惜,去爱护。

会师纪念塔,已成为我们告慰先烈英灵的寄托,成为革命和力量的象征。今天,我们回忆长征,就是要把长征和会师精神一代一代传承下去,在长征精神的指引下,在会师精神的感召下,在中国共产党的带领下,取得新长征的伟大胜利。

五、高台县中国工农红军西路军纪念馆

各位游客朋友:

欢迎来到红色高台,来到中国工农红军西路军纪念馆参观。

西路军纪念馆,前身为高台烈士陵园,是为了纪念1936年10月至1937年3月征战河西、血洒祁连的红西路军烈士,经中共中央宣传部批准,于1957年正式建成。经过历年的维修、改建和扩建,现占地面积200亩。它是全国重点烈士纪念建筑物保护单位,先后被命名为全国爱国主义教育基地、全国百家爱国主义教育示范基地、全国百个红色旅游经典景区、全国青少年教育基地、国家国防教育示范基地、当代革命军人核心价值观培育基地、甘肃省党员干部党性教育实践教学基地,也是国家AAAA级旅游景区。

"血战高台"英雄群雕

"血战高台"英雄群雕是由全国著名雕塑家、"黄河母亲"作者何鄂女士于1995年设计创作。雕塑采取立体旋转式雕刻,正面我们看到的就是以牺牲在高台的红五军军长董振堂为原型创作的红军指挥员形象。

中国工农红军西路军纪念碑

矗立在我们面前的中国工农红军西路军纪念碑,高29.37米。碑身正面上方镌刻党徽,寓意红西路军是中国共产党领导下的一支英雄部队。党徽下方为红西路军三十军政委、原国家主席李先念1987年题词:"红军西路军烈士永远活在我们心中"。纪念碑

的基座呈方形，分上下两层。上层为灰色花岗岩材质，分别镌刻着望远镜、大刀、冲锋号、手枪四种图案；底层为汉白玉材质，每一面都是三组汉白玉花环，象征红西路军五军、九军、三十军激战河西、血洒祁连的悲壮征程永载史册，被人们永远铭记。四周是五十六组汉白玉栏杆，寓意我国五十六个民族团结一心、继承和发扬革命传统，为共同实现中国梦而奋斗。

红西路军阵亡烈士公墓

红西路军阵亡烈士公墓是修建陵园时，将散埋在高台城北等地的红军将士遗骨精心清理出来集体合葬在这里，共掩埋着红五军军长董振堂、政治部主任杨克明等参加高台血战牺牲的红西路军将士及在高台组建的抗日义勇军战士等近3000名革命先烈的忠骨。

2019年8月20日，习近平总书记在参观我馆结束后讲道："新中国是无数革命先烈用鲜血和生命铸就的。要深刻认识红色政权来之不易，新中国来之不易，中国特色社会主义来之不易。西路军不畏艰险、浴血奋战的英雄主义气概，为党为人民英勇献身的精神，同长征精神一脉相承，是中国共产党人红色基因和中华民族宝贵精神财富的重要组成部分。我们要讲好党的故事，讲好红军的故事，讲好西路军的故事，把红色基因传承好。"

【课后习题】

1. 简要说明红色导游词创造应该处理好的几种关系。
2. 导游讲解的方法有哪些？
3. 红色旅游景区导游讲解员应该具备什么样的素质？
4. 选择某一红色旅游景区景点，运用学过的导游讲解方法进行模拟讲解。

第五章
红色研学旅行课程设计

【学习目标】

通过本章的学习,了解红色研学课程设计的基本内容;掌握红色研学课程设计的一般流程和方法;能够分析甘肃红色研学旅行资源的特点,能够为不同学段的学生设计适合的研学课程。

第一节 红色研学旅行概述

一、研学旅行与红色研学旅行

研学旅行是以中小学生为主体对象、以集体旅行生活为载体、以提升学生素质为目的,依托旅游吸引物等社会资源进行体验式教育和研究性学习的一种教育旅行活动。2013年国务院办公厅印发的《国民旅游休闲纲要(2013—2020年)》首次提出要逐步推行中小学生研学旅行,之后,教育部开始开展研学旅行的试点工作。2016年,教育部、国家发展改革委等11个部门发布的《关于推进中小学生研学旅行的意见》,要求各地教育部门以及学校将研学旅行纳入中小学教育教学计划,通过集体旅行、集中食宿等方式开展研究性学习和旅行体验相结合的校外实践教育活动,帮助中小学生开阔眼界,提高其社会责任感、创新精神和实践能力。研学旅行在国家政策的推动下蓬勃发展,但目前仍处于初始阶段，优质的研学课程数量不足，红色文化方面的研学课程开发不够。

红色研学是突出教育属性的红色旅游。红色研学旅行是以红色教育为主题，通过集体旅行以及集体食宿等方式开展的集研究学习与旅行郊游于一体的校外教育活动。旨在通过实地参观、学习和交流，让学生深入了解中国革命历史文化，传承红色基因，培养学生的爱国主义情感和民族自豪感，增强学生的社会责任感和文化自信心。红色研学旅行通过参观红色历史遗址和文化景点，学生能够更深刻地认识和感受中国革命的艰辛和付出，可以让学生亲身体验历史、文化和风土人情，拓宽视野，增长知识和见识。红色研学旅行能够让学生了解社会发展的历史进程和社会变迁的原因和影响，从而引导学生承担社会责任，积极参与社会实践。通过深入了解中国革命历史和文化传承，学生能够更加自信地认识和理解中华文化的深刻内涵，从而增强文化自信心和认同感。开展红色研学旅行，不仅有利于让学生感悟先辈的奉献精神，还有利于提高学生的思想道德水平，并在旅途中引导学生主动适应社会、巩固课内知识，弥补校内教育的不足，使学生在沉浸式、体验式教育中实现身心共同成长。

二、红色研学旅行的发展背景

习近平总书记指出"要讲好党的故事、革命的故事、根据地的故事、英雄和烈士的故事，加强革命传统教育、爱国主义教育、青少年思想道德教育，把红色基因传承好，确保红色江山永不变色"。中共中央及国务院等相关部门先后颁发了《新时代爱国主义教育实施纲要》《高校思想政治工作质量提升工程实施纲要》《关于推进中小学生研学旅行的意见》等纲领性文件，均明确提出要大力推动红色教育。各级政府出台了一系列政策文件，推动红色研学旅行的规范化、标准化发展，为红色研学旅行提供了有力的政策保障。

随着社会的发展，人们对红色文化的教育需求日益增强。红色研学旅行通过实地参观、亲身体验等方式，让人们更加深入地了解红色文化，接受革命传统教育，提高思想认识和政治觉悟。旅游业作为服务业的重要领域，在国民经济中占据重要地位。红色研学旅行作为旅游业的一种新形式，融合了红色文化、旅游和教育等多个领域，为旅游业的发展注入了新的动力，成为行业的新热点。同时，随着教育改革的深入推进，素质教育成为教育领域的重要议题。红色研学旅行作为一种实践性、体验性的教育方式，能够让学生走出课堂，接触社会，让学生们在学中行、在行中学，既拓宽了视野，又充实了知识，提高学生的综合素质和实践能力。红色研学旅行的发展是社会、经济、教育和政策等多方面因素共同作用的结果。随着这些因素的不断发展，红色研学旅行将会迎来更加广阔的发展空间和机遇。

三、红色研学旅行的特点

（一）以红色教育为主题

以红色教育为主题是红色研学旅行区别于其他研学旅行的主要特点之一。当前，红色研学旅行在研学市场中占比较大，与红色旅游的深入发展实现了同频共振。在国情教育、国防教育、爱国主义教育等多重因素的作用下，红色研学旅行把红色作为时代精神内涵的象征，以教育为落脚点，以青少年的思想意识教育为抓手，利用红色旅游丰富的内涵和强大的精神能量，精心设置具有针对性的红色主题教育内容、教育活动和教育目标，引导青少年树立正确的国家观、民族观、历史观、文化观，扣好人生的第一粒扣子，确保红色血脉代代相传，红色江山永不变色。

（二）以体验性活动为特色

红色研学旅行是以旅行为载体，将红色文化、革命历史知识、革命英雄事迹等融入红色实践活动中，让学生体验红色精神、感悟红色文化。在研学过程中，激发学生的学习兴趣，引导他们主动了解革命历史、学习红色文化知识，积极探索思考。在红色研学旅行中，研学导师会引导并设置研学任务，如革命故事演讲比赛、红色文化舞台剧演出、革命历史知识问答、红色旅游路线设计等，提高学生对红色文化和历史的理解，增强思维能力和实践能力。

（三）以青少年学生为中心

青少年学生是参与红色研学旅行的主要群体。当前，研学基地和研学营地多以青少年群体的受教育规律和兴趣爱好为中心，对红色研学旅行的教育内容、游览路线、活动形式等进行设计。针对受教育程度较低、身心发展尚未成熟的学生，研学旅行的活动范围较小、教育内容较为浅显，多以参观游览和听取革命历史故事为主。针对高年级且自理能力较强的学生，研学旅行的活动范围有所扩大，教育内容的深度和广度有所延伸，实践活动会涉及红色旅游路线设计、军事体验等。此外，红色研学旅行多以学校或党（团）支部为主要组织单位，便于培养青少年的集体意识，也有助于学校组织管理，提高活动的安全性和针对性。

（四）"云"研学成为新热点

随着科技水平的进一步发展，研学旅行在国内的日益普及，"云"研学已成为旅游行业和教育行业新的发展突破口，很多省市已采取"云游研学基地＋景区"的模式，打造出多种研学游品牌项目和多条精品"云"旅游路线。"云"平台建设有虚拟研学游体验中心，利用先进的互联网技术、GIS技术、虚拟现实技术等，多角度展示虚拟研学游环境，通过"云"互动，直观而生动地向参与者演示景区的地域风貌和文化内涵，以及主要研学游线路的地理位置、景点分布、文化和历史变迁等，使游客产生身临其境的感觉。2020年初，文化和旅游部资源开发司与中国旅游报社，利用中国红色旅游网开设了"云课堂"，推出12堂红色旅游精品网课，将红色研学旅行与云端教育相结合，使学生足不出户就能够接受红色教育，参与红色研学旅行。

四、红色研学旅行的意义

（一）加强和促进新时代爱国主义教育

当前我国已进入中国特色社会主义新时代，面对新阶段、新理念、新格局，爱国主义教育方式需要不断改进和创新。2019年，中共中央、国务院印发《新时代爱国主义教育实施纲要》，明确要求新时代爱国主义教育要面向全体人民、聚焦青少年，建好用好爱国主义教育基地和国防教育基地，依托自然人文景观和重大工程开展教育，寓爱国主义教育于游览观光之中。红色研学旅行正是加强爱国主义教育的创新之举，具有内容广泛、形式灵活多样等特点，是学校开展爱国主义教育的重要形式，是开阔学生眼界、增长学生见识、提高学生学习能力、培养学生爱国主义情怀以及涵养学生精神品质的有效途径。

（二）保护和利用革命历史文化遗产

革命历史文化遗产承载着中国共产党和人民英勇奋斗的光荣历史，记载着中国革命的伟大历程和感人事迹，是党和国家的宝贵财富，是弘扬革命传统和革命文化、加强社会主义精神文明建设、激发爱国热情、振奋民族精神的生动教材。革命老区的纪念馆、革命遗址、烈士陵园等爱国主义教育基地是开展社会主义思想文化教育的重要阵地。作为传承红色基因、赓续红色血脉的有效载体，革命历史文化遗产受到各地各部门的高度重视。全国各地贯彻落实"保护第一、加强管理、挖掘价值、有效利用、让文物活起来"的新时代文物工作方针，不断加大革命文化遗产的全面保护、系统保护和整体保护力度，力求还原历史细节、再现历史事件。同时着力推进革命文化遗产的活化利用，坚持创造性转化、创新性发展，丰富展陈手段，探索文旅融合，生动形象地讲好红色故事，用好红色资源，传承好红色基因。发展红色研学旅行可以通过强化革命历史文化遗产的教育功能，增强革命历史文化遗产的生命力和影响力，拓展社会教育覆盖面来促进其保护开发和利用。

（三）培育和践行社会主义核心价值

红色研学旅行通过用学生喜闻乐见的形式，将红色历史、红色精神与学生的参观、体验、实践有机融合，有利于将社会主义核心价值观润物细无声地扎根于学生心底，激发学生对中国共产党、对国家、对人民的热爱之情，引导学生从小在心里树立起崇高的红色理想。红色研学旅行是展示中国革命、建设、改革、新时代伟大成就的有效方式，是培育和践行社会主义核心价值观的重要举措。红色教育研学旅行的重点在于激发学生家国情怀、传承革命意志，从而提高他们对国家发展的政治认同感，进而推动社会主义核心价值观在学生个体中的贯彻落实。

（四）推动和实施素质教育

研学旅行是一种突出探究性、实践性与开放性的综合型教学活动，其能够打破传统教学中的空间限制，将学生带入实际情境中进行探索与感知，使他们向社会与自然迈进。红色研学旅行能使学生走进革命历史纪念地，近距离地感知革命历史与革命精神，这种实践式红色教育不仅能够激发学生的参与热情和探索精神，还能将革命传统与现实生活联系起来，实现利用革命意志发展学生人格品质与爱国精神的教育目标。红色研学旅行是一种具有实践和创新意义的活动，能够引导学生主动适应社会，促进书本知识和生活经验的深度融合，能使学生在旅行学习过程中增强自我管理能力、培养集体主义精神，并在实践探究式活动中建立自主学习意识，在真切接触社会与自然中增强对生活的热爱与向往。

五、红色研学旅行的目标

研学旅行目标是指开展研学旅行活动的方向和预期达成的效果，是一切研学旅行活动的出发点和最终归宿。开展红色研学旅行的根本目的是立德树人、培养人才。让广大中小学生深刻认识中国共产党为什么能、马克思主义为什么行、中国特色社会主义为什么好。让广大中小学生在研学旅行中感受祖国大好河山，感受中华传统美德，感受革命光荣历史，感受改革开放伟大成就，在学习实践中体验中国共产党领导和中国特色社会主义事业发展历程，增强对坚定"四个自信"的理解与认同。同时学会动手动脑，学会生存生活，学会做人做事，促进身心健康、体魄强健、意志坚强，把历史文化和实践思想结合起来，践行社会主义核心价值观，促进广大中小学生形成正确的世界观、人生观、价值观，增强他们的政治意识、历史意识、民族意识和社会责任感，培养德智体美劳全面发展的社会主义建设者和接班人。

六、红色研学旅行的原则

（一）政治性原则

政治性原则是红色研学旅行的根本。红色研学旅行资源是中国共产党领导中国人民艰辛而辉煌奋斗历史的见证与成果，是中国共产党最宝贵的精神财富。红色血脉是中国共产党政治本色的集中体现，是新时代中国共产党人精神力量的源泉。红色研学旅行必须坚持政治原则，传承红色教育，赓续红色血脉，以史为鉴、开创未来。

（二）教育性原则

教育性原则是红色研学旅行的核心。在旅行过程中，学生不仅需要欣赏美景，更要深入了解红色历史、文化、精神等方面的知识。因此，教育性原则要求研学旅行方案的设计必须结合学生的身心特点、接受能力和实际需要，注重系统性、知识性、科学性和趣味性，为学生全面发展提供良好的成长空间。通过参观革命遗址、博物馆、纪念馆等场所，学生可以更加直观地了解历史，感受红色文化的魅力，从而增强爱国情感和民族自豪感。

（三）实践性原则

实践性原则是红色研学旅行的重要特征。实践是检验真理的唯一标准，只有通过实践才能真正理解和掌握知识。因此，红色研学旅行要因地制宜，呈现地域特色，引导学生走出校园，在与日常生活不同的环境中拓宽视野、丰富知识、了解社会、亲近自然、参与体验。通过实地考察、社会实践等方式，学生可以更加深入地了解社会、了解自然，培养实践能力、创新精神和团队协作精神。

（四）安全性原则

安全性原则是红色研学旅行必须遵循的原则。在研学旅行过程中，学生可能会遇到各种安全隐患，因此必须建立安全保障机制，明确安全保障责任，落实安全保障措施，确保学生研学旅行安全。在制定研学旅行方案时，要充分考虑学生的年龄、身体状况等因素，合理安排行程和交通工具，确保学生的人身安全和财产安全。同时，在活动过程中要加强安全教育和管理工作，增强师生安全意识和自我保护能力。

（五）公益性原则

公益性原则是红色研学旅行的特色。红色研学旅行要坚持以公益性教育为主，对中小学生红色研学旅行要实施减免场馆、景区、景点门票的政策，让贫困家庭学生免费参加，并提供优质研学旅行服务。

七、红色研学旅行基地

（一）红色研学旅行基地与爱国主义教育基地

红色研学旅行基地与爱国主义教育基地有许多交集，但爱国主义教育基地的范围更为广泛。红色研学旅行基地更加强调展示红色文化的内涵和形式，基地的各类教育活动要体现继承和发展革命精神、民族精神和中国共产党领导下形成的时代精神。开展红色研学旅行基地建设，需要整合和吸收现有爱国主义教育基地建设的优秀经验和成果。同时，要更加重视红色研学旅行学习基地的资源整合，研学产品的开发和可持续发展。根据全国中小学生研学实践教育平台发布的数据，全国共有红色研学实践教育基地174家，包含了革命传统教育、国情教育、国防教育等内容。从地区分布来看，我国大部分省（区、市）均建有红色研学实践教育基地，其中北京市建有红色研学教育基地21处、山东省12处、河南省12处、江苏省11处，位居全国前列。2022年，甘肃省委宣传部、省教育厅、省文旅厅印发《关于成立甘肃省职业教育红色文化研学旅行示范基地的通知》。其中确定了5个甘肃省职业教育红色文化研学旅行示范基地和5个甘肃省职业教育红色文化研学旅行示范基地培育建设对象（详见表5-1）。

表5-1　甘肃省红色研学旅行示范基地（截至2022年12月）

基地分类	基地名称
首批甘肃省职业教育红色文化研学旅行示范基地	庆阳职业技术学院、南梁干部学院、南梁革命纪念馆联合基地
	兰州城市学院、培黎职业学院、甘肃省山丹培黎学校、山丹艾黎纪念馆联合基地
	武威职业学院、古浪县八步沙林场联合基地
	平凉职业技术学院、庄浪县梯田纪念馆联合基地
	兰州资源环境职业技术大学基地

续表

基地分类	基地名称
甘肃省职业教育红色文化研学旅行示范基地培育建设对象	陇南师范高等专科学校、哈达铺红军长征纪念馆、两当兵变纪念馆联合培育建设基地
	甘肃有色冶金职业技术学院培育建设基地
	兰州佛慈医药产业发展集团有限公司培育建设基地
	高台县职业中等专业学校培育建设基地
	酒泉职业技术学院培育建设基地

（二）红色研学旅行基地的特点

研学导师政治素质高。红色研学旅行基地由于其资源特点和政治功能，要求研学导师甚至基地的管理人员具有很高的思想政治素养。

主题和功能特色鲜明。红色研学旅行基地是建立在中国共产党领导人民奋斗和革命，建设社会主义的成就和伟大精神的基础上的。它不仅具有教育功能，而且还具有社会和政治功能，特别是政治功能，这是与一般研学旅行基地不同的关键点。

区域内基地关联性强。由于历史事件的顺序和历史人物的活动轨迹，不同的红色旅行研学基地，特别是一定区域内的基地，必须形成有机的联系和资源共享。

第二节　甘肃红色研学旅行课程设计

红色研学旅行课程是以校外旅游形式实施的国家中小学生必修的实践课程。红色研学旅行课程设计是指以红色研学旅行课程观为指导，制定红色研学旅行课程标准、选择和组织红色研学教育内容、设计红色研学方式的活动。课程设计应遵循研学旅行的特点，借助一定的教学方式和方法，结合学生实际情况确定红色研学旅行课程目标，对红色研学旅行教学内容进行计划、组织、实施、评价、修订，最终实现红色研学旅行的教学目标。

一、红色研学旅行课程的设计原则

红色研学旅行课程的设计应以学生为中心，注重多样性、综合性、跨学科的知识融通和实践性、体验性以及安全性。通过科学合理的课程设计，让学生更好地了解红色历史和文化，培养爱国情感和社会责任感，提高综合素质和能力。

（一）思想引领原则

红色研学旅行顺应新时代中国共产党对教育的新要求，是中国特色社会主义教育制度的重要内容，它具有鲜明的政治性和思想性。红色研学旅行课程设计必须始终以赓续红色血脉，用党的奋斗历程和伟大成就鼓舞中小学生的革命斗志、指引中小学生前进的方向，用党的光荣传统和优良作风坚定中小学生的理想信念，激发广大中小学生对党的热爱。

第一，要坚持政治性、思想性、艺术性相统一，用史实说话，生动传播红色文化。

第二，要强化教育功能，讲好党的故事、革命的故事、英雄的故事，设计符合青少年认知特点的研学旅行课程。

第三，要做到每一堂课，都要让学生的心灵受到震撼，精神受到洗礼，引导学生从小树立红色理想。

（二）实际体验原则

红色研学旅行是学校理论教育与校外红色实践教育相结合的教育教学形式，红色研学旅行具有显著的实践性、探索性，学生需要在校外红色研学旅行的实践中发现感兴趣的问题，进而去研究、解决问题。

第一，要确保设计方案的可操作性，课程要围绕学生感兴趣的具体问题或红色研学主题展开内容设计。内容设计以任务目标为导向，要求学生亲自动手、动脑参与体验，体会中国共产党的峥嵘岁月，怀着崇敬之心去，带着体验感悟回。

第二，秉承实际体验原则，研学旅行课程在设计上要因地制宜，依托不同的红色研学旅行环境，通过"行、旅、学、研、思"等环节的整合设计，让学生在体验、体悟、体认中做到旅中有学，学中有研，研后有思。在红色研学旅行的实际体验中，培养学生创新精神和实践能力，提高学生爱党爱国情怀。

（三）情境创设原则

红色研学旅行总是与一定的红色文化背景，即"红色情境"相联系，是在实际的红色情境下进行学习，因此，创设真实的红色研学旅行情境成为课程设计的重要任务。

第一，研学旅行导师要在红色研学旅行过程中，设置真实存在的情景，触发与研学旅行活动相关的问题。

第二，研学导师要切实激发学生对红色研学旅行的参与积极性，创设革命事件的历史情境，引导学生穿越时空，回到战火纷飞的年代，重温那一段峥嵘岁月，回顾党一路走过的艰难历程，让学生亲身体验，感同身受。

第三，可采用角色扮演的方式，引导学生充分做好历史背景知识的学习，模拟在真实问题情境下的各种角色的行为，感受中国共产党艰辛而辉煌的奋斗历程，激发学生的梦想和追求、情怀和担当、牺牲和奉献。

（四）学生为本原则

红色研学旅行课程设计要以学生为本，充分发挥学生的主体作用，激发学生的创新意识，培养学生的创造精神。

第一，关注学生在红色研学旅行过程中的体验和感悟，引导学生了解中国共产党艰辛而辉煌的奋斗历程，增强他们的责任感、成就感、荣誉感、幸福感。

第二，鼓励学生以革命先烈在百年奋斗中形成的丰富经验、用伟大精神滋养自己的精神状态，致力于学习和实践之中。

第三，红色研学旅行的课程要强调学生身心参与，注重手脑并用。把握红色研学旅行的根本特征，让学生亲历红色研学旅行过程，认真观察思考，注重运用所学知识解决实际问题，提高自己的综合能力和思想觉悟。

第四，坚持适当适度。要根据学生年龄特征、性别差异、心理需求、身体状况等特点，选择合适的红色研学旅行项目和内容，安排适度的研学时间和强度，做好安全保护，确保学生人身安全。

二、红色研学旅行课程的关键要素

红色研学旅行课程的设计包括课程主题、资源、目标、内容、实施、评价、师资等要素。

（一）课程主题

研学旅行课程属于综合实践活动课程，每次活动必须有一个确定的主题，且主题设计应具有综合性和实践性特点。红色研学旅行主题的综合性体现在研究和体验不是孤立开展的，而是个体经验、社会生活和自然体验的融合过程。红色研学旅行主题的实践性体现在主题的设计必须有可操作的内容。比如，红色研学旅行主题是关于中国工农红军西路军的内容，就应该安排学生参观中国工农红军西路军纪念馆，探寻红军西路军的故事，实地感受红色文化。

（二）课程资源

学科课程的资源一般包括教科书、教辅材料、练习册、教学课件、教具、实验器材等。然而，研学旅行活动课程比较特殊，其资源必须依赖于各种校外红色研学旅行基地，如革命旧址、纪念馆、红色歌曲、红色教育基地等。红色研学线路资源是红色研学旅行得以顺利实施的基础。当然，红色研学旅行也需要研学手册、阅读资料、电脑软件等必要的课程资源。

（三）课程目标

红色研学旅行课程的目标应该从发展学生核心素养的角度来制定，具体包括知识、能力、方法、情感、态度、价值观等。但不是每一个研学旅行活动课程都必须包括这些，而是根据研学旅行主题和目的地来选择目标。

（四）课程内容

红色研学旅行课程的内容是根据研学主题、研学目标、研学基地、研学时间等因素来确定的，研学旅行的内容就是参观考察的对象和学习方式。

（五）课程实施

课程实施就是根据红色研学旅行课程设计方案逐步付诸实施的过程，以课程目标为主导，根据流程逐步完成预设学习内容的各个环节。行前、行中、行后"三段式"课程全部完成，才算完成课程的实施。

（六）课程评价

红色研学旅行评价不同于学科课程评价，红色研学旅行评价必须采用过程性评价，需要多元主体参与，研学后的成果展示与交流也是评价的一部分。研学旅行评价要纳入综合素质评价。综合素质评价中有思想品德、学业成就、身心健康、艺术素养和社会实践五大维度，研学旅行属于"社会实践"维度，可将学生在研学旅行中的学习表现计入其中。

（七）课程师资

红色研学旅行的师资具有特殊性。研学旅行师资可以分为专业教师和支持教师两大类。专业教师主要负责学生专业活动的知识讲解、活动安排、课题指导等工作。支持教师主要负责学生日常生活、活动的组织管理及安全健康保障。从师资来源看，主要分为学校教师、第三方机构领队、业内指导专家、活动地服务人员、家长志愿者等各类人员。

三、红色研学旅行课程方案设计

红色研学旅行课程方案包括主题课程方案和专题课程方案。

（一）红色研学旅行主题课程方案

1. 主题课程方案

红色研学旅行主题课程方案是研学旅行导师根据红色研学旅行活动所用的红色研学旅行资源单位教材、学校教科书和学校教学总要求，结合学生具体情况，按照红色研学旅行目标来编制的整体研学旅行进度计划。类似于研学旅行实践中的"一日红色研学行程单""三日红色研学旅行线路行程",也类似旅游中的"甘肃红色四日游行程单""二日游红色旅游线路"和中小学教师的"学期教学进度计划"以及"课题（单元）计划"。简言之，红色研学旅行主题课程是导师对某次研学旅行教学的总体规划与准备，是研学旅行活动的前提和依据。

2. 主题课程方案的要素

红色研学旅行主题课程方案主要包括主题课程名称、学校班级、研学旅行课程方案设计者、研学旅行项目组长、总课时、研学旅行具体项目负责人、研学旅行目的地、研学旅行课程总目标、研学旅行内容及实施流程、活动经费说明、师资配置情况、研学旅行方式、研学旅行方法、安全管理制度及防控措施、研学评价、研学反思等要素。

课程名称要做到意义准确、突出红色主题、突出思想性、规范简洁、富有思想教育气息。红色研学的主要方式包括参观博物馆，党、团队教育活动，考察探究，设计制作，职业体验，劳动教育等。主要研学方法有讲授法、参观法、小组合作法、讨论法、多媒体教学法、训练与实践法等。

红色研学旅行总目标是通过对红色旅游资源的挖掘和利用，传承和弘扬伟大的红色文化，提高青少年的爱国主义情怀和社会责任感，培养一代又一代有理想、有道德、有文化、有纪律的社会主义建设者和接班人。红色研学的对象主要是与中国共产党的光辉历程有关的革命圣地、红色旧址、革命纪念地以及这些标志物所承载的革命故事、英雄故事、英雄事迹和革命精神。

3. 主题课程方案的设计格式

红色研学旅行主题课程方案设计的格式同常规的研学旅行主题课程方案设计的格式一样，可分为条目式和表格式两种形式，如表5-2和表5-3所示。

（1）条目式

表5-2 条目式红色研学旅行主题课程方案

红色研学旅行主题课程方案（条目式）	
课程名称	
学校班级	
设计者	
设计时间	

续表

项目组长	
指导师	
学校代表	
带队老师	
导游	
项目专家	
总课时	
课程总目标	
研学目的地	
师资配置	
研学内容及流程	
研学方式	
研学方法	
安全管理	
研学评价	
研学反思	
经费说明	

（2）表格式

表 5-3　表格式红色研学旅行主题课程方案

红色研学旅行专题课程方案（表格式）							
项目组长		执行人		学校代表		联系方式	
学校班级		研学人数		带队老师		联系方式	
总课时		研学目的地					
课时总目标								
天数	节次	时间	课程内容及流程	方式方法	项目专家	负责人	
第一天	1						
	2						
	3						
	……						

续表

	1						
第二天	2						
	3						
	……						
师资配置							
安全措施							
研学评价							
活动经费							
研学反思							
备注							

研学旅行课程方案的设计是一种创造性劳动，不同的导师设计风格不同，实践中不可能要求导师按同一个格式来设计课程，需要每位导师发挥自己的聪明才智，做出创造性的红色研学旅行主题方案设计。但是无论哪种格式或模板，研学旅行主题课程内容中的基本要素都是不能忽视的。

（二）红色研学旅行专题课程方案

红色研学旅行专题课程是指在实施红色研学旅行教育教学的过程中，为达到某一专门教学目的或解决某一专门问题而对学生进行的教育课程。如党旗的制作、我是小小发报员体验、红军饭制作等红色研学旅行专题。

红色研学旅行专题课程方案是对红色研学旅行专题课程目标、红色研学内容、研学方式的规划和设计，是研学计划、研学教材等诸多方面实施过程的总和。类似于中小学教师的课时计划（教案）。

1. 专题课程方案的要素

红色研学旅行专题课程方案和其他常规的研学旅行专题课程方案一样，主要包含课程名称、学校班级、带队老师、设计者、研学导师、导游、专题课时、研学目的地、课程目标、研学背景、研学链接、研学内容、研学重点、研学难点、研学教具、研学方法、研学方式、研学过程、研学评价、研学反思等要素。红色研学旅行专题课程方案与其他常规的研学旅行专题课程方案要素的不同之处在于课程目标、研学背景和研学链接。

（1）课程目标

红色研学旅行课程的总目标是立德树人、培养人才，传承红色基因，赓续红色血脉。专题课程目标要注重培养核心素养目标和强化政治思想品德目标。

【综合实践目标】《中小学综合实践活动课程指导纲要》指出，中小学综合实践活动课程的总目标包括价值体认、责任担当、问题解决、创意物化四个方面的意识和能力，是由核心素养目标演变而来的综合实践目标。鉴于红色研学旅行课程与综合实践活动课程存在很多共同点，在红色研学旅行课程目标的设计上，要与学校综合实践活动课程的目标统筹考虑，红色研学旅行专题课程目标可以包括价值体认、责任担当、问题解决、创意物化四个方面。

表 5-4　红色研学旅行专题课程目标

课程目标	价值体认	
	责任担当	
	问题解决	
	创意物化	

表 5-4 中课程目标为价值体认、责任担当、问题解决、创意物化四个方面的具体内容，根据学生学段层级差别，可借鉴《中小学综合实践活动课程指导纲要》中的学段目标，并注入红色教育的目标元素。

【核心素养目标】我国学生核心素养以培养"全面发展的人"为核心，如表 5-5 所列，其框架由文化基础、自主发展、社会参与三个方面构成，综合表现为人文底蕴、科学精神、学会学习、健康生活、责任担当、实践创新六大素养，具体细化为人文积淀、人文情怀、审美情趣、理性思维、批判质疑、勇于探究、乐学善学、勤于反思、信息意识、珍爱生命、健全人格、自我管理、社会责任、国家认同、国际理解、劳动意识、问题解决、技术应用 18 个基本要点。设计研学旅行课程目标时可结合这 18 个基本要点，参考中小学各学段学科目标，并注入红色教育目标元素。

表 5-5　中国学生发展核心素养框架要素

三个方面	六大素养	基本要点		
文化基础	人文底蕴	人文积淀	人文情怀	审美情趣
	科学精神	理性思维	批判质疑	勇于探究
自主发展	学会学习	乐学善学	勤于反思	信息意识
	健康生活	珍爱生命	健全人格	自我管理
社会参与	责任担当	社会责任	国家认同	国际理解
	实践创新	劳动意识	问题解决	技术应用

【劳动教育目标】劳动教育是全面发展教育的重要组成部分，在红色研学旅行中，劳动教育目标的设计需要参考中共中央、国务院《关于全面加强新时代大中小学劳动教育的意见》、教育部《大中小学劳动教育指导纲要（试行）》，这两个文件指出了劳动教育的总体目标，即深入挖掘中国共产党、中国人民在红色革命、建设中的劳动精神，准确把握社会主义建设者和接班人的劳动精神面貌、劳动价值取向和劳动技能水平的培养要求，全面提高学生劳动素养，使学生树立正确的劳动观念、具有必备的劳动能力、培育积极的劳动精神、养成良好的劳动习惯和品质。

在制定劳动教育目标时，应依据学生所处的不同学段和层级，参照《大中小学劳动教育指导纲要（试行）》中规定的教育目标和学段要求进行编写。所有涉及劳动教育的课程都应遵循这一标准，同时，红色劳动教育目标还需融入红色教育目标元素，编写方式可参照表 5-6。

表 5-6　红色研学旅行劳动教育目标

劳动教育目标	劳动观念	
	劳动能力	
	劳动精神	
	劳动习惯和品质	

（2）研学背景

红色研学旅行背景是指红色研学旅行资源单位的政治背景、红色文化背景、食住行背景等，在红色研学旅行专题课程方案的撰写过程中，要对资源单位的政治背景、红色文化背景、食住行背景等相关内容进行介绍。

(3) 研学链接

研学链接是指红色研学旅行专题课程内容和中小学现行课程教材中相关联的地方，在研学旅行实践中俗称"研学链接"。

2. 专题课程方案设计格式

红色研学旅行专题课程方案设计的格式同常规的研学旅行专题课程方案设计的格式一样，包括文字式和表格式两种形式。

（1）文字式

红色研学旅行专题课程方案（文字式）包含的要素如图5-1所示。

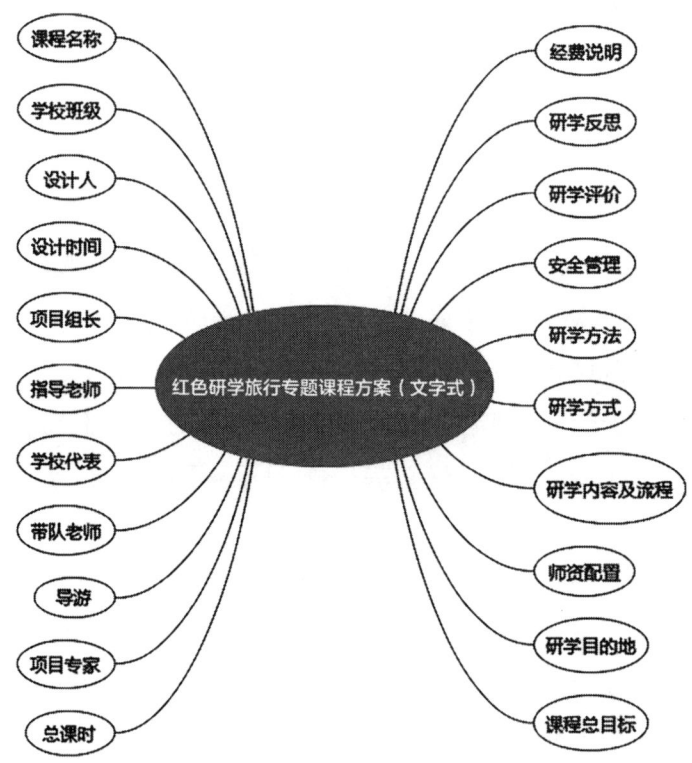

图5-1　红色研学旅行专题课程方案（文字式）要素

（2）表格式

表格式红色研学旅行专题课程方案，如表5-7所示。

表 5-7 红色研学旅行专题课程方案

红色研学旅行专题课程方案（表格式）					
专题课程			研学地点		
学校班级			校方代表		带队老师
设计人		指导老师		导游	专题课时
课程目标	价值体认					
	责任担当					
	问题解决					
	创意物化					
研学背景					
研学链接					
研学内容					
研学重点					
研学难点					
研学方式	考察探究□社会服务□设计制作□职业体验□团队教育活动□博物馆参观□劳动教育□				
研学方法	课堂讲授法□问题探究法□训练与实践法□现代信息技术□小组合作□讨论法□参观法□				
教具准备					
研学旅行过程					
研学前	［研学准备，设置问题］				
研学中	［研学导入，提出问题］				
	［研学新课，解决问题］				
	［研学总结，拓展问题］				
研学后	［研学评价，反思问题］				
研学成果					

（三）红色研学旅行的教学过程

开展红色研学旅行教学活动，首先要掌握红色研学旅行常用的教学方式和教学方法。

1. 红色研学旅行的教学方式

（1）党、团队教育活动

党、团队教育活动是指由中国共产党、中国共青团、中国少先队组织机构开展的影响学生身心发展的各种有主题、有目的性的教育活动，如红领巾爱心义卖行动、党旗下的演讲比赛等。注重对学生的政治思想品德教育，培养学生爱国、爱党、爱团、爱少先队组织的理想信念和高尚的爱国情操。

党、团队教育活动的主要流程包括：明确活动目的——制订活动计划——开展教育活动——活动成果展示——反思与改进。

（2）博物馆参观

博物馆参观是指学生在导师的指导下，对博物馆、纪念馆等进行参观、考察、探究，如军事博物馆参观、烈士纪念馆参观、党支部纪念馆参观等。注重学生的亲历感悟、实践体验、行动反思，形成理性思维，通过对博物馆的红色文化展示及革命文物陈列，使学生了解人类文明、民族历史积淀，获得崇拜感和自豪感，拓宽个人视野，培养学生自主探索和创新精神。

博物馆参观的主要流程包括：明确参观红色主题目标——选择红色博物馆——参观并聆听讲解、体验探究——参观后的任务实施，实践体验——开展小组交流，分享参观感受——成果交流，知识拓展——回顾反思与总结。

（3）考察探究

考察探究是学生基于自身兴趣，在导师的指导下，从红色研学旅行资源中选择和确定研究红色主题，开展研究性学习，在观察、记录和思考中，主动获取知识，分析并解决问题的过程。注重运用红色基地实地观察、访谈、实验等方法，获取材料，形成理性思维、批判质疑和勇于探究的精神。

考察探究的主要流程包括：明确红色研学旅行目标——发现并提出问题——提出假设，选择方法，研制工具——获取证据，提出解释或观念——交流、评价探究成果——反思和改进。

（4）社会服务

社会服务指学生在导师的指导下，向革命先烈和优秀的共产党人学习，走向社会，参与社会活动，以自己的劳动和服务满足社会组织或他人需要，如公益活动、志愿服务、野外生存救护等。强调学生在满足被服务者需要的过程中，获得自身发展，促进相关知识技能的学习，提升实践能力，成为敢于担当、无私奉献的人。

社会服务的主要流程包括：明确红色研学旅行目标——明确服务对象与需要——制订服务活动计划——开展服务行动——反思服务经历——分享活动经验。

（5）设计制作

设计制作指学生向先进模范人物学习，运用各种工具、工艺（包括信息技术）进行设计，并动手操作，将自己的创意、方案付诸现实，转化为物品或作品的过程，如八路军军装制作、标枪制作、军事地图绘制等，注重增强学生的技术意识、工程思维、动手操作能力，以及团队协同能力等。在课程实施过程中，鼓励学生手脑并用，灵活掌握、融会贯通各类知识和技巧，提高学生的技术操作水平、知识迁移水平，体验工匠精神和共产党人的革命精神等。

设计制作的主要流程包括：明确红色研学旅行目标——创意设计——选择活动材料或工具——动手制作——交流展示物品或作品，反思与改进。

（6）红色劳动教育

红色劳动教育是发挥劳动育人功能，在红色研学旅行基地对学生进行热爱劳动、热爱中国共产党，热爱劳动人民、珍惜劳动成果的教育活动，利用红色研学旅行资源，让学生动手实践、出力流汗，接受锻炼、磨炼意志，培养学生正确的劳动价值观、良好的劳动品质，加深对共产党艰苦奋斗的理解，珍惜来之不易的幸福生活。

劳动教育的主要流程包括：明确红色劳动教育目标——选择活动材料或工具——劳动技术和流程讲解、说明、示范——淬炼操作，让学生动手参与劳动——项目实践——反思交流——榜样激励——劳动教育评价。

2. 红色研学旅行的教学方法

红色研学旅行教学方法是导师和学生为了实现共同的研学旅行目标，完成共同的研学旅行任务，在研学旅行活动中采用的适合红色研学旅行资源的教学方式、途径和手段的总称。

（1）直接讲授法

直接讲授法，也叫讲授法，是施教者（老师、导师、红色讲解员）通过语言系统地向学生描绘革命情境、叙述事实、解释概念、论证原理和阐明规律的一种教学方法。这是博物馆、纪念馆常用的教学方法。

直接讲授法的程序：课前准备；导入新课；开展新课；总结回顾；布置作业；评价反馈。

（2）小组合作法

小组合作法是指学生在研学旅行中为了完成共同的任务，组成各种合作小组，有明确责任分工的互助性学习。小组合作法要求学生要全员参加、学生要主动参与、学生要人人有岗位。

第一，引导学生选择、确定红色研学主题，制定活动方案（活动目标、活动准备、过程设计）。

第二，按照小组制订的计划开展活动，随时做好活动记录。

第三，活动告一段落时，要及时总结活动的体验，准备小组交流的材料。

第四，在做活动总结时，尽量通过多种形式展示研究成果。

第五，活动结束之后，要求每一位学生都要进行红色研学旅行的反思，对取得的成绩、存在的问题及得到的经验和教训等方面的情况进行评价与描述，以激发学生内心深层次的触动和感受，加深对中国共产党的认同和敬仰。

（3）参观访问法

参观访问法是指研学导师通过有计划、有组织地安排学生到红色研学旅行基地参观访问，使学生得到启发、巩固所学的知识、技能，提高思想觉悟的一种教学方法。

参观访问法的流程：

第一，要明确自己所要参访的对象及参观范围。

第二，联系参观的红色研学旅行基地及有关人员。

第三，根据参观访问主题查阅参观访问对象的相关资料。

第四，导师可协同组织并设计参观访问的路线及人员。

第五，选择并设计指定参观访问的内容。

第六，要求学生带好记录工具，做好记录。

第七，导师以例证方式进行具体指导，如在描写参观对象时，要写清方位、布局、形状、色彩、构造、特色、功能等，能用数字说明的尽量用数字说明；注意所写内容的科学性、知识性和趣味性；用词要求准确、形象。

第八，参观行程结束后，进行简短的讨论总结，查看是否到达预期目的。

（4）成果展示法

成果展示法是学生把自己或小组在红色研学旅行活动中的收获汇集、整理成各种形式的成果（作品），并通过多种方式在班级、年级或学校进行交流、展示和评价。

成果展示的内容就是学生围绕红色研学目标进行主题探究活动的过程和结果，如学生进行调查研究、走访、统计、收集与整理资料、动手制作、动脑创意等活动过程的记录与分析结果。有成型的成果,如小论文、调查报告、汇报演讲稿、手工作品、自编报刊、图形设计、方案设计,也有在活动过程中产生的初级成果,如观察记录、调查记录、资料摘抄、收集的资料等。

（5）情境体验教学法

情境体验教学法是导师、讲解员在红色研学旅行教学过程中,有目的地引入或创设具有一定情绪色彩的、以形象为主体的生动具体的红色场景,以引起学生一定的态度体验,从而帮助学生理解红色研学旅行内容,并使学生的心理机能得到全面发展的教学方法。情境体验教学法的核心在于激发学生爱党爱国的革命情感。

情境体验教学法的流程包括：带入情境；演示情境；再现情境；渲染情境；表演情境；描述情境；反思情境；提升情境。例如,学生通过开展五四爱国运动情景剧表演,通过参与系列过程,最后反思自己在学习中、生活中的不足之处,联系自己生活和学习实际,努力提高自己为人民服务的本领,肩负起中华民族伟大复兴的使命。

（6）角色扮演法

角色扮演法是指研学旅行导师、讲解员在红色研学旅行教学中,通过红色研学旅行情景模拟,要求学生扮演指定行为角色,并对学生行为表现进行评定和反馈,以此来帮助学生提升自身综合素养、提高个人行为技能、提高政治思想觉悟的一种教学方法。

角色扮演方法的教学程序包括：选择红色剧情；布置红色场景；选择小组；分配任务；选拔红色演员；组织观众；开展红色表演；回顾讨论；活动评价。

（7）讨论研学法

讨论研学法是指在研学旅行指导师指导下,对红色研学旅行教学内容和问题,通过全班或小组讨论,发表看法,进行辩论,取得结论,从而获得知识、提升觉悟的一种教学方法。

在红色研学旅行过程中,运用讨论法可以使学生互相启发,集思广益,取长补短,有助于对党的革命知识的深入探讨,还可以活跃学生思想,充分发挥研学旅行的主动性、积极性,培养他们的独立思考能力、口头表达能力、合作协同能力和综合分析问题的能力,加深对中国共产党的理解和热爱。

运用讨论法的教学程序是：提供资料、启发思路、得出结论。

首先,设计问题,做好准备。讨论之前,研学导师应向学生说明讨论的问题和要求,提出注意事项,布置查阅、记录研学旅行中应该讨论的材料。

其次,组织讨论,启发思路。以研学旅行小组为单位,要把每个学生组织到讨论中来。讨论时,要学生围绕红色研学旅行主题,发表意见,使讨论逐步深入。特别要鼓励那些平时不爱发言的学生大胆发表自己的看法,研学导师要启发学生的讨论思路,引导学生正确开展讨论教学。

最后,讨论总结,点评反思。讨论结束,研学导师对讨论的内容要做出简要总结,要紧密联系课题内容,正确概括出问题的答案。对疑难问题,要给予明确结论。同时指出讨论过程中的优点和缺点,引导学生积极反思,找出差距,提升自己的思想觉悟。

(四)红色研学旅行教学过程的环节

红色研学旅行的教学过程是红色研学旅行课程的实施过程,是指研学旅行导师在红色研学旅行活动中授课或学生接受导师、讲解员授课,学生获得知识、增强技能、提高觉悟、培养素养的过程。红色研学旅行课程的实施过程是整个红色研学旅行工作的中心环节,也是提高红色研学旅行质量的关键。

红色研学旅行的教学过程和其他常规研学旅行教学过程一样,课程实施按照实施时间的顺序可分为研学旅行前、研学旅行中和研学旅行后三个基本步骤。按照实施步骤和任务,这三个基本步骤可划分为五个基本环节,即研学准备、设置问题,研学导入、提出问题,研学新课、解决问题,研学总结、拓展问题,研学评价、反思问题。在实践中,"三个步骤五个环节"的研学旅行教学方法称为"三步五环研学法"(如表5-8所示)。

表5-8 研学旅行三步五环研学法

步骤	研学段	环节	环节名称	具体内容
第一步	研学前	第一环	研学准备,设置问题	略
第二步	研学中	第二环	研学导入,提出问题	略
		第三环	研学新课,解决问题	略
		第四环	研学总结,拓展问题	略
第三步	研学后	第五环	研学评价,反思问题	略

1. 研学准备、设置问题

在红色研学旅行的教学活动开始前，有经验的研学旅行导师要设计有关的研学旅行问题并让学生提前准备，以避免因没有掌握好或没有准备好而产生学习障碍，为顺利开展红色研学旅行教学创造条件，这就是所谓的研学旅行前的准备，简称研学准备。

研学准备环节包括：组建研学旅行小组、明确课程目标、布置研学任务、做好研学事务准备。

2. 研学导入、提出问题

"研学导入、提出问题"是三步五环教学法的第二环节，这一环节的主要内容有：组织教学、检查研学任务、分组讨论。

组织教学是研学旅行导师通过对学生情绪状态的调剂和纪律的维护，使学生能跟随指导师的研学步骤，有效地实现预定红色研学旅行课程目标的过程。组织教学的目的是引导学生对参与红色研学旅行教学过程做好心理上和物质上的准备，吸引学生的注意并创设一种良好的研学情境或气氛。它不仅是研学授课前的特定阶段，也贯穿于整个教学活动中。

"研学导入、提出问题"这个环节，可以在学校开展，可以在前往红色研学旅行基地的交通工具上开展，也可以在研学基地开展。

3. 研学新课、解决问题

研学新课就是研究学习新的研学旅行课程，解决研学旅行教学目标所涉及的研学内容和问题。这是"三步五环研学法"的第三环节，是专题课程教学的主要部分，也是整个红色研学旅行课程教学的中心环节。这一环节的主要内容有：传授革命历史知识和技能、演练革命历史知识和技能、塑造学生红色思想品德和精神，树立崇高理想和坚定信念。

在引导学生学习红色研学旅行新内容时，研学旅行导师的关键作用在于组织合理的学习活动，调动学生的学习积极性，引导学生的思路并启发他们的思维，使学生处于积极活动状态。

4. 研学总结、拓展问题

"研学总结、拓展问题"是三步五环研学法的第四环节，这一环节的主要内容有：回顾总结本次课程的革命历史知识和相关技能，运用所学知识和技能拓展解决新的问题，全面塑造学生红色思想品德，传承红色精神。

5. 研学评价、反思问题

"研学评价、反思问题"是三步五环研学法的第五环节，这一环节的内容有研学后评价、研学后服务、研学后反思三部分，在实际教学过程中都要展开执行。

（五）研学旅行的教学实施要求

红色研学旅行课程的教学实施是提高红色研学旅行教学质量的关键。正确开展红色研学旅行教学的首要条件是要坚持以中国共产党革命理论和精神为指导，遵循研学旅行教学规律，结合红色研学旅行特点，运用红色研学旅行教学方法创造性地开展红色研学旅行。

1. 确保整体方案的思想性

红色研学旅行课程整体方案的思想性，是正确实施红色研学旅行课程的基本质量要求。研学旅行导师或者项目专家要准确无误地向学生传授革命知识、革命精神，要深入发掘红色研学旅行资源内在的思想性，师生共同切磋，认真探求真知，让学生深受启迪、震撼或认同，激起学生的思想共鸣，使他们受到深刻的革命教育。

2. 始终围绕红色目标教学

红色研学旅行课程的总目标是立德树人，培养人才，传承红色基因，赓续红色血脉。红色研学旅行全程都要围绕这个总目标开展教学。

3. 发挥先模学生的带头作用

整个研学旅行过程，要始终发挥共产党员、班干部、共青团员、少先队员等先模人物的模范带头作用，依靠先进模范学生，引领全体学生全身心地投入到红色研学旅行中来。

4. 突出亲自参与实践的环节

红色研学旅行蕴含丰富的实践教学元素，它强调每位学生的亲身参与和动手体验。这种学习方式旨在打破传统的被动听取讲解的学习模式，激发学生主动探索的兴趣，将机械式记忆转化为富有探究性的研究型学习。只有让学生成为红色研学活动的中心，才能够充分挖掘这一教育形式的潜在价值，促进学生综合素养的全面提升。

为了提升红色研学旅行的教育价值，有必要从以观光为主的模式转变为更深层次的互动和体验式学习。早期红色纪念馆和革命博物馆的参观活动往往停留在表面层次，如简单地听讲解、游览和拍照留念，这些活动虽然能够提供一定的历史知识，但学生通常只是被动地接收信息，缺乏深入的实践和参与。

红色研学旅行应当融入更多的实践环节，鼓励学生主动学习和探索。可以通过设计互动式展览、模拟活动、角色扮演游戏等方式来实现，让学生在亲身体验中学习和感悟红色历史。研学导师应当引导学生进行批判性思考，将所学知识与当代社会联系起来，从而促进知识的深层理解和内化，转化为实际的生活技能。

通过这些方面的改进，红色研学旅行不仅能够拓宽学生的视野，还能够增强他们的自主学习能力和探究精神，提升整体的学习效果。使红色研学旅行成为一种更加丰富和有意义的教育体验，更好地满足学生和家长的期待，发挥其在传承红色文化和培养历史责任感方面的重要作用。

5. 始终坚持小组学习与个人学习相结合

为了增强教育效果，可以采用问题导向的教学策略。这种方法的核心在于激发学生的好奇心和探究欲，让他们在正式参与研学旅行之前，通过自我驱动的学习方式积极地探索和准备，以此积累对于即将进行的研学活动所需的知识和技能。自主学习能够让学生对学习内容有更深的理解和掌握，并有助于培养他们独立解决问题的能力。

当学生投入到研学实践中时，活动设计可以通过小组合作的形式进行。小组合作能够促进学生之间的互动，提升他们的团队协作能力。在每个小组中，学生们被鼓励担任不同的角色和职责，从计划和决策到执行任务，每个成员都需要积极参与，充分展示自己的能力和潜力。通过明确的分工和紧密的合作，学生们学会了如何在团队中发挥作用。这有助于增强他们的责任感和集体意识，锻炼他们的领导和组织能力。在追求共同目标的过程中，体验到团结一致的力量，以及每个人对于团队成功的重要性。

6. 调动学生积极性和主动性

研学导师具有饱满的研学热情，学生就能够处于积极主动的状态之中。要千方百计地引导学生的思路，启发学生的思维，激活学生的智力活动，确保学生在整个红色研学旅行活动中都能表现出研学热情和活力。

充分调动学生研学的积极性和主动性，这是正确实施红色研学旅行课程的内在动力，是确保红色研学质量的核心环节。

在整个红色研学旅行过程中，研学导师要注重尊重、爱护学生，民主平等地对待学生,无论学生的问答或表现多么令人不满意,也要耐心、宽容,适当地给予肯定和真诚的鼓励,以调动和保护其积极性。

在研学过程中,要随时关注研学的红色内容、探讨的方式与深度、运用的方法等是否能激发学生的求知欲、主动性,使研学真正成为师生双向互动的活动,一旦发现问题就要立即改进,以推动红色研学活动健康良性发展。

要想方设法让全体同学都参与到既充满竞争又相互协作的研学探索中来,让学生真切地感受到自己才是学习的积极参与者和主人,并为自己的积极参与及多方面的收获感到兴奋、幸福,富有成就感。

7. 运用恰当的研学旅行方式方法

红色研学旅行方式应符合红色研学旅行资源的特点和学生的特征,并能充分利用现有的设备条件,帮助学生顺利地掌握研学旅行课的基本内容。

红色研学旅行方式应符合课程计划的设计和课程目标的实施,保证整个课程的各个部分进行得有条不紊,一环扣一环,始终能够保持一种良好的研学气氛。

研学导师能够机智地处理各种突发性事件,具有驾驭研学旅行教学的艺术,善于根据实际情况及时调整和修改研学方法,确保红色研学旅行顺利进行。

8. 制定纠正解决学生错误困惑的预案

纠正并解决红色研学旅行过程中学生的错误和困惑是正确实施红色研学旅行课程的关键。

学生在红色研学旅行过程中掌握知识技能,提高思想觉悟,是在解决疑难、纠正差错的过程中一步一步前进的。学生存在的疑问、偏差与错误只有在教学中暴露出来,并切实加以解决,才能获得正确的新知识、新技能,提高新觉悟。

制订出纠正并解决学生错误和困惑的预案,让研学导师通过向学生提问,或模拟讲解、操作、演练、示范、参观等方式,发现学生在理解和运用知识中存在的问题,并有意引发不同的看法和争论,然后加以解决。这样,不仅使全体学生的知识技能和思想方法普遍得到提升,而且研学氛围紧张热烈,学生的探究情绪高涨,使学生在活动结束后还会对红色研学旅行教学过程不断回味与留恋。

9. 研学评价贯穿全程

研学旅行评价不是单纯意义上的为学生打分评定,评价主体、评价对象、评价内容应多元化。广义上的研学旅行评价对象多种多样,既包括对红色研学旅行基(营)

地的评价、研学过程的评价、研学导师的评价、教学方法的评价、红色研学资源的评价，也包括对学生的研学态度、研学能力和方法、研学结果等方面进行综合性评价。因此要求研学旅行评价要贯穿整个红色研学旅行的全过程。

四、红色研学课程评价

（一）对学生的评价

对学生的评价应注重学生的实际表现和发展状况。评价内容要关注过程，兼顾结果。评价方式要多样化，注重自我评价与他人评价、个别评价与集体评价、形成性评价与总结性评价相结合。评价过程强调客观公正、实事求是。通过成果展示、研讨解答、访谈观察和成长记录等，对学生的综合实践能力、态度、情感和价值观进行整体评价。

（二）对教师的评价

对教师的评价侧重于对教师在研学旅行活动中的组织、规划、管理和指导等方面的能力和实效等方面的评价。运用评价手段，鼓励全体教师承担指导任务，指导学生开展研学旅行活动。

（三）对学校的评价

对学校的评价侧重于对学校落实研学旅行活动课程状况的评价，包括研学旅行活动的课时、师资、课程资源的开发与利用、学校对研学旅行活动课程实施的管理等方面的评价。

（四）对机构的评价

对机构的评价侧重于对学校落实研学旅行活动实施服务的评价，包括吃住行安排、目的地讲解、安全措施等方面的评价。

五、甘肃省白银市会宁县红色研学旅行课程设计（案例）

表 5-9　会宁县红色研学旅行专题课程方案（表格式）

项目组长		执行人		学校代表		联系方式	
学校班级	××市高一至高二学生	研学人数	80	带队老师		联系方式	
总课时	3天	研学目的地	甘肃省白银市会宁县红军长征会师旧址				
课程总目标	弘扬二十大，重悟会师情						
天数	节次	时间	课程内容及流程	方式方法	项目专家	负责人	
第一天	1	全天	抵达会宁红军长征会师旧址，讲解员带领学生参观；学生分组参观并讨论会师精神的内涵；回到酒店进行总结	观察法、讨论法、调查法			
	2						
	3						
第二天	4	上午	参观会宁红军烈士陵园，敬献花篮，扫墓，简要记录烈士生平，简单阐述	实践法、记录法			
	5						
	6	下午	会宁红军长征胜利纪念馆，身着红军军服，编排红军会师情景剧，重走长征路；抵达红军村，住农家屋、吃农家饭、干农家活、享农家乐	实践法、观察法、体验法			
第三天	1	上午	研学活动结束，表彰优秀学员，分享会宁红军长征精神感悟，学生填写此次研学课程评价表；带队研学导师进行活动总结，完善研学报告				
	2						
	3						
师资配置	研学导师（10名）、学校带队教师（10名）、研学机构负责人						
安全措施	出行前设计安全预案及紧急情况处理方案、配备医务人员						
研学评价	学生与教师统一填写研学课程评价表						
活动经费	活动结束后统一申报						
研学反思	总结经验，及时反思研学过程中出现的问题，形成书面材料存档						
备注							

专属课程一

研学准备：了解会宁县红军长征会师旧址的历史，提前准备出行所需物资（药品、衣物、摄像机），查找相关资料。

研学时间：3 天

负责人：讲解员、研学导师、经理人、安全员

研学方法：观察法、讨论法、调查法

专属课程二

研学准备：设计合理线路，策划安全预案，了解烈士生平事迹；活动过程中讲解员先进行内容讲解，结束后由同学发言。

研学时间：半天

负责人：讲解员、研学导师、经理人、安全员

研学方法：实践法、记录法

专属课程三

研学准备：购买红军军装，设计红军会师情景剧剧本，研读剧本，分配剧情；提前做好舞台设计以及相关安排。

研学时间：半天

负责人：讲解员、研学导师、经理人、安全员

研学方法：实践法、观察法

专属课程四

研学准备：学生身着红军军装；研学导师提前与红军村工作人员取得联系，设计安排重走长征路的路线（道路两旁设计相应的布景设施，注重VR技术的应用，让同学们身临其境），重走长征路总路线长 1.5 千米。

研学时间：半天

负责人：讲解员、研学导师、经理人、安全员

研学方法：实践法、体验法

专属课程五

研学准备：抵达红军村，工作人员带领同学们体验农活（除草、翻地、做农家饭、收集晚饭食材）；提前与红军村的工作人员取得联系，设计相应环节，注意安全问题。同时，此项活动结束后，同学与老师留宿在红军村，住农家屋、吃农家饭、干农家活、享农家乐。

研学时间：10 小时

负责人：讲解员、研学导师、经理人、安全员

研学方法：实践法、体验法

专属课程六

研学准备：订好返程车票，研学日记，研学反思，活动总结，优秀表彰。

研学时间：半天

负责人：讲解员、研学导师、经理人、安全员

研学方法：实践法、讨论法、活动展示法

（一）课程设计概况

课程主题：弘扬二十大，重悟会师情

课程简介：甘肃省白银市会宁县红色资源突出、影响深远。县内拥有全国著名的红军会师旧址，为当地爱国主义教育、党员干部教育等活动的开展提供了场所。通过参观会宁县长征会师旧址、会师楼以及会宁县革命纪念馆，让同学们深刻地领悟长征精神，并不断地传承与发扬。

课程目标：了解红色文化内涵，感知会宁县红色文化精神，懂得珍惜生活、珍爱生命，牢记革命先烈精神和优良传统，增强责任感和使命感，激发少年树立正确的三观，为人生规划与职业追求奠定基础。

价值认知 积极主动寻访红色足迹，走访模范人物故居，参观文化遗迹等，深化社会规则体验、国家认同、文化自信；通过职业体验活动，初步体悟个人成长与职业前景、社会进步、国家发展和人类命运共同体的关系；加深对中国共产党的认识，增强感情，培养具有中国特色社会主义的共同理想和国际视野。

责任担当 在研学旅行中，关心他人、集体和社会发展，热心参与志愿者活动和公益活动，增强社会责任意识和法治观念，培养主动服务他人、服务社会的意识，理解并践行社会公德，提高社会服务能力。

问题解决 在研学旅行中，能对个人感兴趣的领域开展广泛的实践探索，提出具有一定新意和深度的问题，综合运用知识分析问题，用科学方法开展研究，增强解决实际问题的能力。能及时对研究过程及研究结果进行审视、反思并优化调整，给出基于证据的、具有说服力的解释，形成比较规范的研究报告或其他形式的研究成果。

创新意识 在研学过程中，寻找机会尝试挑战，珍视反馈和每次失败为自己带来的成长经验。综合运用技能解决生活中的复杂问题。增强创意设计、动手操作和物化

能力。

(二) 课程具体内容

"弘扬二十大,重悟会师情"红色研学旅行实践活动为 3 天,具体安排如表 5-10 所列。

表 5-10 "弘扬二十大,重悟会师情"红色研学旅行实践活动安排

时间	研学地点	研学内容
第一天上午	会宁县红军长征会师旧址	通过实地考察、参观,收集有关红军会师的资料;安排讲解员讲解会师历史;身穿红军军装全程参观,义务打扫会师旧址;扫墓;编排红军长征胜利情景剧。重走长征路;体验红军村农家生活,住农家屋、吃农家饭、干农家活、享农家乐
第一天下午		
第二天上午	会宁红军烈士陵园	
第二天下午	会宁红军长征胜利纪念馆	
第三天上午	返程	研学总结

会宁县红军长征会师旧址 位于甘肃省会宁县会师镇会师路,旧址东西宽 110 米,南北长 400.6 米,总占地面积约 44718 平方米,是为纪念中国工农红军一、二、四方面军胜利会师而扩建的革命遗址。会师旧址的主要建筑有:红军会师楼及古城墙、红军会师联欢会会址(文庙大成殿)、三军会师纪念塔、会宁红军会师革命文物陈列馆、红军长征将帅碑林等。通过对会宁县红军长征会师旧址的参观与学习,让学生更深刻地体会红军长征精神,并组织学生分享心得体会,谈谈如何更好地传承会师精神。

会宁红军烈士陵园 为缅怀在会宁大墩梁阻击战中英勇献身的 1000 余名红军指战员,特此修建的纪念设施。陵园以现存的大墩梁红军烈士陵园即大墩梁红军战斗遗址为基础进行规划扩建,以烈士陵园为核心,以缅怀先烈、瞻仰遗址为主题,建设游客中心、纪念广场、红军烈士纪念堂等,建成集红色教育、战役纪念、休闲健身、生态修复为一体的国家级烈士陵园。学生身着红军军服,在烈士墓前敬献花篮、扫墓,用精简的语言讲述烈士的生平。

会宁红军长征胜利纪念馆 会宁县红军长征会师旧址的重要组成部分,是一座集文物陈列和现代化多媒体展示为一体的纪念性展馆。纪念馆以"红军长征胜利"为主题,真实再现了红军三大主力静宁、会宁会师的英雄史诗。通过编排红军长征胜利会师情景剧,让学生深刻体验红军长征的艰苦,树立正确的价值观,写出观后感并在研学结

束时作分享。

(三) 课程实施

红色研学旅行采用"三段式"课程模式实施，分为研学前准备、研学中体验和研学后反思三个阶段（参见图5-2）。在确保实现课程目标的基础上，不同阶段有不同的侧重点。行前着重培养安全意识和遵守规则的习惯；行中致力于深化对红色精神的理解并促进红色基因的传承；行后则专注于反思与评价，以巩固学生学习成果，提升研学课程质量。

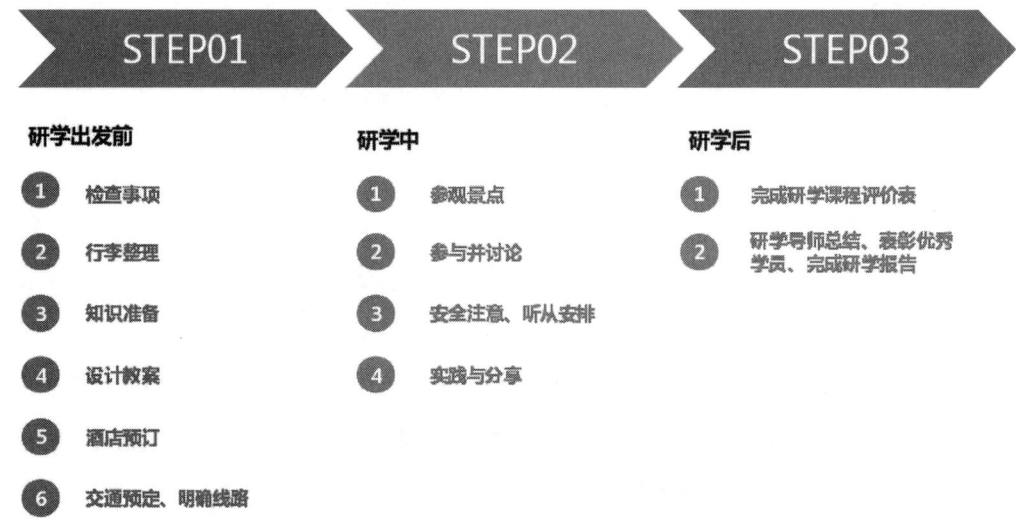

图 5-2　研学"三段式"课程实施模式

1. 行前准备

物资准备　"弘扬二十大，重悟会师情"研学旅行活动为期三天，带队教师以及研学导师需要提前告知学生们准备出行前所需物品。比如衣物、药品、驱虫药以及晕车药等。

知识准备　研学导师在制定和设计研学课程前需充分了解会宁县会师的历史以及其他红色旅游景点或景区的相关历史素材，设计符合学生接受能力的教学目标以及教学方案。同时，向研学的学生发放有关会宁县红军会师的历史资料，提前让学生熟悉并了解会宁县红军会师的历史及会师线路，为更好地了解历史奠定基础，明确此次研学的目标。

安全准备　研学导师出发前与学校商定合理的安全预案及突发情况应急方案，制定精确的出行线路以及所需交通工具,在研学过程中明确研学场地的类型、用餐时间、交通工具、住宿、结束研学以及返程中的细节问题。在出发前,向学生阐明注意事项,研学过程中应注意的安全问题。

2. 行中实施

参观学习 实践落实行前方案,按照既定的行程,依次参观会宁县红军长征会师旧址、会宁红军烈士陵园、会宁红军长征胜利纪念馆。参观活动之前,进一步明确本次活动的主题,开展情境导入,以增强活动的针对性和实效性。例如,在会宁红军烈士陵园的参观中,组织祭奠活动,指导每位学生亲手制作小白花,以此表达对先烈们无尽的哀思与敬仰,通过这样的仪式感,让每个人都能更加敬畏历史,深刻理解和平与幸福的来之不易。

成果展示 为了巩固学习成果,并在精神层面得到提升,参观结束后,举办以"会宁红军长征精神"为主题的演讲比赛,"红军长征精神永流传"分享会,让学生畅谈自己的感悟与收获,分享对于红军不屈不挠、顽强拼搏精神的理解,以及如何将这种精神应用到当前的生活与学习中去。

3. 行后评价反馈

活动反馈 开展红色研学课程实践活动主要从学生的自我感悟、家长反馈、学校领导和老师多维度反馈。

研学评价 研学课程评价是课程的重要组成部分,主要包括过程性和终结性评价,用量化和主观描述的方法从学生自评、同伴间的互评和教师评价三个方面开展,详见表5-11。

表5-11 研学课程评价表

项目	要素	个人自评	同伴互评	教师评价
自我管理(30分)	生活能力(15分)			
	文明素养(15分)			
实践活动(40分)	参与意识(20分)			
	实践能力(20分)			
交流协作(30分)	团队交流(15分)			
	合作意识(15分)			
总分				

研学报告 "弘扬二十大,重悟会师情"红色研学活动结束返程时,研学导师给每位参与者分发课程评价表,收集他们的反馈与建议。抵达目的地之后,回收评价表并与团队成员一起回收、清点物资。召开总结会议,表彰表现优异的学员,并激励所有人将红军长征精神应用到未来的学习与生活中,保持不懈前进的动力。最后完成一份详尽的研学报告。

【课后习题】

1. 试分析红色研学旅行活动课程目标中学生的素养目标如何达成。

2. 以小组为单位,选择某一学生群体,设计合适的甘肃红色研学路线,并制定两天行程的研学旅行方案。结合红色研学路线,设计一份红色研学旅行活动记录表。

第六章
红色旅游创意设计案例①

【学习目标】

通过本章的学习,学会运用不同学科理论指导红色旅游创意设计的基本思路,了解基本的红色文化旅游资源创意设计的方法,为进一步开发红色旅游产品拓展思路。

第一节 红色旅游创意产品设计案例
——以会宁县为例

红色文化是中国共产党领导下的革命文化,它源于中国共产党领导的革命斗争和社会主义建设实践。红色文化包括革命精神、革命传统、革命文化遗产等方面的内容,是中国特色社会主义文化的重要组成部分。它对于加强国家意识形态建设、推动社会主义核心价值观的传播和落实具有重要意义。本案例以甘肃红色圣地会宁县的红色文化资源为主体,挖掘当地具有代表性和感染力的红色文化符号,进行红色旅游文化创意产品(以下简称红色旅游文创产品)的设计。

---

① 本章内容改编自兰州文理学院学生课程设计作业。

一、会宁县红色旅游文创产品设计背景

红色文化,作为中国民族精神的核心,近年来受到政府和广大民众的广泛关注。为促进中华文化的创造性转化和创新性发展,我国相关部门联合发布了一系列政策文件,如《关于进一步推动文化文物单位文化创意产品开发的若干措施》(见表6-1),鼓励利用文化文物单位的馆藏资源开发文创产品,激发大众参与红色文化传承的热情。

在这一背景下,会宁县红军长征会师旧址这一甘肃省著名的红色旅游地,凭借其丰富的红色旅游资源和深厚的文化底蕴,成为文创产品开发的前沿阵地。加之会宁县以"农业优先、文旅赋能"为发展策略,致力于挖掘红色文化资源,使文旅产业逐渐成为推动当地经济发展的重要动力。这些因素共同促使我们选择此地作为设计红色文化主题文创产品的灵感之源。

表6-1 近年来我国颁布的文创产品相关政策

发布时间	政策名称	颁布机关
2022年12月	扩大内需战略规划纲要(2022—2035年)	中共中央、国务院
2021年8月	关于进一步推动文化文物单位文化创意产品开发的若干措施	文化和旅游部、中央宣传部等
2021年7月	文化和旅游部办公厅关于推进旅游商品创意提升工作的通知	文化和旅游部
2021年5月	"十四五"文化产业发展规划	文化和旅游部
2021年4月	"十四五"文化和旅游科技创新规划	文化和旅游部
2021年3月	关于推动公共文化服务高质量发展的意见	文化和旅游部、国家发展改革委、财政部
2020年11月	关于推动数字文化产业高质量发展的意见	文化和旅游部
2020年9月	国务院办公厅关于以新业态新模式引领新型消费加快发展的意见	国务院
2019年8月	国务院办公厅关于进一步激发文化和旅游消费潜力的意见	国务院

二、会宁县红色旅游文创产品设计思路

（一）创作过程思路

1. 构思谋划

（1）圈定题材

题材，从广义上讲，是指现实生活中的各个方面；而从狭义上理解，它指的是基于素材之上，经过提炼加工用以塑造艺术形象和表达核心主题的具体生活内容。本次设计选取会宁会师纪念馆作为创作素材。该馆以"红军长征胜利"为核心主题，生动重现了红军三大主力在会宁会师的壮丽史诗。

历史不仅是民族和国家文明进程的见证者，也是深厚的文化积累。它既能够客观地展现历史发展的基本规律，又为一个国家的未来发展奠定基础。因此，选择历史题材意味着本方案立足于弘扬中国的优秀传统文化，挖掘中华文化中最为深沉的精神追求、中华民族的独特优势，以及中国特色社会主义的深厚历史根基和广泛现实基础。结合新时代的趋势，我们旨在使用更加技术化、现代化和大众化的方式，通过文化创意产品，清晰地讲述并展示这些价值和精神。

（2）基于文化基因理论确定话题

"文化基因"这一概念最早是由英国学者 Richard Dawkins 在其著作《*The Selfnish Gene*》中所提出，在当时引起了社会各界的广泛关注。在他看来文化的传承与生物基因的遗传方式有着极其相似的地方，两者既会在传播过程中保留其独有的个性，也会为了适应时空的变化而做出改变。

文化基因是对传统的原始文化记忆、民间艺术、宗教信仰、聚居形态等各种文化元素按照其各自的属性及内在的逻辑关系进行有序的排列组合与层层解构，最终形成能完整记录地域文化所有历史信息的图谱。

红色文化基因图谱可以帮助我们选取项目设计的核心基因。作为红军陕甘宁胜利会师的历史节点，会宁拥有丰富的红色文化遗产。其中，会师塔及其前方的"地球的红飘带"雕塑，因其在当地的特殊性与重要性，成为首选的核心文化符号。

首先，红军会宁会师旧址作为会宁县热门旅游景点排行榜之首，位于县城中心地

带，占地面积4.26万平方千米，是全国重点文物保护单位、全国首批百个爱国主义教育示范基地、首批50个全国廉政教育基地、全国30条红色旅游精品线路和100个红色旅游经典景区，是年接待游客百万人次的景区。其次，"地球上的红飘带"雕塑象征着"由几十万中国工农红军战士的足迹和鲜血描绘的、绵延二万五千余里、成为20世纪人类最悲壮最英勇的一次进军"。著名散文家、小说家、当代诗人，首届茅盾文学奖获得者，中共党员魏巍曾经说，"中国英雄们的长征，是中国人民的史诗，也是世界人类的史诗。这部史诗是中国人民和中国共产党人用自己的脚步和鲜血切刻在我们这个星球上的。它像一支鲜艳夺目的红飘带挂在这个星球上，给人类、给后世留下了永远的纪念"。雕塑"地球上的红飘带"不仅代表着红军二万五千里长征，还体现了革命英雄主义、民族精神以及中国共产党为实现国家统一、团结与和谐所展现的强大凝聚力。因此，将会师塔和"地球上的红飘带"雕塑作为设计的核心元素，不仅彰显了会宁的红色文化精髓，也是对这一重要历史遗产的致敬。

2. 物化传达

优秀的红色文创产品，不仅作为反映革命历史英雄事迹的一面镜子，而且充当着连接现代情感与历史传承的纽带。它们能够将红色文化的精髓无缝融入我们的日常生活中。在设计这些文创产品时，必须充分考量目标消费者群体的审美偏好和消费观念。只有当这些红色文化创意产品融合了深厚的文化底蕴、浓郁的民族风情、精湛的艺术造诣、丰富的内涵意蕴，并且具备鲜明的时代特征时，它们才能满足并引领市场需求，实现文化与商业的双赢。红色文化基因以何种物质形态出现在市场中，是文创产品在物化传达时需要考虑的关键问题。设计上，可以从二维平面和三维立体的两种物化传达方式来展现红色文化基因。以二维设计为例，可以推出适合大众的平面书签产品，它们因深受消费者喜爱而成为理想选择。结合会师塔特有的红、绿、白配色以及书签的金黄背景，能产生强烈的视觉效果。而在三维实体化方面，精致的装饰灯、乐高积木或木质拼装的仿真模型都是很好的选择。特别是装饰灯，其暖色光芒和塔顶精细镂空设计，适合放置于书桌或床头柜上，给人提供独特的视觉享受和阅读氛围。木质会师塔拼装玩具则是一款益智类游戏，不仅娱乐性强，还能锻炼思维能力和动手能力，同时培养儿童耐心，满足不同年龄层的需求。这两种产品都需顾客亲自参与制作，设计者可以在组装说明中标注建筑的历史和文化含义，使消费者在拼装过程中深入了解红色文化的底蕴，激发爱国情怀。

第六章　红色旅游创意设计案例

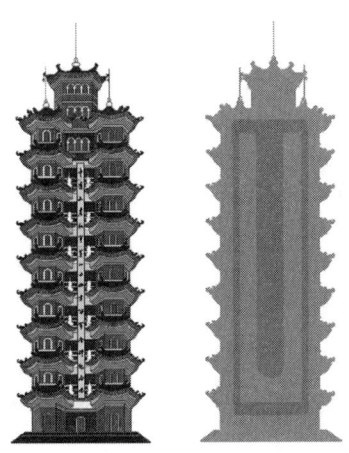

图 6-1　会宁会师楼书签示意图

红色，作为中华民族精神和中国共产党的标志色彩，不仅象征着热情与活力，更深刻地承载着历史的厚重。它代表着无数革命烈士用鲜血和生命铸就的抗争之路，是新中国成立的基石，凝结着民族的奋斗与牺牲。因此，"地球上的红飘带"雕塑上的红飘带成为一种富有深厚红色文化内涵的象征性元素。在现代文创产品设计中，可以将红飘带的元素以二维平面和三维立体两种不同的方式重新诠释。二维平面设计可以将红飘带图案融入各种物品之中，如服装、鞋子、胸针等配饰，让这些日常用品不仅是简单的装饰，更是承载了一段历史记忆的文化传达。

图 6-2　地球上的红飘带短袖设计示意图

在三维设计领域，红飘带以其环绕式造型为灵感，特别适用于戒指和手镯的设计。这两件饰品以系列的形式呈现，其中戒指的设计巧妙地采用了雕塑上红飘带的几何线条感，并以红色为主色调，同时巧妙地运用了错位闭合技术；而手镯则以银色圈体作为基础，红飘带环绕其外，上下两侧各一条，紧密环绕着银圈，设计上还引入了推拉

- 183 -

式活口结构，便于佩戴者根据个人手腕尺寸轻松调整大小。

图 6-3 "地球上的红飘带"戒指设计示意图　　图 6-4 "地球上的红飘带"手镯设计示意图

通过这样的设计手法，红飘带不再是单一的标志，而是转化为一种文化符号，贯穿于人们的生活之中，传递着革命精神的同时，也激发着现代人对美好生活的向往和对未来的憧憬。它提醒我们，今天的和平与繁荣，都离不开先辈们的付出与奉献。因此，红飘带的意义，远远超越了颜色本身，成为连接过去与未来、传承红色基因的重要纽带。

第二节　红色旅游创意视频拍摄案例
——以南梁镇为例

一、红色旅游创意视频内容分析

（一）红色旅游创意视频的主题分析

红色南梁作为中国革命的重要遗址，承载着丰富的历史记忆和红色文化。本次红色旅游创意视频的主题为"讲好红色南梁，赓续红色精神"。为了突出这一主题，首先需要介绍南梁在革命历史上的重要地位、在中国革命中的决定性贡献，以及发生的关键历史事件。

视频内容通过生动的叙事手法，展现红色南梁的历史故事，深挖并呈现"坚定信念，面向群众，顾全大局，求实开拓"的南梁精神。为了吸引观众，创意视频将融合多种艺术形式，包括动画、音乐、访谈和纪实片段，以动人的故事和感人画面，让观众深刻感受红色南梁和红色精神的深远意义。

在制作过程中,既要重视历史事实的严谨性,也要追求艺术表现的创新性。通过对红色南梁的历史文化深度挖掘,以及对红色精神传承途径的探索,创意视频旨在成为一部具有深远文化影响力的作品。

(二)红色旅游创意视频的形象与意境分析

在一部艺术作品中,形象与意境是两个至关重要的要素。艺术形象,作为文艺作品对现实生活的一种独特反映,可细分为视觉形象、听觉形象、文学形象以及综合形象等类型。意境,则是指那种充满审美情感、将情感与景象完美融合的艺术境界。

1. 形象

形象狭义上通常指艺术作品中塑造出的引人注目的人物造型,而广义上则指具有代表性的典型人物,这些人物往往具备鲜明的性格特点和形象特征。因此,"典型"一词不仅用来描述人物,还涵盖了典型的性格和形象。在本项目中,我们精心挑选了群众领袖和民族英雄——刘志丹、习仲勋作为作品的典型代表人物。

"正月里来是新年,陕北来了个刘志丹。"这首传唱至今的民谣道出了陕北人民对刘志丹的敬爱与怀念。美国记者埃德加·斯诺这样评价他:"刘志丹是位'现代侠盗罗宾汉'""在穷人中间,他的名字带来了希望"。牺牲时年仅33岁的他,自1926年黄埔军校毕业后,先后参加北伐战争、抗日战争,始终为中国革命事业无私奉献,用他毕生的信念照耀着后代中华儿女奋发向上。1942年,刘志丹同志牺牲6周年时,毛泽东同志为他题词:"我到陕北只和刘志丹同志见过一面,就知道他是一个很好的共产党员。他的英勇牺牲出于意外,但他的忠心耿耿为党为国的精神永远留在党和人民中间,不会磨灭。"刘志丹的英勇事迹也必将被华夏大地的后辈青年永远铭记。

习仲勋是一位"从群众中走出来的群众领袖",他永远与人民站在一起。他的一生是革命的一生,光辉战斗的一生,全心全意为人民服务的一生。同习仲勋打过交道的美国学者李敦白曾回忆:"他走到哪里,好像每一个村庄都有认识的人,他碰到这个人说,你婆姨的病好了没有,碰到那个人说,你爸爸的腰疼好了没有。"习仲勋曾经说过:"领导干部和群众是平等的,没有高低贵贱之分,要永远生活在人民群众之中。"他在正定县工作的一千多个日夜里,走遍了全县25个公社,221个大队;他初到浙江,每天的工作量都在12小时以上,基层调研的时间占他有效工作时间的40%以上。他说:

"调查研究多了,基层跑遍、跑深、跑透了,我们的本领就会大起来,我们的认识就会产生飞跃,我们的工作就会做得更好。"习仲勋同志用他的一生印证了"为人民服务"这一伟大理念。榜样的力量是无穷的。习仲勋用一言一行教会了习近平如何做一个纯粹的有益于人民的人。群众路线、调查研究、勤俭节约……这些百年大党的传家宝,也是习仲勋、习近平两代共产党人的接力、传承与弘扬。

2. 意境

意境是艺术作品中情感与景象相融合的境界,体现了作品内主客观元素的和谐统一。其美学特质可从三个维度来把握:一是隐约可见的朦胧美,给人以无限遐想;二是从有限之物映射出无限之境的超越美,突破现实的界限;三是无需雕饰、浑然天成的自然美,展现纯粹本真的魅力。

若有若无的朦胧美。自1986年建成以来,南梁革命纪念馆经过四次维修和扩建,已然成为一座辉煌而雄伟的纪念地。馆内耸立着刻有"革命烈士永垂不朽"的纪念碑和一系列雄伟壮观的人物雕像。虽然这些雕像仅以轮廓勾勒出先辈们的飒爽英姿,但纪念馆所营造的红色文化氛围仿佛赋予了这些石雕以生命,让他们在游客面前栩栩如生,准备分享那段充满艰辛与英勇的抗战历史。当人们轻抚纪念碑,往往能感受到一种强大的力量。正如古人所言:"石碑本无色,光辉人自知",这种无形的力量深深触动每一位游客的心灵。它模糊了先烈们的面容,却清晰地映射出我们继承红色精神的坚定决心,让这份精神得以世代相传。

有限到无限的超越美。穿过纪念碑和雕像的阵列,我们步入展览厅深处,迎面而来的是抗战时期红军的各式武器和服饰,以及生动的战役模拟图。这些历史见证逐一呈现,宛如时光倒流,将我们带回那烽火连天的岁月。站在这历史交汇点,仿佛亲历战场,目睹无数英烈奋不顾身的英勇身影。此刻,我们心潮澎湃,似乎与那些英雄并肩作战,深刻感受到他们血脉中涌动的革命精神,以及对家国的坚定捍卫。这种体验横跨时空,从转瞬即逝到永恒不朽,让我们通过有限的展示,领略无尽的历史深意。

浑然天成的自然美。人们常言艺术既源自生活,又超越生活。南梁革命纪念馆这座承载着"红色艺术"精神的建筑,生动地再现了抗战岁月的苦难历程。它无需华丽的装饰,其朴素无华的风貌却能深深触动我们内心,唤醒那流淌在每个人心中的革命情感,激发我们的敬意。这种自然的美感,既崇高又朴实,正是无数革命先辈用无私的奉献和牺牲才换来了今天的宁静与和平。

(三)红色旅游创意视频的意蕴

艺术作品的意蕴,是指其内在的深远含义或韵味,这种意蕴往往具有多重性、模糊性和朦胧美,通常显现为诗意、神韵或哲学深度。本视频的拍摄制作过程中无不渗透着这种美学境界。

在纪念馆的外围,由石头铺成的五角星璀璨夺目,当游客踏步其上,仿佛将这闪耀的符号刻印于心。地面上的五角星不仅是装饰,更是革命烈士坚定信念的象征,它强烈地触动着每位游客的心灵。

步入馆内,巍然耸立的雕塑生动展现了红军将领们的英勇气概,他们那改天换地的豪情壮志,以及为天地立心、为生民立命、为万世开太平的伟大抱负。紧随其后,雄伟的纪念碑上铭刻着"功勋柱"三字和各式荣誉勋章。这些勋章是前辈们用鲜血与生命换来的至高荣誉,在灯光映照下,它们散发出柔和的光芒,如同光芒穿透新中国成立前的黑暗。这束光明照亮了新时代人们的内心,激发了他们对先烈的敬意,同时也庆幸自己能生于这个和平繁荣的时代。

二、红色旅游创意视频的体验过程分析

(一)审美注意

人们在日常生活中受自己的兴趣、愿望以及特定需要的指引,去注意某些事物而忽略其他,这便是注意。其功能是把主体的全部心理要素都集中到所指向事物上,是将主体事物从生活中带领到艺术鉴赏的心理状态。引起人们审美注意需要刺激物发挥作用,刺激物应该具备突出、鲜明、新颖、别致的特征。

在拍摄过程中,我们特别注重纪念馆核心区域的审美焦点,位于中心位置的五座雕塑和紧邻其旁的纪念碑。这些雕塑(习仲勋,刘志丹等五位老一辈无产阶级革命家)以其巍峨挺拔的身姿,在整个展览空间中显得格外引人注目。每一座雕像都刻画着英气逼人的形象,与馆内其他呈现冲锋姿态的雕塑形成对比,它们展现的是前进的姿态,这一表现形式寓意着革命胜利的坚定信念。紧邻雕塑的是刻有"革命烈士永垂不朽"字样的纪念碑,它的设计既宏伟又质朴,自然而然地唤起人们的敬意。人们的目光往

往会被这八个深刻的大字所吸引,久久难以忘怀。通过这样的审美布局,我们旨在激发观众的注意力,将他们的视线聚焦于这些关键的视觉元素上,并保持一种积极的心理参与,确保艺术欣赏过程的连续性和深度。

视频拍摄时,我们计划运用全景摄像技术来捕捉纪念馆的全貌。随着镜头的逐步推进,观众将仿佛亲临其境地步入南梁革命纪念馆,逐渐揭开其神秘的面纱。当抵达大厅中心——五座雄伟雕像的所在地时,我们将使用升降镜头技术,从不同高度展示雕塑的完整形象,并通过由近及远的拍摄手法,展现雕像脚下绚烂的花卉以及背后的环境。接着,在馆外,我们计划利用航拍技术,从空中鸟瞰纪念碑及其周边地形的壮观景象。通过全景和推镜头的巧妙结合,我们将逐层递进,清晰地呈现纪念碑的每一个细节,让观众能够全方位、多角度地体验和理解这一重要的历史遗址。

(二)审美感知

审美感知涉及对事物外在形式与内在寓意的综合理解,它是一个主动且有选择性的认知过程。在此过程中,观察者不仅关注并筛选出对象的形式特征,还试图捕捉这些特征所隐喻的深层含义,从而在整体结构中达到对美的洞察。这种审美洞察力使人们能够发现和感受美的存在,进而丰富他们的审美体验,提升个人的审美品位。

具体到视频拍摄,为了优化观众的审美体验,可以采取多种技术手段。例如,在纪念馆大厅中心位置,可以通过对五座人物雕像周围环绕的鲜花拍摄特写镜头,同时利用上方的灯光设计来突出雕像的主体效果,增强视觉冲击力。此外,通过在展厅内的历史事件和人物展板旁配备战役视频、模拟图和历史人物的 3D 投影等多媒体元素,可以营造出一种沉浸式的环境,使游客能够更全面地投入并感受到革命先辈们的历史时代,从而在艺术鉴赏过程中实现有针对性的选择和深入的体验。

格式塔心理学强调,当人们感知到事物的形状时,知觉会本能地对其进行组织和构建,使之成为完整且有序的整体。这种完形性不仅有助于吸引艺术欣赏者对作品形式特征的关注,而且促进了对作品内容和深层意义的进一步理解。在视频制作中,通过精心剪辑,将大厅入口的五位革命先烈雕塑影像分别融入各个展厅的视频中,使其仿佛屹立于每个展厅的中央。同时,在视频下方附上每位人物的生平事迹介绍,巧妙地将观众的注意力引回大厅,并与展厅中的陈列品、相关人物和战役模拟图等视觉元素相结合。这样的设计不仅增强了南梁革命纪念馆整体的审美体验,还实现了一种整体性，使得整个视频的艺术审美价值超越了单个部分的总和，体现了格式塔心理学中的完形性原则。

（三）审美心理

审美心理涉及个体对美的内在感知和情感反应，它通常依赖于联想与想象的加工。在本项目的产品中，巧妙地融合了虚拟导游技术和 3D 动画，以引导游客逐步深入地探索南梁革命纪念馆的展览内容。首先，游客将在虚拟导游的带领下，系统地了解每个展厅的详细信息。当游客对纪念馆的历史有了全面认识之后，再引入甘肃地区其他重要的革命事件，如腊子口战役、兰州空战等。通过这些历史事件的生动叙述，我们试图激发游客的联想和想象，促使他们在情感上产生共鸣，并最终达到对更深层次哲理的理解和领悟。这种设计不仅丰富了游客的体验，也加深了他们对革命历史的感悟。

（四）审美体验及再创造

审美体验是指激发创作者的情感、想象力和联想等心理活动，并与对特定审美对象的深入观察、感受与理解相结合。而审美再创造则是指观众、读者或听众在艺术作品启发下进行的各种积极主动的再创作活动。

在视频拍摄方面，可以在展馆的最深处布置一个战役模拟厅，其中展示不同规模战役的沙盘模型和地图，并利用 VR 技术构建一个小型的战斗模拟环境，使游客能够身临其境地感受到革命先烈们的英勇斗争精神。此外，纪念馆外可设立一个 DIY 手工店，游客可以在这里用黏土制作自己心目中的战斗装备，或是亲手绘制体现红色精神的文化衫，通过这些互动体验达到审美再创造的境界。

第三节　红色旅游创意基础调研案例

习近平总书记指出革命传统资源是我们党的宝贵精神财富，要把红色资源利用好、把红色传统发扬好、把红色基因传承好。会宁县凭借其丰富的红色历史资源，积极挖掘本地的红色文化遗产，同时协调红色旅游资源与生态绿色景观、金色教育资源的整合，实施保护与开发双管齐下的策略。通过这种"红、绿、金"三位一体的综合发展模式，致力于打造一条独具特色的红色旅游产业链。尽管会宁县的红色旅游资源极具潜力，但其经济发展速度相对较慢。为了在乡村振兴的大背景下抢占先机，会宁县需要深入挖掘并传承红色文化，巩固现代乡村治理的文化基础。发展红色旅游不仅能够推动乡村的整体进步，还能促进生态环境友好型村落的建设，带动一系列相关产业的发展，提升当地居民的收入水平，并增强他们的幸福感和满足感。

一、调研方案设计

（一）调研目的及意义

会宁县的红色文化，其核心是具有深厚历史意义的会师精神。这一精神不仅蕴含着丰富的精神财富和时代意义，而且对推动会宁县的经济增长发挥着不可估量的作用。通过深入挖掘会宁县红色文化资源的独特价值，可以有效利用这些资源来助力乡村振兴战略，并彰显其在当代社会和经济中的重要角色。

本次调研旨在深化对党史的学习与教育，通过实地考察和实践，加强理想信念，坚定跟随党的步伐，培养能够担当民族复兴重任的新时代青年。同时，调研人员需深入了解当地的经济发展状况，重点关注乡村振兴战略及乡村旅游的发展，积极宣传会宁县的红色旅游资源，以此促进乡村复兴，并为区域经济注入新活力。

（二）调研内容

1. 追溯红色记忆，传承红色基因

红色记忆是指革命亲历者或者非革命亲历者对于中国共产党革命建政历史事件的心理构图。这种心理构图既潜藏着新旧政权交替的历史图景，也彰显了当下的政治叙事与政治诉求。党史是由无数红色记忆组成的，通过追溯红色记忆可以深入学习党史，坚定拥护中国共产党、热爱祖国的信念。"红色基因"这一概念首次出现在习近平总书记2013年2月在兰州军区视察工作时的讲话："要发扬红色资源的优势，深入进行党史军史和优良传统教育，把红色基因一代代传下去。"本次调研将深入挖掘红色记忆，以全面传承会宁县的红色文化基因。

2. 调查会宁县红色旅游的发展现状

会宁县作为甘肃省重要的红色旅游目的地，近年来通过优化资源配比和强化公共文化旅游设施建设，积极挖掘本地的文化旅游潜力，推动了文化与旅游的深度融合。据会宁县文体广电和旅游局的数据显示，该县的旅游接待量持续攀升，尤其是红色旅游业务实现了稳健增长。在全面打赢脱贫攻坚战的背景下，乡村振兴战略成为农业、农村和农民工作的中心任务。作为推动乡村经济自力更生的关键产业，文化旅游业是实现乡村振兴的重要推手。

本次调研旨在对会宁县的红色遗产进行分类总结，主要涵盖以下几类：以电文、诗歌等为载体的红色精神文化；以革命旧址、历史建筑为标志的红色地标；以及以英雄人物、革命活动为核心的革命文化。通过多种渠道搜集数据，并对会宁县的红色旅游现状进行客观分析。

（三）调研方法

本次调研将综合运用文献查阅、现场考察、问卷收集和深入访谈等多种方法。在文献查阅阶段，我们将重点查阅相关资料以制订详尽的调研计划并搜集权威信息；通过问卷调查，我们旨在量化地了解当地居民和游客对红色旅游景区体验的评价；而深入访谈的目标在于定性地搜集特定人群对会宁县红色旅游景区开发及乡村振兴战略的看法。这三种方法相辅相成，确保调研结果的全面性和准确性。

（四）调研流程

为深入了解会宁县红色文化旅游的现状与发展潜力，调研团队需明确研究议题、分配具体任务，并制定一份详细的调研方案。此方案应涵盖关键信息点，包括需要搜集的会宁县红色文化资料、待解决的问题、项目规划步骤及时间管理等。

调研行程将首先安排到会师楼景区，通过参观当地纪念馆，收集历史与文化素材。随后，团队将前往长征胜利景区，以同样的方式继续资料搜集工作。在实地考察的同时，成员们将向游客讲解长征的历史意义，以此推广和传承红色文化的价值。

结合文献研究和现场观察，调研团队将对会宁县红色文化旅游的发展进行深入分析，识别存在的问题，并为后续的专家访谈工作做好充分准备。调研的最后阶段，团队计划访问会宁县文体广电和旅游局，以获取官方数据和进一步的信息支持。

二、会宁县旅游发展现状调研

(一)会宁县旅游发展区位优势

会宁县坐落在中国西北地区的腹地,位于陕西、甘肃、宁夏、青海、内蒙古、新疆六省区的交会中心,地理位置得天独厚。从会宁出发,向东行驶 145 千米,便能抵达省会城市兰州,这里是甘肃省的政治、经济和文化中心,也是丝绸之路的重要节点城市。向北方延伸 600 余千米,可以到达延安,这座城市不仅在中国历史上占有重要地位,而且是红色旅游的重要目的地,承载着中国共产党早期历史的丰富记忆。西南方向 500 余千米外则是西安,这座历史悠久的城市被誉为"十三朝古都",是中国最著名的文化遗迹之一。

此外,会宁县距离中川机场仅 200 千米的距离,为快速接入国内外航线提供了便利。而到定西北高铁站的路程仅有 60 千米,使得会宁县能够快速接入国家高速铁路网络,享受高速铁路带来的便捷。

在道路交通方面,国道 312 线、309 线、247 线以及平定高速公路贯穿会宁县境内,形成了一个密集的道路网络。这些主干道路不仅极大地促进了会宁县与周边地区的联系,也加强了会宁县内部的交通运输能力,为当地经济的发展和人民生活水平的改善提供了有力保障。

(二)会宁县红色旅游资源

会宁县是一片沉淀着深厚历史文化和红色革命传统的土地,素有"秦陇锁钥"之称,现有国家 AAAA 级旅游景区 1 个、AAA 级旅游景区 1 个,是省级历史文化名城。

红色是会宁的底色,红色文化是会宁的丰厚资产,1936 年 10 月,中国工农红军一、二、四方面军在会宁胜利会师。这次会师不仅是长征历史上的一个重要时刻,也是中国共产党领导下的中国革命历程中的一个转折点。毛泽东、周恩来、朱德等老一辈无产阶级革命家,以及 9 位元帅、8 位大将、127 位中将都在会宁留下了光辉的足迹,铸就了"坚定信念、艰苦奋斗、团结一致、敢于胜利"的会师精神。因此,会宁县荣获"中国优秀红色旅游目的地""中国最佳红色旅游示范城市"等称号。

会宁县的红色旅游资源极为丰富，主要景区包括红堡子战斗遗迹、慢牛坡战斗遗址、红军长征胜利会师纪念馆、红军长征胜利景园、大墩梁战斗遗址和老君坡红军会师旧址六大景点。这些景区不但为人们提供了深入了解中国革命史的窗口，也是传承红色基因、继承革命遗志的重要平台。

（三）会宁县红色旅游的发展现状

1. 会宁县红色旅游景区

会宁县积极发挥红色旅游的带动作用，推进全域旅游发展。以丰富的红色文化资源为核心，打造五大主题景区：以纪念革命胜利为中心的会师园景区，让游客在缅怀与瞻仰中感受历史的庄严；红军长征胜利景园景区则以体验革命初心为宗旨，再现长征精神；会宁红军烈士陵园景区致力于祭奠英烈、寻根问祖，传承英雄遗志；状元历史文化园景区展现古代科举文化，弘扬与继承传统文化的同时再现历史荣光；西岩山生态休闲公园景区则主打绿色观光，提供一处自然生态的休闲胜地。这些举措共同使会宁县成为多元融合、特色鲜明的旅游目的地。

2. 会宁县红色旅游路线

会宁县，作为中国工农红军长征胜利会师的历史节点，与起点瑞金、转折点遵义、终点延安共同铭刻于中国革命史册，被誉为红色圣地。它已被纳入全国30条红色旅游精品线路，还荣列100个红色旅游经典景区，并跻身20个重点红色旅游城市之列。

3. 会宁县红色旅游教育价值

在会宁县，红军的三大主力成功会师，铸就了以"坚定信念、艰苦奋斗、团结一致、敢于胜利"为核心的会宁会师精神。这一历史事件不仅留下了丰富的革命遗址和遗迹，而且为我们提供了一份珍贵的爱国主义及党员党性教育资源。通过实地参观会师原址、深入学习长征的历史、缅怀革命英烈以及开展现场教学，能够将实物史料活化为生动的红色教育内容，并将革命老区的发展成就转化为红色教育的新课堂。这既是对历史的致敬，也是满足当前红色教育实际需求的重要途径。

4. 会宁县红色旅游宣传推介

会宁县坚持"以节会为媒，以圣地传情"，通过节庆活动弘扬红色文化。当地先后成功举行了纪念红军会师50周年、60周年、65周年、70周年和80周年的盛大庆典，以及六届甘肃会宁红色旅游节。中央电视台"心连心"节目组、火箭军政治部文工团和中国文联在内的多个国家级文艺团体也前往会宁县进行了多场精彩演出。

在中央文明办、文化和旅游部（原国家旅游局）的主导下，举办了"弘扬长征精神·传承红色记忆"等一系列红色旅游主题活动。仅在2016年，在会宁县就开展了超过50项各类纪念活动。媒体对这一系列活动给予了高度关注，中央电视台各频道栏目组累计28次来会宁县进行采访报道，北京卫视及其他21家地方电视台制作了专题报道。此外，165家国家和省级报刊，以及100多家网络媒体也进行了采访报道。其中，新华社先后发布了8篇通稿，《人民日报》也进行了6次宣传报道，共同助力红色文化的传播与继承。

5. 会宁县红色旅游资源整合

以红色旅游为龙头，会宁县将其独特的革命历史特色与当地的传统文化紧密结合，着重彰显红色主题。通过整合历史文化、绿色产业以及教育等资源，充分利用"旅游+"模式，推动旅游业态的培育和产业的融合式发展。"旅游+农业""旅游+林业""旅游+水利""旅游+互联网""旅游+文化""旅游+扶贫"等多种方式，为会宁县的乡村旅游、教育旅游、研学旅游、民俗旅游等搭建了平台，并创造了有利条件。如今，会宁县吸引的研学和休闲旅游者数量正逐年上升，标志着当地以红色旅游为引擎，成功推动了全域旅游发展的目标。这不仅增强了旅游的吸引力，也为当地经济和社会的全面发展带来了积极影响。

6. 会宁县红色旅游服务水平提升

会宁县积极与省级主管部门建立联系，并在当地成功举办了专门针对全省红色旅游景区的管理工作人员、讲解人员及从业者的系列培训课程。这些多样化的培训活动不仅丰富了当地旅游行业人员的专业知识，拓宽了视野，促进了观念的更新，还显著提升了管理能力和客户服务水平。由此，会宁县的旅游服务质量整体上实现了显著的提升。

7. 会宁县红色旅游带动经济发展

随着会宁县红色旅游影响力的不断扩大，知名度的提高，来会宁县观光旅游的游客逐年增加。2019年，旅游接待人数537万人次，同比增幅17%；实现旅游综合收入34亿元，同比增长20%[1]，创历史新高。

---

[1] 本资料来源于会宁县文体广电和旅游局《会宁红色旅游发展情况介绍》。

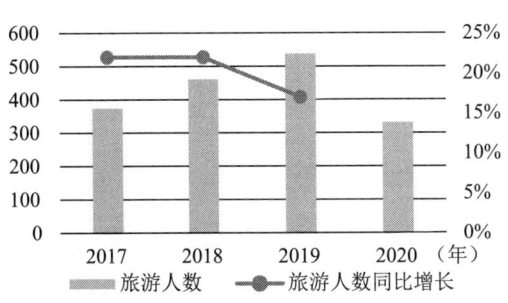

图 6-5 会宁县 2017—2020 年旅游接待人数

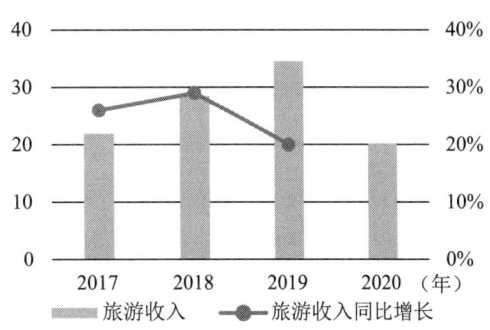

图 6-6 会宁县 2017—2020 年旅游收入情况

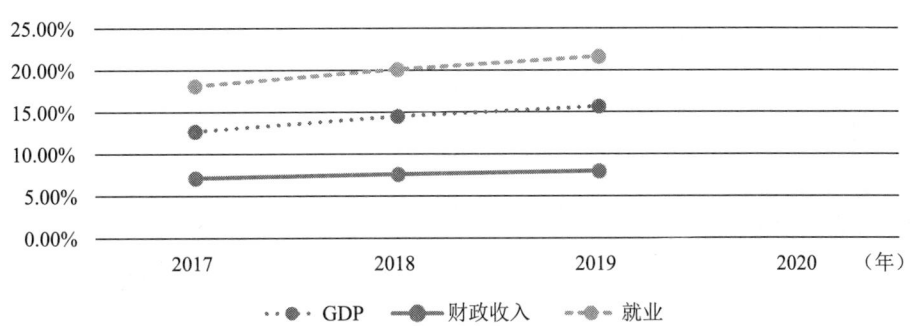

图 6-7 会宁县 2017—2020 年旅游业贡献①

三、会宁县红色旅游资源 SWOT 分析

对一定区域内的红色旅游资源进行 SWOT 分析，能够全面系统地认识和评估红色旅游资源的优势（Strengths）、劣势（Weaknesses）、机会（Opportunities）和威胁（Threats），从而制定出更加科学合理的发展策略。这不仅能够促进当地红色旅游资源的保护和合理利用，还能够推动地方经济的发展，提升旅游服务质量，增强社会教育和公益功能。通过这样的分析，可以确保红色旅游资源在传承红色文化的同时，也为社会的可持续发展做出贡献。对会宁县红色旅游资源的 SWOT 分析，详见表 6-2。

---

① 本资料来源于会宁县文体广电和旅游局《会宁红色旅游发展情况介绍》。

表 6-2 会宁县红色旅游资源 SWOT 分析表

优势分析（Strengths）		劣势分析（Weaknesses）	
优势	充分发挥优势	劣势	减少劣势影响
1. 资源优势：红色旅游资源丰富，历史文化底蕴深厚； 2. 区位优势：地处陕、甘、宁、青、蒙、新六省区的中间地带，交通便利； 3. 政策优势：政府大力扶持，重视红色文化旅游发展	1. 深入挖掘红色旅游资源，加大革命文物开发力度； 2. 发挥区位优势，吸引客源量	1. 资金不足，基础设施建设不完善； 2. 商品营销和创新意识不足； 3. 管理服务跟不上； 4. 时间周期季节性强，重游率低	1. 争取国家投资，强化招商引资； 2. 弘扬红色文化，加大宣传推介； 3. 围绕全域旅游，提升行业管理； 4. 开展"旅游+"模式，培养旅游新业态
机会分析（Opportunities）		风险分析（Threats）	
机会	充分利用机会	风险	应对风险
1. 国家乡村振兴战略的支持； 2. 红色旅游在全国升温的发展机遇	1. 把握政策优势，发展全域旅游； 2. 充分挖掘优势资源特性，主打拳头产品，塑造红色旅游品牌，加大宣传力度	1. 红色旅游竞争激烈； 2. 开发与保护的矛盾	1. 紧紧围绕自身特色，打造红色旅游文化品牌，形成市场差异； 2. 精心制作旅游宣传产品，打造特色产品，吸引游客； 3. 在保护中开发，创新体验模式

四、调研结果与分析

（一）红色基因的深度挖掘不够

会宁县红色旅游区是我国革命历史的重要见证，这里保存着丰富的革命遗迹，以建筑和陵园为主。县内红色旅游资源主要有邓小平同志题名的中国工农红军一、二、四方面军会师纪念塔，由120多名将军题词的将帅碑林、红军遵义会址、延安宝塔等19个景点组成的红军长征胜利景园以及红军会师楼等宝贵的革命历史遗产。尽管当地政府在开发、保护和利用红色资源方面已经付出努力，但目前的资源挖掘工作尚有提升空间。

当前，红色旅游景区的陈列内容主要聚焦于历史事件和人物事迹，却往往忽视了对红色文化深层次内涵的探索和展现。展示手段也相对单一，以图片、文字说明和雕塑等形式居多，缺少互动性与吸引力，未能充分调动游客的参与热情。此外，在红色旅游景区的开发建设中，常常出现模仿和跟风的现象，导致旅游产品缺乏独特性和创新性，同质化问题严重。为了提升红色旅游资源的利用效率，应当将其与周边产业整合，打造完整的产业链条。然而，目前当地红色旅游景区在延伸产业链方面尚未做足功夫，缺少与红色文化紧密相关的商品、餐饮、住宿等配套服务，这在一定程度上限制了旅游经济的潜在收益。红色旅游资源的开发需要建立在专业研究和创新基础之上。但现实情况是，会宁县红色旅游景区在研究红色文化、挖掘红色资源方面的投入不足，缺少系统性的研究成果和创新理念，导致红色旅游资源的潜力未能得到充分发挥。

（二）红色旅游的整体规划不足

1. 全域旅游理念不清

全域旅游，作为中国经济社会发展及旅游需求升级的必然趋势，要求旅游业进行创新改革和品质提升。然而，会宁县在推进全域旅游时存在一些理念上的模糊之处，尤其在城市规划中未能充分彰显红色文化旅游的独特魅力。具体问题表现在：一是发展模式较为粗放。会宁县的红色旅游市场参与者实力不足，导致酒店、旅行社、交通等关键旅游服务缺乏竞争力。管理专业化程度低，旅游综合效益不理想。旅游产品开发缺少科学规划，未能建立有效市场和独特品牌，知名度有待提高。二是旅游品牌形象不鲜明。政府在公共营销方面的努力不够，导致旅游产品品牌效应不突出，整体旅游品牌形象亟待加强。

2. 红色文化旅游与其他文化旅游的关联度不高

会宁县在红色文化旅游建设方面，过于专注于单一文化资源的开发，忽视了红色文化与当地其他文化资源的深度融合。这导致了不同文化之间缺乏必要的联系和互动，未能形成文化间的互补和共鸣。尤其是红色文化资源尚未与会宁的绿色生态文化及教育传统有效结合，错失了打造多元文化共融的机会。此外，红色文化在城市发展及其建设中的应用并不充分，文化融合仅仅停留在表层，没有实现深度整合，这限制了红色文化旅游的潜力和影响力。

3. 相关专业人才短缺

旅游产业是一个对人才需求密集的服务型产业。会宁县红色旅游业的发展不仅需要一流的服务型人才，也需要一流的管理人才和创新人才。因此，吸引和培育关键人才成为会宁县亟须解决的核心课题。这一挑战牵涉多个方面，包括地理位置、薪酬政策、职业发展前景以及人才培养策略等。一个地区能否成功吸引年轻人前来创业和拓展事业，关键在于是否能够提供充分的职业成长空间。仅仅依靠政府补贴作为吸引手段，其效果是有限的。

五、意见与建议

（一）从国家叙事视角规划红色基因体验项目

国家叙事传输可以被认为是一种旅游者在红色文化旅游景区所产生的一种对国家和政党认同的特殊体验，即通过依赖国家叙事传输来讲述国家故事，塑造国家记忆，增强人们对国家的归属感、依赖感及自豪感，培育公民对国家的认同与忠诚[①]。在规划红色基因体验项目时，应从四个维度进行考虑：营造适宜的环境氛围、设计丰富的认知体验、激发深刻的情感共鸣，以及引导积极的心理预期，具体影响机制如图6-8所示。

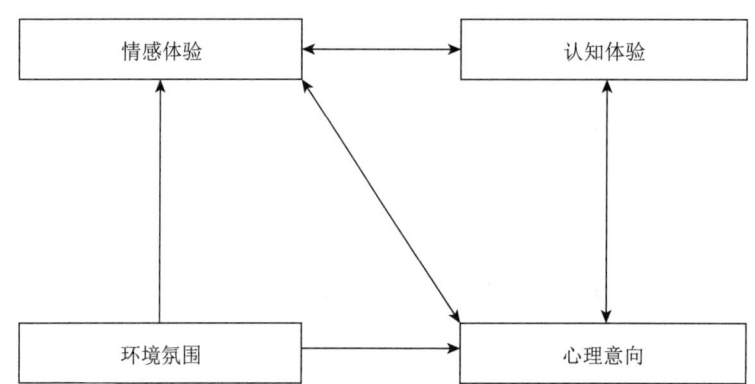

图 6-8　红色基因体验质量分析维度及其影响机制

1.环境氛围

环境氛围的塑造得益于两个核心要素：建筑特色与文化氛围。其中，建筑特色包括景区中那些具有红色历史意义的建筑，它们以其独特的风格和景观设计，为游客提供了视觉上的享受；而文化氛围则涵盖了整个景区的文化主题、意境以及人文特质，共同营造出一种沉浸式的文化体验。

---

① 曾水英,殷冬水.国家认同何以形成？——以爱国主义教育中的"国家叙事"为分析中心[J].江汉论坛，2020（10）：46-52.

2. 认知体验

认知体验是游客在旅行中通过学习、情感参与和价值判断的复合过程。它涉及知识的吸收，即游客在参观时能够获得新知识；心理投入，即游客主动探索和理解长征与会师的文化遗产；价值观的转变是指其中某些历史场景和故事可能会影响并改变游客的价值观念。

3. 情感体验

情感体验由追忆体验、临场体验以及深刻度构成。追忆体验是指当游客在参观物品、场景或遗址时，被触发的回忆和对历史时刻的共情。这种体验使游客通过与过去的联系，感受到一种时空上的连续。临场体验是指游客在游览中，由于景观的独特性或美感而产生的心理震撼。这种体验可能激发强烈的情感反应，如感动甚至流泪。深刻度涉及游客对某些景点的深入探索，这种深度参与后留下的记忆往往持久而鲜明，让游客产生深刻的心理印象，难以忘怀。情感体验在旅游中扮演着至关重要的角色，它们共同塑造了游客的心灵之旅，让旅程不仅是眼前的风景，更是一次心灵的洗礼和记忆的珍藏。

4. 心理意向

心理意向由三个核心要素构成：沉浸体验、情感互动和触动感。沉浸体验是指游客在参观过程中，通过视觉与听觉的交融，达到一种全神贯注、忘却自我的境界。情感互动则涉及通过灯光和音效的巧妙运用，激发游客深入感受历史场景，仿佛自己身处那一历史时刻。触动感是指在游览结束后，游客内心产生深刻的反思和感慨，对长征精神产生强烈的共鸣。

通过本次问卷调查收集的数据，采用内容分析法和 IPA 分析法对"会宁县红军长征会师旧址"景区的旅游体验质量进行了评估，得出以下结论。

首先，使用李克特五点量表，对收集到的网络文本进行打分，并将会宁县红军长征会师旧址景区旅游体验质量分为"差""良""优"三个等级计算，对应分值区间分别为 [1, 3), [3, 4), [4, 5]，如表 6-3 所示，"会宁县红军长征会师旧址"景区旅游体验质量综合得分为 3.297，位于良好等级范围内。四个维度中心理意向的得分最低，虽然处于良好等级范围内，但是说明游客在景区游览的过程中没有产生或产生较低层次的忘我的境界，并且心理上产生的触动感相对较低。

表 6-3　会宁县红军长征会师旧址景区旅游体验质量分析表

维度	评价指标	指标均值	维度均值	综合体验质量得分
环境氛围	景区建筑	3.667	3.411	3.297
	文化氛围	3.133		
认知体验	知识汲取	3.333	3.311	
	心理涉入	3.333		
	价值观念	3.267		
情感体验	追忆体验	3.267	3.267	
	临场体验	3.333		
	深刻度	3.200		
心理意向	沉浸体验	3.200	3.200	
	情感互动性	3.200		
	触动性	3.200		

其次，根据图 6-9 分析可知，景区建筑是游客高度关注并体验到较高质量的要素，因其位于第一象限。相较之下，其他要素聚集在第三象限，反映出游客对这些方面不太重视，同时这些要素的表现也不尽如人意，指向了景区需监测与逐步改善的方向。特别是文化氛围，当前游客关注度低且实际体验不佳。然而，随着红色旅游的兴起和游客需求的演变，预期游客将逐渐从重视外部条件转向内部感受与深度体验，对文化氛围等内在要素给予更多关注。

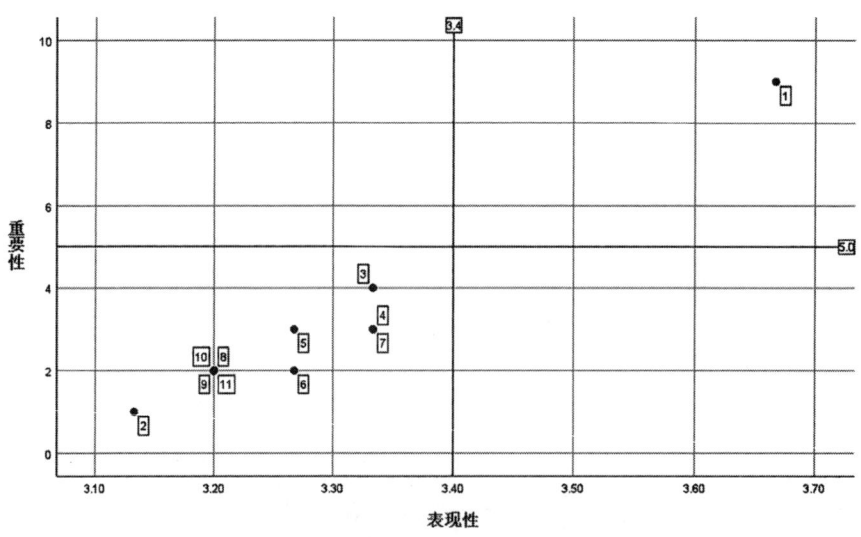

图 6-9　旅游体验质量 IPA 分析图

（二）从全域旅游视角整体规划布局红色旅游发展

1. 依托红色旅游引领，加快全域旅游建设步伐

依托红色旅游的引领作用，可以更好地推动全域旅游的建设步伐。具体来说，可以通过以下几个方面来实现：一是整合资源，将红色旅游资源与当地的自然景观、历史文化遗产等资源进行整合，形成完整的旅游线路和产品体系，为游客提供更加丰富多样的旅游选择。二是促进产业融合，将红色旅游与其他相关产业进行融合，如文化创意、生态农业、健康养生等，形成多元化的产业体系，提高当地经济的综合竞争力。三是优化公共服务，完善旅游配套设施和服务体系，提高旅游服务质量，为游客提供更加便捷、舒适的旅游体验。四是提升品牌形象，通过加强宣传推广和品牌建设，提高当地红色旅游和全域旅游的知名度和美誉度，吸引更多游客前来旅游和消费。

2. 吸收相关专业人才

人才培养在全域旅游发展中扮演着至关重要的角色，它不仅是乡村振兴的核心动力，更是推动乡村焕发生机的首要资源。为此，当地需要积极举办多种形式的旅游培训项目，如全域旅游专业课程、旅游服务技能提升和业务能力强化等，以此提高从业人员的专业水平。同时，鼓励景区工作人员、旅行社员工和乡村旅游带头人"走出去"，向其他地区学习先进的旅游管理与运营经验，为全域旅游的发展打下坚实的基础。此外，吸引高校学生来会宁县参与乡村社会实践，不仅可以丰富他们的实践经验，也为会宁县红色文化旅游的持续发展提供了宝贵的人才支持。

3. 设计精品旅游线路

为了充分挖掘和利用会宁县丰富的红色旅游资源，要精心设计一系列红色文化主题旅游线路。在设计过程中，需要深入分析游客的旅行需求和目的，挑选一批既具代表性又广为人知的景点作为核心元素，并巧妙地融合红色历史教育、互动体验、观光欣赏以及休闲娱乐等多种内容。

针对游客不同的旅游动机，提供多样化的路线选择。例如，对于那些主要寻求红色历史文化教育的游客，设计专门的研学旅游路线，让游客在参观中深入了解长征精神的历史意义。同时，针对以家庭为单位的游客推出亲子旅游线路，旨在增强家庭成员间的互动，让孩子和父母一起通过旅游活动共同学习和体验长征精神，从而增进家庭情感，传承红色基因。

（三）创新型发展，实现"红色+"发展模式

1. 推进"红+绿+金"理念，高质量建设红色景点

坚持红色文化旅游、绿色生态旅游和金色教育培养相结合。践行"绿水青山就是金山银山"的发展理念，确保景区建设与"山水林田湖草"的生态保护和修复相协调。深入挖掘会宁县丰富的历史文化底蕴，并制定相应的文物及非物质文化遗产保护措施，全力推进会宁县文化遗产保护项目。在开发红色旅游景点时，将环境保护作为首要任务，通过旅游前、中、后期的宣传，引导游客爱护当地生态环境。同时，结合室内教学和户外实践，如组织游客体验重走长征路等活动，全方位地对游客进行教育与启发，促进旅游与环境教育的深度融合。

2. 打造红色旅游品牌，助力乡村振兴

持续打造"三军会师"金字招牌，积极传承和弘扬红军会师时所体现出的坚定信念、艰苦奋斗、团结一致、敢于胜利的精神。努力塑造"陇原明珠，红色会宁"的城市旅游品牌形象，通过多元化的媒体渠道和举办各类赛事活动来推广这一品牌。积极参与省级文化旅游部门的宣传整合工作，在中央电视台、甘肃卫视、《中国旅游报》、兰州火车站、高铁站等多元化媒体平台广泛认购广告资源。积极策划并承办具有全国和省级影响力的赛事活动，进一步提升会宁县作为旅游目的地的品牌影响力和知名度。在新媒体宣传营销方面，不断创新、完善和优化会宁县文化和旅游的公众号、抖音、快手等社交媒体平台，全方位展示会宁县的红色文化旅游资源。此外，通过制作影视宣传资料，加大宣传力度，以吸引更多游客前来体验会宁县的独特魅力。

【课后习题】

1. 通过分析上述案例，简述在红色文化创意设计案例中使用了哪些研究方法。
2. 通过查阅相关资料，整理并总结出更多关于红色文化创意设计的方法。
3. 为了更好地设计红色文化创意产品，你认为需要做哪些准备工作？

附录 A
甘肃经典红色旅游线路

在轰轰烈烈的中国共产党党史、新中国史、改革开放史、社会主义发展史上，一代又一代的甘肃建设者披荆斩棘、铸造辉煌，孕育出了"为国分忧、为民族争气"的铁人精神、"誓把荒漠变绿洲"的八步沙精神、"坚守大漠、甘于奉献、勇于担当、开拓进取"的莫高精神等，这些精神与甘肃省内众多红色资源和特色旅游景点串联成线，引导广大干部群众在寓教于游中感悟时代进步，进一步激发甘肃省红色旅游市场的活力和潜力。其中包括 35 条红色旅游精品线路，涉及"三区三州"红色旅游专列、长征丰碑·彪炳史册、红色沃土·滋养初心、巍巍祁连·浴血河西、时代楷模·赤子丹心、生态文明·春绿陇原、脱贫攻坚·苦尽甘来七大主题，除此之外，还有创新融合模式及一地多点模式等线路。

一、精品主题模式经典线路

（一）"三区三州"红色旅游专列

"三区三州"红色旅游专列从兰州发车，开往红军三大主力途经地、"三区三州"脱贫攻坚主战场——甘南和陇南，再到红军西路军浴血奋战的河西走廊，形成全省红色旅游大环线，打造"文旅＋交通"融合模式。

2021 年是中国共产党成立 100 周年的重要时刻，在这个历史背景下，铁路部门发挥"铁路＋旅游"行业优势，推出了一系列红色旅游专列，吸引了更多的客流资源，让人们在游赏祖国大好河山的同时感受红色之旅的无限魅力。

2021年4月23日，甘肃"三区三州"红色旅游专列从兰州发车，两当、南梁、腊子口、哈达铺、俄界、会宁、界石铺、古浪、高台等都在瞻仰之列，涵盖了土地革命、抗日战争、解放战争时期特别是长征路上极具代表性的革命热土、战斗遗迹、红色故事，是一条全省红色旅游大环线。

线路：兰州—宕昌县哈达铺镇—迭部县腊子口、茨日那、俄界—古浪县红军西路军古浪战役纪念馆、八步沙林场—高台县中国工农红军西路军纪念馆（高台烈士陵园）、红军营、高台干部学院—兰州（3日）

（二）长征丰碑·彪炳史册

土地革命战争时期，中国工农红军主力撤离长江南北各苏区，转战两年，到达陕甘苏区的战略转移行动。1934年10月，第五次反"围剿"失败后，中央主力红军为摆脱国民党军队的包围追击，被迫实行战略性转移，退出中央根据地，进行长征。长征是人类历史上的伟大奇迹，中央红军共进行了600余次战役战斗，攻占700多座县城，红军牺牲了营级以上干部多达430余人，平均年龄不到30岁，共击溃国民党军数百个团，其间共经过14个省，翻越18座大山，跨过24条大河，走过荒草地，翻过雪山，行程约二万五千里。红一方面军于1935年10月到达陕北革命根据地，与陕北红军胜利会师。1936年10月，红二、四方面军到达甘肃会宁地区，同红一方面军会师。红军三大主力会师，标志着万里长征的胜利结束。

习近平总书记指出，伟大长征精神，就是把全国人民和中华民族的根本利益看得高于一切，坚定革命的理想和信念，坚信正义事业必然胜利的精神；就是为了救国救民，不怕任何艰难险阻，不惜付出一切牺牲的精神；就是坚持独立自主、实事求是，一切从实际出发的精神；就是顾全大局、严守纪律、紧密团结的精神；就是紧紧依靠人民群众，同人民群众生死相依、患难与共、艰苦奋斗的精神。

甘肃省是红军长征时期红一、二、四方面军和红二十五军都曾经过的省，也是红军长征活动时间较长的省区之一。红军长征从1935年8月进入甘肃，到1936年10月红军三大主力在会宁会师，在甘肃省留下了红军光辉的战斗足迹。"长征丰碑·彪炳史册"主题推出4条线路。

线路1：会宁县红军会师旧址、红军长征胜利景园、红军村（1日）

线路 2：岷县岷州会议纪念馆—中共中央政治局榜罗会议纪念馆（2 日）

线路 3：宕昌县哈达铺红军长征纪念馆、红军街—迭部县腊子口战役遗址、俄界会议旧址、茨日那毛泽东旧居（2 日）

线路 4：会宁县红军会师旧址—静宁县界石铺红军长征毛泽东旧居纪念馆—泾川县吴焕先烈士纪念馆（2 日）

（三）红色沃土·滋养初心

甘肃，作为中国革命历史的重要舞台，其红色遗迹遍布两当、华池、迭部、会宁、静宁、古浪、高台、兰州等地，承载着土地革命、抗日战争、解放战争等重大历史时期的记忆。这些地方见证了革命的艰辛历程，保留了许多具有代表性的红色故事，尤其在长征路上。为纪念这段光辉岁月并传承革命精神，"红色沃土·滋养初心"主题推出 4 条旅游线路，旨在让游客在这片历史的沃土上，深刻追忆那些激荡人心的岁月，从而激发和坚守初心与使命。

线路 1：八路军兰州办事处纪念馆—兰州战役纪念馆—张一悟纪念馆—兴隆山（2 日）

线路 2：兰州—静宁县界石铺红军长征毛泽东旧居纪念馆—南梁革命纪念馆—山城堡战斗纪念馆（3 日）

线路 3：兰州—会宁县红军会师旧址—静宁县界石铺红军长征毛泽东旧居纪念馆—泾川县吴焕先烈士纪念馆（3 日）

线路 4：兰州—哈达铺红军长征纪念馆—两当兵变旧址（3 日）

（四）巍巍祁连·浴血河西

回望绵延千里的河西走廊，瞩目巍峨耸立的祁连山脉。中国工农红军西路军将士在这片土地上经历了 80 余次浴血战斗，用鲜血和生命谱写了可歌可泣的壮丽诗篇。"浴血河西"主题推出 3 条线路，用一件件实物、一张张图片，再现了当年西路军英勇奋战的悲壮历程。

线路 1：兰州—古浪—临泽—高台—瓜州—星星峡（6 日）

线路 2：兰州—中国工农红军西路军纪念馆—红军营—高台县红色记忆博物馆—骆驼城（2 日）

线路3：兰州—山丹—山丹艾黎纪念馆—焉支山森林公园—肃南—石窝会议旧址（3日）

（五）时代楷模·赤子丹心

在新中国的发展历程中，一代又一代的甘肃建设者披荆斩棘、铸造辉煌，孕育出了为国分忧、为民族争气的"铁人精神"、誓把荒漠变绿洲的"八步沙精神"、坚守大漠、甘于奉献、勇于担当、开拓进取的"莫高精神"等宝贵的精神财富。"时代楷模·赤子丹心"主题推出3条线路，礼敬时代楷模、学习时代精神，激励人们走好新时代的长征路。

线路1：兰州—红军西路军古浪战役纪念馆—八步沙林场（1日）

线路2：兰州—玉门石油老城—铁人王进喜纪念馆—人防工程—老一井—红田园（3日）

线路3：兰州—酒泉卫星发射基地—敦煌研究院（4日）

（六）生态文明·春绿陇原

甘肃省在生态治理和建设中取得了显著成效。从黄河之滨到祁连之麓，从雪域高原到黄土大塬，一幅山川秀美的画卷正在徐徐展开。"生态文明·春绿陇原"主题推出4条线路，展示了甘肃积极践行"绿水青山就是金山银山"理念的辉煌成就。

线路1：兰州—红军西路军古浪战役纪念馆—八步沙林场—民勤防沙治沙展览馆—天祝冰沟河（2日）

线路2：兰州—陇南阳坝—花桥村—文县碧口古镇—铁楼乡白马藏寨（4日）

线路3：兰州—合作当周草原—尕海湿地—尕秀民族村—阿万苍湿地（4日）

线路4：兰州—山丹军马场—张掖湿地公园—高台西路军纪念馆（3日）

（七）脱贫攻坚·苦尽甘来

在党的领导下，陇原人民谱写了创造美好生活、实现共同富裕的时代篇章，体现了"上下同心、尽锐出战、精准务实、开拓创新、攻坚克难、不负人民"的脱贫攻坚精神。"脱贫攻坚·苦尽甘来"主题推出3条线路，回望脱贫攻坚奋斗路，开启乡村振兴新征程。

线路1：兰州—静宁县界石铺红军长征毛泽东旧居纪念馆—庄浪梯田—关山朝那湫（3日）

线路2：兰州—渭源元古堆村—通渭榜罗会议纪念馆—山楂小镇（2日）

线路3：兰州—和政古生物化石博物馆—东乡县布楞沟村（2日）

二、创新融合模式经典线路

（一）播撒红色火种，从南梁到高台

本条线路时间为6天5晚，以庆阳南梁作为出发地，途经平凉，来到会宁，抵达兰州。参观八路军兰州办事处纪念馆后，挺进河西走廊，回顾中国工农红军西路军的悲壮历程到达高台，开展高台打造的红色教育模式课程。

表1 红色模式一

时间段	活动安排
第一天	庆阳（南梁革命纪念馆、列宁小学、陕甘边区军委旧址、陕甘边区政府旧址、抗大七分校、军民大生产纪念馆）
第二天	平凉泾川（吴焕先烈士纪念馆）
第三天	平凉静宁、白银会宁（界石铺长征纪念馆、会宁会师旧址）
第四天	兰州、武威（八路军兰州办事处纪念馆、红军西路军古浪战役纪念馆）
第五天	张掖（高金城烈士纪念馆、临泽西路军纪念馆）
第六天	张掖高台（高台县中国工农红军西路军纪念馆、红色记忆——毛主席像章陈列馆）

（二）追寻红色足迹，从胜利走向胜利

本条线路以省会兰州作为始发地，是一条4天3晚的红色旅程。在迭部县感受红军突破腊子口天险的艰辛，在岷县、哈达铺聆听口口相传的红军故事，见证红军长征会师的伟大壮举，并开展深度红色教育课程，使我们心中永远铭记长征精神。

表 2　红色模式二

时间段	活动安排
第一天	兰州（八路军兰州办事处纪念馆、兰州战役纪念馆）
第二天	甘南（若尔盖湿地草原、迭部县城人民广场与毛主席像）
第三天	迭部、岷县、宕昌（红色教育基地：茨日那毛主席故居、俄界会议旧址、腊子口战役纪念碑、哈达铺红军长征纪念馆）
第四天	会宁（会宁红军会师旧址、红军长征胜利景园）

（三）高举红色旗帜，弘扬西路军精神

本条线路我们将沿着中国工农红军西路军的浴血征程一路向西，从兰州出发，探访西路军征程起点靖远，途经景泰、古浪、永昌、临泽、高台，最后来到星星峡红军西路军进疆纪念馆。

表 3　红色模式三

时间段	活动安排
第一天	兰州、靖远（八路军兰州办事处纪念馆、靖远县红军渡河战役纪念馆，并实地探访西路军征程起点虎豹口）
第二天	景泰（红军西路军景泰烈士陵园）
第三天	古浪（红军西路军古浪战役纪念馆、古浪县八步沙六老汉治沙纪念馆）
第四天	永昌（红军西路军永昌战役纪念馆）
第五天	张掖（高金城烈士纪念馆、敌三百旅旅长韩起功司令部旧址、福音堂医院旧址、红军西路军梨园口战斗遗址、临泽红军西路军烈士陵园、肃南红军西路军纪念碑、石窝会议纪念馆）
第六天	高台、瓜州（中国工农红军西路军纪念馆、红军西路军最后一战纪念塔、蘑菇台磨坊遗址）
第七天	瓜州、哈密（红柳园战役旧址、白墩子军防遗址、红军西路军进疆纪念馆）

三、一地多点模式经典线路

（一）会宁一地多点

1936 年中国工农红军一、二、四方面军在会宁胜利会师，使"会宁"这两个字嵌入了新中国的历史教科书，在党史、国史上留下了永远的印记，这也给会宁赋予了新的生命意义，留下了丰富而宝贵的红色旅游资源。

1. 会宁县红军会宁会师旧址、红军长征胜利景园、红军村（1日）

主题：长征精神引领胜利与辉煌

主要红色景点：红军会宁会师旧址、红军长征胜利景园、红军村

时间：1天

表4　会宁模式一

时间段	活动安排
上午	在会宁红军会师旧址向烈士纪念碑敬献花篮，跟随讲解员进入红军会师纪念馆，学习红军长征的革命精神。 徒步红军长征胜利景园（体验教学），梳理长征线路脉络
下午	走进红军村，沟通交流，进行劳动体验，听取红军的故事，思考红色旅游巩固脱贫成果的方法
晚上	红色影视留声

2. 红色研学旅行主题课程

主题：聆听长征故事　践行长征精神

时间：3天2晚

表5　会宁模式二

时间段		活动安排
第一天	上午	会宁红军会师旧址（现场研学），瞻仰会师纪念碑，开展红色研学课程
	下午	长征故事演出（参与研学）
	晚上	红色留声机（影像研学）
第二天	上午	红军长征胜利景园，根据研学课程开展活动内容（体验课程）
	下午	参与研学：开展希望小学"手拉手"活动，与希望小学的学生沟通交流，互帮互助
	晚上	红色歌曲大竞赛（趣味研学）
第三天	上午	根据提前设定的课程主题，分组进行课程探究
	下午	课程成果展示，以不同形式选择本组内一名代表进行分析阐述并总结

（二）高台一地多点

高台县是中国工农红军西路军先烈们英勇奋战、血洒西北的地方。2019年8月20日，习近平总书记来到高台视察时讲到，"西路军不畏艰险、浴血奋战的英雄主义气概，为党为人民英勇献身的精神，同长征精神一脉相承，是中国共产党人红色基因和中华民族宝贵精神财富的重要组成部分。要深刻认识红色政权来之不易，新中国来之

不易，中国特色社会主义来之不易。我们要讲好党的故事，讲好红军的故事，讲好西路军的故事，把红色基因传承好"。

1. 党员干部红色主题教育

主题：丰碑续写责任与担当

时间：3天2晚

表6　高台模式一

时间段		活动安排
第一天	上午	中国工农红军西路军纪念馆（现场教学）。 祭奠与缅怀中国工农红军西路军烈士，跟随讲解员进入中国工农红军西路军纪念馆，回顾西路军的悲壮历程，感受西路军精神的红色光芒
	下午	红色教育专题党课（课程教学，邀请省内知名专家进行授课）
	晚上	红色影视留声（影像教学），导入红色PBL课程体系
第二天	上午	高台红色故事徒步行军（体验教学），杨克明、董振堂等革命先烈的不畏牺牲精神——展现眼前
	下午	红色记忆——高台县红色记忆博物馆（现场教学），一枚枚小小的像章诉说着毛主席的红色征程；沿着黑河湿地国家级自然保护区（现场教学），亲身体验河西走廊大漠戈壁中的绿色生态，解读祁连山生态保护对于河西人民的重大意义
	晚上	红色歌曲大联欢（趣味教学）
第三天	上午	红色PBL课程（探究教学），分组开展，各组通过搜集资料，请教老师及相关人员，采用发散性思维、头脑风暴等方式寻找课程主题的突破口
	下午	PBL课程成果展示（体系教学），各组制作PPT，形式不限，每组选派一名代表进行阐述并总结最终得到的结果

2. 红色研学旅行主题课程

主题：寻访红色记忆　解读生态未来

时间：3天2晚

表7　高台模式二

时间段		活动安排
第一天	上午	中国工农红军西路军纪念馆（现场研学）； 祭奠先烈，缅怀先驱
	下午	高台县博物馆（现场研学）； 开展博物馆相关课程，深入了解高台县的历史
	晚上	红色留声机（影像研学），导入红色PBL课程体系

续表

时间段		活动安排
第二天	上午	徒步红色故事串联点（现场研学），通过讲解认真聆听每一位革命先驱的壮烈牺牲故事，感受红色精神所赋予新时代青少年的崇高使命
	下午	红色记忆——高台县红色记忆博物馆（现场研学），伟人的足迹，伟人的气概，通过小小的像章诉说红色征程的胜利之路。 黑河湿地国家级自然保护区（体验课程），聆听保护祁连山生态课程
	晚上	红色歌曲大竞赛（趣味研学）
第三天	上午	红色 PBL 课程（探究研学），根据提前设定的课程主题，分组进行，以搜集资料、多方探访、分工协作等形式开展课程探究
	下午	PBL 课程成果展示（实践研学），以不同形式选择本组内一名代表进行分析阐述并总结得到的结论

（三）南梁一地多点

热血甘肃：庆阳南梁

南梁，西北高原的红色热土，中国革命的历史重镇。这里曾为共产党人储存星星之火，把中国革命走向胜利的道路照亮，为共和国的诞生创造过历史性的辉煌。1929年，刘志丹、谢子长、习仲勋等同志到陕甘边一带宣传革命真理，开展武装斗争。1930—1933年，先后组建了中国工农红军陕甘游击队、红二十六军。1934年11月7日，成立了陕甘边区苏维埃政府，习仲勋为政府主席，刘志丹为军委主席。陕甘边革命根据地与陕北革命根据地连成一片，成为第二次国内革命战争后期"硕果仅存"的革命根据地，为党中央和红军长征提供了落脚点。

1. 党员干部红色主题教育

主题：火种点燃雄心与壮志

时间：3天2晚

表8　南梁模式一

时间段		活动安排
第一天	上午	庆阳南梁革命纪念馆（现场教学）。 祭奠与缅怀革命先驱，跟随讲解员进入南梁革命纪念馆，瞻仰革命先驱革命历程，追寻革命先驱革命足迹。 列宁小学（现场教学）
	下午	红色教育专题党课（课程教学，邀请省内知名教师进行授课）
	晚上	红色影视留声（影像教学），导入红色 PBL 课程体系

续表

时间段		活动安排
第二天	上午	陕甘边军委旧址、陕甘边区政府旧址、抗大七分校、军民大生产纪念馆（体验教学）
	下午	走进华池县南梁镇荔园堡村（参与教学），体验"红色旅游+乡村建设"所取得的成果，寻找红色 PBL 课程的关联点
	晚上	红色歌曲大联欢（趣味教学）
第三天	上午	红色 PBL 课程（探究教学），分组进行，各组通过搜集资料、请教老师、与乡贤沟通交流、发散性思维等方式学习寻找课程的主旨
	下午	PBL 课程成果展示（体系教学），制作 PPT，以不同的形式每组选派一名代表进行阐述并总结最终结果

2. 红色研学旅行主题课程

主题：追寻南梁火种　探访先驱足迹

时间：3 天 2 晚

表 9　南梁模式二

时间段		活动安排
第一天	上午	庆阳南梁革命纪念馆（现场教学）。祭奠与缅怀革命先驱，跟随讲解员进入南梁革命纪念馆，瞻仰革命先驱革命历程，追寻革命先驱的革命足迹
	下午	列宁小学（现场研学），开展研学课程
	晚上	红色留声机（影像研学），导入 PBL 课程体系
第二天	上午	陕甘边军委旧址、陕甘边区政府旧址、抗大七分校、军民大生产纪念馆（体验教学）
	下午	走进华池县南梁镇荔园堡村，体验红色乡村小镇，与村民亲切互动，聆听村里的老人讲革命时期的红色故事（体验教学）
	晚上	红色歌曲大竞赛（趣味研学）
第三天	上午	红色 PBL 课程（探究研学），根据提前设定的课程主题，分组进行课程探究
	下午	PBL 课程成果展示（实践研学），以不同形式选择本组内一名代表进行分析阐述并总结

图书在版编目（CIP）数据

甘肃红色旅游教程 / 何瑛主编；马明兰，卢娥，魏欣副主编. -- 北京：旅游教育出版社，2024.3
ISBN 978-7-5637-4711-5

Ⅰ. ①甘… Ⅱ. ①何… ②马… ③卢… ④魏… Ⅲ. ①革命纪念地—教育旅游—甘肃—教材 Ⅳ. ①F592.742

中国国家版本馆CIP数据核字(2024)第064644号

甘肃红色旅游教程
何 瑛 主 编
马明兰 卢 娥 魏 欣 副主编

策　　划	李荣强
责任编辑	陈　志
出版单位	旅游教育出版社
地　　址	北京市朝阳区定福庄南里1号
邮　　编	100024
发行电话	（010）65778403　65728372　65767462（传真）
本社网址	www.tepcb.com
E - mail	tepfx@163.com
排版单位	北京旅教文化传播有限公司
印刷单位	北京市泰锐印刷有限责任公司
经销单位	新华书店
开　　本	787毫米×1092毫米　1/16
印　　张	13.75
字　　数	201千字
版　　次	2024年3月第1版
印　　次	2024年3月第1次印刷
定　　价	78.00元

（图书如有装订差错请与发行部联系）